新课堂“怎么办”

关于课堂教学难点问题的回应

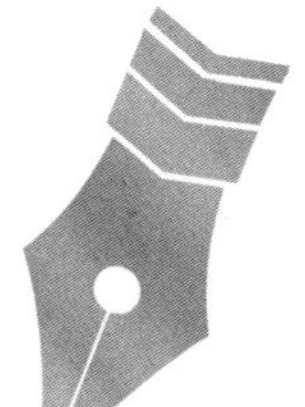

杨九俊　王彦明　刘玮　杨澄宇　邵朝友　著

江蘇鳳凰教育出版社
Phoenix Education Publishing, Ltd

感谢您使用本书。您在使用本书时如有建议或发现质量问题，请联系我们。

【内容质量】 电话：4008283622

【印装质量】 电话：4008283610

图书在版编目（CIP）数据

新课堂“怎么办”：关于课堂教学难点问题的回应 / 杨九俊等著 . -- 南京：江苏凤凰教育出版社，2024.6（2025.5 重印）

ISBN 978-7-5743-0971-5

Ⅰ . ①新… Ⅱ . ①杨… Ⅲ . ①课堂教学 – 教学研究 – 高中 Ⅳ . ① G632.421

中国国家版本馆 CIP 数据核字 (2024) 第 086944 号

书　　名	新课堂“怎么办”——关于课堂教学难点问题的回应
作　　者	杨九俊　王彦明　刘　玮　杨澄宇　邵朝友
责任编辑	金　玲　沈静明
出版发行	江苏凤凰教育出版社（南京市湖南路 1 号 A 楼　邮编：210009）
苏教网址	http://www.1088.com.cn
照　　排	江苏凤凰制版有限公司
印　　刷	南京顺和印刷有限责任公司（电话：025-83682876）
厂　　址	南京市江宁区麒麟街道天和路 78 号
开　　本	787 毫米 × 1092 毫米　1/16
印　　张	21.25
插　　页	1
版　　次	2024 年 6 月第 1 版
印　　次	2025 年 5 月第 4 次印刷
书　　号	ISBN 978-7-5743-0971-5
定　　价	60.00 元
网店网址	http://jsfhjycbs.tmall.com
公 众 号	苏教服务（微信号：jsfhjyfw）
邮购电话	025-85406265，025-85400774
盗版举报	025-83658579

苏教版图书若有印装错误可向承印厂调换

提供盗版线索者给予重奖

目　录

1

核心素养怎样落地?

虽然核心素养（core competencies）是个舶来词，但我们可以且必须在中文的语境下理解这个概念。在“价值观”“关键能力”和“必备品格”这几个关键词身上，能够看到一种共性，即“可培育”“统摄性”和“实践性”。

相比于过去的“三维目标”，核心素养更是一个统整、综合的概念。在核心素养的落地过程中，“综合化”和“学科化”形成了重要的实践张力，教师需要着力在学生的学习体验和表现上。

核心素养这一教育学概念或理论进入学界的讨论视野，最早可上溯至2013年。由于强调核心素养是国际上的课程改革趋势，因此早期的学术研究主要是将国外的经验介绍至国内。2014年，教育部颁布文件，开始推进新一届课程改革，明确提出“研究制订学生发展核心素养体系和学业质量标准”，2015年我国开始系统修订普通高中课程方案和各科课程标准。宏观政策的实施推动了学术研究的发展：核心素养相关的文献数量与前两年相比呈井喷式增加的趋势，学术界对核心素养的研究更加深入、具体，研究向度也更为多元。与此同时，核心素养如何落地也就成了实践成功与否的重中之重。

一、核心素养是什么

《义务教育课程方案（2022年版）》中明确提出要“聚焦核心素养，面向未来”，这是新一轮课程改革的核心原则。方案强调要依据学生终身发展和社会发展需要，明确育人主线，加强正确价值观引导，重视必备品格和关键能力培育。

由此可见，在对核心素养的表述中，可以提取三个关键词：“价值观”“关键能力”和“必备品格”。

（一）正确价值观

党的十八大明确提出“落实立德树人根本任务”，并从国家、社会和个体三个方面提炼了24个字的社会主义核心价值观。这一价值观反映在基本的教育方针上，就是对每一位学生提出了价值观要求，明确了基本的道德准则。

人需要从个体的角度面对这个世界，所以如何在教育中内化上位的道德要求为内在的、乐为的道德准则，是需要仔细思量的。不妨从受教育者自身的情态出发，来考量其所应该具备的价值观。我们认为，每个人最为重要的是拥有正确的生命观。尊重自己和别人的生命或许是一切人类价值的底线。让生命充满活力，这个本该不证自明的教育诉求，在当下却时而成为“痛点”。不可否认，教育的“卷”已经让学生不堪重负，“活泼泼”的生命力在学生身上日益消减。此外，还需要重视正确生活观的培养，使学生学会对自己的生活负责。当然，拥有正确的生命观与生活观的同时，也需要拥有正确的世界观，人需要健康地与世界打交道，与不同文化、不同文明打交道，求同存异。“生命—生活—世界”，一个人的生命旅程将徐徐展开，价值是最好的风帆。

（二）关键能力

经济合作与发展组织（OECD）对素养的定义如下：

素养（competency）不只是知识与技能。它是在特定情境中利用和调动心理社会资源（包括技能和态度）以满足复杂需要的能力。例如，有效交往的能力是一种素养，它可能利用一个人的语言知识、实用性信息技术技能以及对其交往的对象的态度。

这个界定阐述了**核心素养是一种心智能力**。首先，这种能力能够调动各种资源，处理复杂问题；其次，这种能力具有普遍性，对于类似问题可迁移；再次，这种能力超越了知识与技能，是更内在的一种能力，是随着时间的流逝“带不走”的。

（三）必备品格

一些品格对于人的成长是必不可少的。譬如，表现人与自我关系的自律与自尊，表现人与他人关系的宽容与尊重，表现人与世界中事物关系的负责。品格既由内而外表现于外在，又由外至里内化于身心；其体现在与世界打交道上，能够被外界所接受，甚至被外界所想象和定义。由此，一些优秀的品格也必须是和周遭世界紧密贴合的，而非处于游离状态。譬如，将同情与理解给予身边具体的人与事，对生命与生活保持感同身受的理解。又如，如何让学生间缔结和谐的人际关系，并不仅仅是走出课堂、走出校门之后的事。

如何理解核心素养？虽然核心素养是个舶来词，但我们可以且必须在中文的语境下理解这个概念。在上述三个关键词身上，我们能够看到一种共性，**即“可培育”，这或许涉及教育的本质**。需要明晰“教育”之可为与不可为，至少在这三个方面，都是可以后天培养的。

1. 培育性

素养是养成性的。“素”，在《论语·八佾》中有极精微和多元的解释。子夏问曰：“巧笑倩兮，美目盼兮，素以为绚兮。何谓也？”子曰：“绘事后素。”朱熹将“后素”理解为“后于素”，也就是说彩绘前要有白色的底子。从教育视角来看，人的底子是白色的，通俗来说，“白纸一般干净”。这样的描述，首先意味着人的底色是一样的，且是平等的。不存在谁比谁生来就价值观更正确，更享有优秀的品格，更具有某种特殊的能力。这应当是所有教育行为的基本前提。

另外，我们可以看到“素”的审美性，“素以为绚兮”，甚至可以将之理解为教育的本真性。在“白”上追加一点形容词，例如“洁白”，也就赋予了其隐含的审美想象和价值观期待。因为有了“素”，才可能“绚”，所以人们会赞美“素”，并且可能在“人之为人”后，反思“绚”而对“素”有一种乌托邦式的想象。如果这种想象发生在审美领域，一点问题也没有，但如果诉诸教育实践，特别是道德教育领域，则要仔细考量。人的本真，当然是可以成为现实教育的一面镜子，用来“删繁就简”地观看“人”，但也要谨记，“人性这根曲木，决然造就不了任何笔直的东西”。教育上的回归“素”，绝不是将所有人性的痕迹抹去，再造新人。

“养”字则意味着培育。叶圣陶曾言，教育是一种农业，而非工业。“十年树木，百年树人”，摆脱了“揠苗助长”的冲动后，过去是“看天吃饭”，现在是“科学种植”，更能收获丰硕的果实。之所以说不是工业，是因为人不能成为流水线下的产物，人才不能千人一面。培育，是需要用心的，是需要“将心比心”的，是应当含着爱的。但同时，也需要认识到“养育”的边界。“人”并非一切都与教育相关，得承认有时候教育无能为力；另外，身份的边界也是存在的，教育从业者不是家长，教师可以胜似亲人，但毕竟不是亲人；最后，教育的努力正是坦然面对种种不可为后的努力，致力于帮助学生更全面，但并非全能的发展，使“人成为人”。

2. 统摄性

余文森将核心素养的“核心”理解为下面的四层意蕴：“基础性”“生长性”“共

同性”和“关键性”[①]。核心素养是其他素养发展的基石。人们常会有这样的疑惑：是否有“非核心素养”？强调核心素养，那些“非核心素养”是否可以暂且不论？“基础性”恰好回答了这样的困惑。譬如树木，核心素养是厚实的树干，自然会生长出新鲜的枝丫，有时候还会“旁逸斜出”，不拘一格。所以，我们该担忧的或许不是“非核心素养”被忽视，而应该是误以为某些枝丫是多余的。只要核心素养这树干足够坚实，树木自然就会健康。

“生长性”和“共同性”自不待言，在刚刚对“素养”一词的阐述中已经谈过。核心素养的“关键性”除了显示其重要性，还体现在“关键”是一个时机概念。素养的养成，是具有时间性的，在青年乃至童年阶段才更容易养成。其中最常见的莫过于语言能力，错过了语言发展期，可能会永久地失去这一能力。科学家还发现感知能力或许也是如此，譬如缝住初生小猫的一只眼睛的眼皮，六个月以后再打开，那只眼睛不会再拥有视觉了。

除去这四层意蕴，我们更想强调核心素养的统摄作用。统摄，一方面可以从政策话语的角度理解，核心素养的概念起到统摄其他观念、引领实践行为的作用。换言之，之前的教育理念，或多或少都有强调核心素养的意思，无论是“核心竞争力”“关键能力”“胜任力”还是其他，只是没有冠以这样的名称，这次则以核心素养明确指称或进行了“再定义”，因为这是一个更适切的概念，可以用来回应国家与社会的关切。另一方面，如果从理论话语来理解，核心素养统摄“人之为人”最本质，教育最本质的内容，即在价值观、关键能力和必备品格这三大方面。**面对世界，人必须处理与自我、与他人、与自然的关系。人的存在本质上是人与诸种关系的凝结，是与自我、与外物打交道的过程与结果。**随着信息时代的来临，人工智能正以我们难以想象的速度发展，现代人与外界打交道的方式正在发生翻天覆地的变化，这对人内在的、可以培育的“素养”提出了紧迫的要求，素养必须为未来奠基。我们将之看作对人内在性的一种“统摄性”的要求。

① 余文森．核心素养导向的课堂教学 [M]. 上海：上海教育出版社，2023.

3. 实践性

核心素养是基于实践的，教育工作者当致力于让学习者在一个个学习体验中，成长为有教养的人。这对教师提出了更高的要求，希望学生最终获得的不仅仅是学识上的增加，更是价值观、关键能力和必备品格的完善。这就要求对学生的培育和评价不是一时之功，而是贯穿于他的整个学习生涯。

实践的后果有内隐和外显，教师需要更有创造力地使学生将素养表现出来，才能更好地因材施教。所以，“课程机会”在实践中极其重要，这也关乎教育公平。必须给学生提供更多的、更公平的表现机会，在表现、表达中完善自我。当然，这是一件更考验教师教学智慧的事情，因为考察素养的外显很多时候与传统的纸笔测试有所龃龉。纸笔测试无法全面反映素养，却非常容易引起学生、家长与教师本身的焦虑，在实践过程中不自觉地以纸笔测试的分数来“指认”素养。要缓和甚至解决这种矛盾，一方面有赖于评价观念和技术的进步，一方面也需要从教学本身入手，这也是我们提倡“大单元学习”的原因。素养的养成，哪怕一个小点，也常常是一两个课时无法完成的，需要以“大单元”来进行统摄。**“大单元”的“大”当然也指“大观念”“大概念”，但是最直观的还在于其是“长课时”的。**只有一定课时量的保证，才能完成某一素养的部分培育，使其能够在未来重现，实现螺旋式上升。

二、为什么需要核心素养

核心素养概念的提出是新课改精神的赓续与发扬。2001 年 6 月，教育部印发《基础教育课程改革纲要（试行）》，明确地提出了“三维目标”，将“知识与技能、过程与方法、情感态度与价值观”作为课程目标。这是对过去强调“基础知识”“基本技能”的“双基”进行的改进与优化。

课程目标的变化，反映了课程背后价值观的迁移，从关注教师的“教”转变为关注学生的“学”，从知识本位转变为多维度的学习取向，从注重结果转向关注过程，从教学思维转向课程思维。可以说，“三维目标”的出现，得到了教师们的广泛认同，这是因为随着信息化、全球化的飞速发展，原来的“双基”已经无法应对现代社会发展的要求。如果继续秉持“双基”的课程目标，培育的人才或许将难以适应飞速变化的时代。同样，核心素养的提出，也是这种价值嬗变的持续体现。

既然是深化与发扬，那么相比“三维目标”，核心素养最大的改变是更强调完整性。但是“三维目标”在实践中常常被应用为割裂的三个子目标，核心素养则力图解决这一割裂。

素养本身是完整的，它指向完整的人。与“三维目标”不同，价值观、能力与品格是一个人基本素养的不同方面。核心素养不同维度的呈现取决于我们怎么看待一个人，选取什么样的视角。

所以，强调核心素养，不仅是政策层面的要求，更是学理的要求，是从作为整体的人这个层面来考量的，是由对教育本质的进一步理解与把握所决定的，当然，也是社会经济发展的客观要求。随着数智教育时代的来临，人工智能将被广泛地应用于教育，甚至在教育教学中起到重要的作用，用以往的“双基”和“知识与技能”指导教学实践已然无法把握时代的脉搏，换言之，特定的知识领域可能都会被改写，对特定知识与技能的把握在社会的发展之下也会失去意义。那么，整体的人的作用就凸显出来，这个“整体”包括拥有某些核心素养，这些核心素养不仅可以使其胜任社会的竞争要求，还能让人稳定地发挥能力，运用知识，解决问题，最终指向大写的人，指向精神充盈的人。

核心素养必然要落实到教学实践，落实在具体的学科之中。2017年新发布的《普通高中课程方案》及各学科课程标准中，几乎所有学科都提出了自己的学科核心素养，并以此为抓手建构课程内容与课程目标；2022年发布的《义务教育课程方案》和学科课程标准也采取了相同的思路。相比“学生发展核心素养”，“学科核心素养”更加具体、明确，更有利于指导学科教学实践。

三、核心素养如何落地

学科核心素养被纳入课程标准这一具有指挥棒性质的纲领性文件中，体现了国家对于基础教育课程的基本规范和质量要求，引起教师们的高度重视，教师开始思考核心素养的培养如何与自己的教学实践密切结合。教育领域的这一重大变化，推动了学科核心素养研究走向全面、深入和实践化。

（一）核心素养的综合化与学科化

在课程领域，基于核心素养的课程，面临是分科课程还是综合课程的抉择。2014 年《关于全面深化课程改革落实立德树人根本任务的意见》中的表述是："各级各类学校要从实际情况和学生特点出发，把核心素养和学业质量要求落实到各学科教学中。"可见，学生发展核心素养是超学科的、面向全体学生的对于人才质量规格的要求，因此许多学者从这一概念体系的综合性与跨学科性出发，主张建设有利于培养学生发展核心素养的综合课程。如杨向东指出，"素养导向的学校课程需要变革既有学科本位的课程模式，以学生的核心素养发展为主轴，实现各教育阶段的连贯以及各学科之间的统整，增加不同范围和深度的跨学科课程整合"①。刘登珲也认为要促进核心素养的有效转化，必须弱化科目边界，促进学科融合，构建分合有度、张弛有节的统整化课程体系。② 安桂清同样主张将课程整合作为面向学生核心素养发展的开发模式，并提出课程整合应该从课程方案、科目、以主题 / 单元教学为样态的课堂三个层面进行整合，从五个不同的维度发展学校的课程整合。③ 这些研究不约而同地关注到，核心素养的落地实施为课程改革提出了打破学科边界、体现综合性的全新要求。

然而，政策改革的实际情况是，尽管核心素养的综合性与跨学科性得到了关注，但课程标准所呈现出的课程架构仍是以分科课程为主，学生发展核心素养被凝练、具体化为"学科核心素养"，跨学科性主要体现在各学科课堂教学、教材编写的具体要求中。对此，王卫华认为学科核心素养的提出使各学科领域的研究者能够

① 杨向东. 基于核心素养的基础教育课程标准研制 [J]. 全球教育展望, 2017, 46(10): 34-48.

② 刘登珲. 促进核心素养有效转化的课程统整策略探讨 [J]. 教育发展研究, 2018, 38(6): 40-47.

③ 安桂清. 基于核心素养的课程整合：特征、形态与维度 [J]. 课程・教材・教法, 2018, 38(9): 48-54.

结合自身学科的具体特点、独特优势、现实问题，提出更加具有针对性的实施策略，因此目前当以学科核心素养为抓手，推动学生学习层面的变化，力求深度学习、情景学习、项目式学习、跨学科学习，做到综合素养的提升。①

在具体学科的语境中探讨核心素养落地的研究与实践已然大量出现。如黄明勇提出了语文核心素养在高中选修课中落地的有效路径，包括选择性定篇、比较探析、类文阅读、读写结合等，既能够解决选修课教学缺乏实效性的现实问题，又契合了培养学科核心素养的目标指向。② 娜仁格日乐、史宁中认为数学的概念、性质、关系和规律是数学教学内容的四个表现形态，通过对初中学生的数学测试数据的分析，发现这四个表现形态提供了数学学科核心素养指向的数学教学内容的属性分类，把握住了数学教学内容中最有利于培养学科核心素养的关键要点。③ 李倩、谭霞、吴欣歆、郑国民设计了语文学科核心素养的测评框架，并收集分析了高中学生的测试数据，对其进行了效度检验，建构出一个合理的语文学科核心素养评价模型。④ 曾呈进关注地理学科素养之一的“地理实践力”，将其进一步拆解为 3 个大类和 7 个构成要素，并进行了理论探源和教学落地的论述，针对地理实践力的具体教学实施，提出了倡导“情境—问题”式课堂教学、建设校本课程、加强实地研学考察等多条教学路径，并结合具体案例予以详细说明，是针对学科核心素养的研究中从微观视角出发且论述比较细致的一例。⑤

---

① 王卫华 . 普通高中学科核心素养与学生发展核心素养的对接探析 [J]. 课程·教材·教法 , 2018, 38(6): 84-90.

② 黄明勇 . 论语文核心素养在高中选修课中落地的有效路径 [J]. 中国教育学刊 , 2017(S2): 37-40.

③ 娜仁格日乐 , 史宁中 . 数学学科核心素养与初中数学内容之间的关系 [J]. 东北师大学报 (哲学社会科学版), 2019(6): 118-124.

④ 李倩 , 谭霞 , 吴欣歆 , 等 . 教育评价变革背景下语文学科核心素养测评框架研究 [J]. 课程 · 教材 · 教法 , 2021, 41(2): 95-102.

⑤ 曾呈进 . “地理实践力”核心素养的理论探源及其教学落地 [J]. 中国教育学刊 , 2022(2): 88-92.

针对课程标准中各学科课程需体现跨学科性的总体要求，许多学者开始探讨学科内部进行跨学科学习的可能性。如朱立明、秦丹、武丽莎主张创设跨学科主题情景，培养小学生的数学核心素养[①]；梁云真、蒲金莹、袁书然以大概念为统摄建构层级结构，设计了“AI+小学科学”的跨学科教学方案[②]；蔡阳合从评价的角度出发，设计小学语文核心素养的跨学科学习[③]；董吉玉、王帆等人借鉴国际上前沿的“STEM课程”概念，以数学学科为引领，融合多门学科，探讨跨学科课程的实施路径[④]。

（二）核心素养在教学中的落地策略、存在问题与解决方法

在教学领域，学界主要基于核心素养的跨学科性、育人功能，提出了各种使教学方法更有利于发展学生核心素养的改进策略。许多学者都关注到大单元教学对培养学生核心素养、促进“教—学—评”一致性所具有的教学功能。如雷浩、李雪分析了素养本位的大单元教学的理论价值与设计思路，将大单元教学设计提炼为六个核心要素：大单元主题与课时、学习目标、评价任务、学习过程、作业与检测、学后反思，重视其中的一致性。[⑤] 另有一部分学者聚焦于核心素养所提出的提高学生问题解决能力的要求，借鉴相关理念指明教学改进的方向，如杨明全推

---

① 朱立明，秦丹，武丽莎．跨学科主题学习：发展小学生数学核心素养的实践路径[J]. 课程·教材·教法，2023, 43(12): 103-109.

② 梁云真，蒲金莹，袁书然．大概念统摄下的“AI+小学科学”跨学科教学——以“探寻四季更替的奥秘”为例[J]. 现代教育技术，2023, 33(11): 57-68.

③ 蔡阳合．基于小学语文核心素养的跨学科学习评价体系探究[J]. 中国教育学刊，2023(S1): 74-76.

④ 董吉玉，王帆，彭致君，等．以学科核心素养为导向的STEM课程融合之路——以数学学科为引领[J]. 现代教育技术，2020, 30(9): 111-117.

⑤ 雷浩，李雪．素养本位的大单元教学设计与实施[J]. 全球教育展望，2022, 51(5): 49-59.

崇项目式学习[①]，杨海燕重视学科核心问题的设计[②]，李作林、刘长焕等人以“真实问题解决”为基础进行教学设计[③]。此外，张良、杨艳辉从迈克尔·富兰（M. Fullan）的深度学习理论中获得启示[④]，申静洁、赵呈领、李芒将核心素养培育融入创客教育[⑤]，都是一些较为新颖的思路。

教师作为教育教学活动中的重要主体，其教育理念、教育专业技能理应随着新一轮课程改革的变化趋势而更新。因此，在讨论核心素养的落地策略时，不少学者聚焦于相对少有目光投射的教师专业发展领域，探讨其对核心素养培育的影响。如朱桂琴提出，核心素养时代要求师范生实践教学进行相应变革，核心素养的落地实施应从师资力量培育的起点出发。[⑥]董泽华、周文叶、崔允漷介绍了美国兰德教育组织开展的教师实施课程标准的调查，主张教师是否基于核心标准实施教学影响学生的学习过程和学习结果，关乎学生核心素养的发展。[⑦]

核心素养从顶层设计一步步落地实施于一线的教学实践，在取得一定成果的同时，也带来了不容忽视的问题。

夏永庚、彭波、贺晓珍认为，核心素养的落地需要教育政策的指导力、教师

---

① 杨明全.核心素养时代的项目式学习：内涵重塑与价值重建[J].课程·教材·教法，2021, 41(2): 57-63.

② 杨海燕.基于核心素养的学科核心问题设计[J].中国教育学刊，2021(8): 108.

③ 李作林，刘长焕，陶业曦，等.真实问题解决：指向核心素养提升的教学策略——以人大附中通用技术课程建设为例[J].中国电化教育，2020(2): 109-116.

④ 张良，杨艳辉.核心素养的发展需要怎样的学习方式——迈克尔·富兰的深度学习理论与启示[J].比较教育研究，2019, 41(10): 29-36.

⑤ 申静洁，赵呈领，李芒.创客教育：学科视域下提升学生核心素养的路径探析[J].中国电化教育，2020(6): 30-36.

⑥ 朱桂琴.核心素养视域下的师范生实践教学变革：方向、困境与路径[J].教育发展研究，2017, 37(12): 46-51.

⑦ 董泽华，周文叶，崔允漷.如何知道教师落实学科核心素养情况？——美国中小学教师实施课程标准调查述评[J].全球教育展望，2017, 46(12): 35-47.

素质的支持力、教育评价的导向力、教育资源的助推力等多元组合力的推动，但目前这种组合力还存在较大的欠缺与不足，需要从教育系统外部和内部两个方面建构起坚强有力的支持体系。[①] 岳欣云、董宏建关注到核心素养落实过程中的分科课程与综合课程之争，指出“分科的尴尬”与“综合的无力”两大问题尚未得到解决，强调素养本位的教育应该以“培养完整人”为目标取向，进行目标的重构和教育活动方式的转型。[②]

在一线教学中，教师常常有这样的困惑：随着核心素养等“热词”的兴起，我的课堂需要做出什么改变吗？又如何改变？我们就此给出一些粗浅的意见。

首先，在“三维目标”中行之有效的方法，同样适用于对核心素养的强调。譬如，在语文学科中，对单篇课文文本的细读和精到的解释，并教导学生掌握这种“过程和方法”，本身就能促进学生语文核心素养的发展。单篇课文的学习，单个知识点的掌握，与核心素养的理念没有冲突。这里我们就需要回到新课程改革，回看提倡核心素养的原点，只要符合这个原点的，哪怕不是冠以这些新词，也都是在践行同一件事。譬如，在李吉林老师提倡“情境教学”之前，无数优秀的课堂，包括李吉林老师自己的课堂，都已经在实践“情境”这个概念，有了“情境教学”的意识，主动创设并促进学生的“情境学习”。这些优秀的经验，并不会随着核心素养概念的提出而过时。

其次，把握核心素养的理论原点，即回到学生的人的发展和学习上。正如我们反复强调的，核心素养的提出是新课程改革的深化，新课程改革“为了每一位孩子的成长”的理念并没有改变，而是在不断加强。只要保有这样的“初心”，我们的教学就不太会荒腔走板。之所以要再次出发，是因为这个理念需要有强有力的在一线落实的抓手，所以教师需要谨记自己的课堂是“为了每一位学生的学

① 夏永庚，彭波，贺晓珍．核心素养理念“落地”之困及其支撑 [J]. 大学教育科学，2019(2): 34-42.

② 岳欣云，董宏建．素养本位的教育：为何及何为 [J]. 教育研究，2022, 43(3): 35-46.

习”。时刻以学生为主体的学习，课堂重点应当从“教”的逻辑走向“学”的逻辑，以往的经验告诉我们，过去的教学方式中，大量的学习不是真正的学习，而是功能性的训练。学生失去了学习的兴趣，遑论个人的成长。只有转变观念，才是踏上核心素养观念的第一步，也是最重要的一步。

再次，核心素养是一个统整、综合的概念。这就对学生的学习提出了更高的要求，所以教师一方面需要不断吸收新的方法，譬如“大单元学习”“基于大观念的学习”“跨学科学习”。之所以需要这些新方法，正是因为它们符合核心素养的统整性，而不是指向碎片式的学习。另一方面，教学中的核心素养落实可以在“抓大统小”的基础上“从小做起”，使教师们形成自己的方法论。“抓大统小”是崔允漷教授的说法，即要有大的课程意识，站在培养目标的基础上统摄课程目标和教学目标，然后再分解为学期课程纲要、单元学习目标、课时学习目标。[①]所谓“从小做起”，可以借用杨向东教授的说法，即将教学分解为一个个有效的学习任务。这些任务是源于现实世界、贴近学生经验的真实情境，具有现实的价值，经由这些任务的累积，学生可以运用学科的思维方式、实践模式、知识技能，形成对世界的看法。从“抓大统小”到“从小做起”，核心素养培育的“闭环”得以形成，循环往复，使学生的核心素养实现螺旋式上升。

最后，核心素养的时代性是个常被忽视又极重要的问题。我们在一线教学中忽视它，是因为课堂相对还是一个封闭的场域，是属于家庭和社会之间的“中间体”，会对两方面都起到缓冲的作用。所以教学所传授的知识、运用的方法可能数年不变，难以适应社会日新月异的变化。核心素养的提出正是因为社会已经进入信息化、全球化时代，那么在教学中必然需要做出回应。因此，可以教给学生一些人工智能的技术与观点，在教学过程中，也可以鼓励学生使用一些人工智能的工具，和学生一同探索。

核心素养的落地不是一朝一夕的事情，而且正如有的学者所分析的，在落地

① 崔允漷.新教学要“抓大统小”而非“抓小放大”[J].教育发展研究,2024, 44(2): 3.

过程中，会遇到统整性和分科现状的矛盾，当然我们或许可以将之理解为理想或观念中的教育与现实的矛盾。这一点在教学实践中并不鲜见，特别是当应试教育的压力依旧存在之时，就需要教师们用更多的教学智慧来化解问题。立足于学科，走向统整性的素养，正是核心素养落地的策略。

另外，回到学生的学习，将素养尽可能“可视化”“可感知”是使得素养落地的有效抓手，换言之，教师需要让学生的素养尽量表现出来。学习与发展是自主的，在持续的表现中，学生的情感与价值观培育能够得到正向反馈，教师的评价也将不限于传统的评价形式，而是多为表现性、过程性评价。在这方面，不少学校和教师做出了卓有成效的尝试。以无锡东林小学为例，他们从素养目标的确立到实施，再到评价，都可资借鉴。

1. 以语文核心素养“语言、思维、审美、文化”四个维度为基础，结合每单元要落实的学习要求和课程内容，建构起四维目标体系，形成培养学生关键表现能力的完整、系统、层次分明的框架和序列。（如图 1.1）

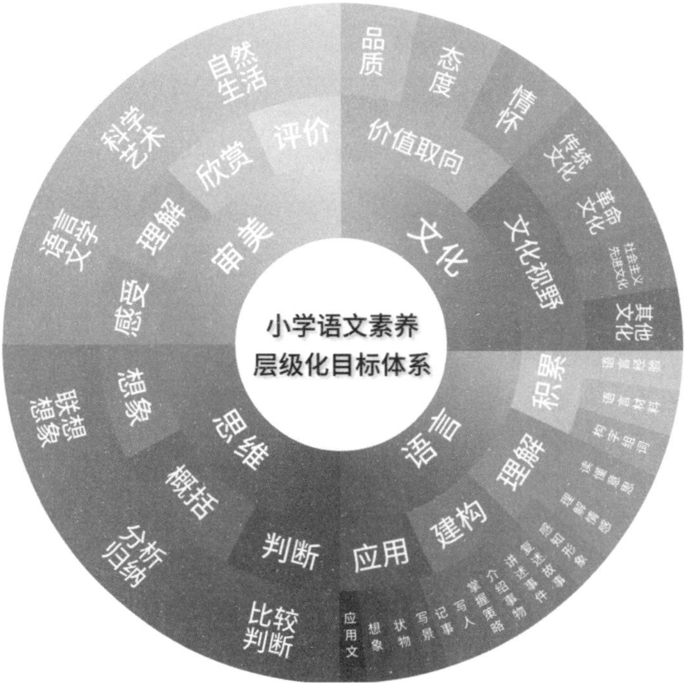

图 1.1　小学语文素养层级化目标体系

2. 在此素养目标的基础上，研制出了“素养表现型课堂展评单”，作为学生学习的抓手。展评单分为三个部分：前置学习、深度参与、课外拓展。在“前置学习”环节，一般安排 1~2 个学习任务，目的在于使学生通过自主学习，梳理问题，为课堂的深度参与提供话题，达到“以学定教”的目的。“深度参与”部分，一般安排 2~3 个学习任务，聚焦教学核心任务，突出重点，突破难点。“课外拓展”关注学生对知识的运用和迁移，由浅入深，由单一到融合，由课内到课外，旨在使学生表现的空间更广阔，表现的方式更多元。

表 1.1　东林小学教育集团素养表现型课堂展评单

东林小学教育集团素养表现型课堂展评单		
课　题		9. 竹节人
素养目标		1. 根据不同的阅读任务，快速浏览课文，选取相关内容阅读。 2. 仔细阅读，根据阅读内容确定阅读方法，达成阅读目的。 3. 采用浏览、精读、跳读的阅读方式，进行有目的的阅读，习得阅读方法。
前置学习	情境任务	假如我们走进了一家 DIY 玩具店，对制作“竹节人”这种玩具很感兴趣，你能根据《竹节人》这篇文章，快速选择你需要的内容阅读，自己制作并玩一玩这个玩具吗？  我会关注课文第 3 自然段写竹节人制作过程的段落，仔细读，别的地方略读，圈出制作竹节人的动词，结合插图推断需要的工具和材料，弄清楚制作步骤。 我会重点选择课文的第 8、9 自然段来读，我根据里面几个表示连续性动作的词，学会了自己玩，还学会了跟小伙伴一起斗竹节人呢。 

（续表）

<table>
<tr><td rowspan="3">深度参与</td><td>分享聚焦</td><td>表现性任务一：分享乐趣
有人认为，现在是高科技的时代，智能玩具层出不穷，像竹节人这样的传统玩具已经没有了价值，但读了课文，你一定感受到了传统玩具的乐趣。你会结合文章哪些内容来跟大家分享竹节人带来的乐趣呢？请你带着任务去读课文吧！
阅读目的不同了，我们关注的内容又有什么不同呢？</td></tr>
<tr><td rowspan="2">立体研讨</td><td>表现性任务二：讲述故事
你喜欢文中的老师吗？请你说一说文中那位老师的故事，尽量讲得清楚生动哦！
为了讲清楚这个故事，我会梳理故事的起因、经过、结果。
起因 没收玩具 → 经过（ ） → 结果（ ）</td></tr>
<tr><td>表现标准：
1. 能根据阅读任务，准确定位相关段落。
2. 理清故事的起因、经过、结果，并说出故事的主要内容。
3. 能清楚、生动地讲述故事。
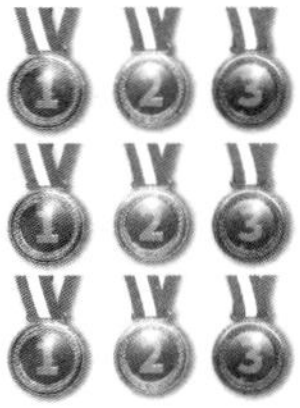</td></tr>
</table>

（续表）

课外拓展	阅读分享	学习了《竹节人》，我们明白同一篇文章，阅读的目的不同，关注的内容，采用的阅读方法也有所不同，请同学们带着学习收获，阅读《系在风筝线上的童年》。 任务一：有位同学很想学会制作风筝，向你询问风筝的制作方法，请你带着这样一个任务去读下面的材料。 任务二：这篇文章中有许多句子写得精妙传神，请你认真阅读，跟同学分享自己的阅读体验。

3. 在评价方面，东林小学提升作业设计质量，建设素养作业库。首先，开发了与课堂学习相配套的1~6年级《素养表现作业与评价》，建成了基于表现的作业库，体现了作业的基础性、提升性和思维性，让每一个层级的学生都能根据自己的学习能力寻找到适合的作业，把作业分层落到了实处。其次，开发“长程式作业”，研发了“走近李白”“我看到的送别诗”“从名家名篇看四季景色”等130多个内容综合、完成时间跨度长的“大”作业，强调了作业的项目化和综合性。

4. 打造多维语文学习场，保证“出场”学习的丰富样态。建设课堂学习场，通过大任务统领，给予学生广阔的学习时空，鼓励学生用朗读、讲述、对话、写作、绘画、表演等不同方式表达自己对文本的理解，在个性化的展示中出场学习。创造校园活动场，把学校或者班级模拟成社会，设计丰富的活动，提供多种岗位，让学生承担相应的角色责任，在完成岗位职责中出场学习。建设戏剧表演场，开发课本戏剧课程，选择故事性强的课文改编成剧本，组团排练演出；成立广播剧社，用声音演绎故事，助力对语言文字的理解；结合日常生活，创编情景剧，在表演中懂事明理。建设生活体验场，让学生在家庭生活中通过角色互换，经历在场体验，学会理解、包容和体谅。如此，让每一个学生的素养都能得到不同的展现和发展，让自主发展的触角深入全面而广阔的生活空间。

2

学科德育怎样落地?

教师在教学活动中要重视“美学形象”的塑造。师者既是审美主体，需要发现教学内容的美、教学对象的美、教学情境的美；又是审美客体，应当呈现教学劳动的形态美，为学生提供审美示范；还是审美中介，通过教学方法、教学技巧，引导学生进入审美境界。

学科德育理想的三重境界：第一重是春风化雨，通过融化、分化、点化、情化，转化好德育内容；第二重是润物无声，学科德育应当有形式的自然、分寸的适度、氛围的和谐；第三重是花团锦簇，一片胜景。

学科德育是德育的重要途径，要落实新课改“坚持德育为先”的要求，必须把学科德育摆上应有的位置，认识上务求澄明，实践上努力创新。

一、准确理解学科德育的内涵

1. 从教学内容的内在资源理解学科德育内涵

学科德育首先指向学科教学内容的内在资源。什么是德育的资源呢？2017 年教育部颁发的《中小学德育指南》明确指出，**德育的内容包括理想信念教育、社会主义核心价值观教育、中华优秀传统文化教育、生态文明教育和心理健康教育**。《义务教育道德与法治课程标准（2022 年版）》明确“道德与法治课程是义务教育阶段的思政课”，道德与法治课程**旨在培养学生政治认同、道德修养、法治观念、健全人格、责任意识等核心素养**。从这些上位文件的表述来看，德育不是有些人理解的仅仅是思想教育、政治教育，而是“为党育人、为国育才”视野里完整的积极人格教育。而内在资源是指组成教学内容的素材显见的“德”性。以语文课程为例，课程内容的主题就是中华优秀传统文化、革命文化、社会主义先进文化。“在突出上述主题的同时，还应选择反映世界文明优秀成果、科技进步、日常生活特别是儿童生活等方面的主题。”[①] 这些主题凝聚的学习材料大都有德性的光泽在闪亮。语文课程标准在分学段阐述课程目标时，每一个学段最后都有一段话，指出在通过识字与写字、阅读与鉴赏、表达与交流、梳理与探究等语文实践活动培育

① 中华人民共和国教育部．义务教育语文课程标准（2022 年版）[S]. 北京：北京师范大学出版社，2022.

核心素养时，要重视学科德育。如第四学段的最后一段话是：“在落实以上要求过程中，注重理解中华优秀传统文化蕴含的核心思想观念、中华人文精神和传统美德，表达自己作为中华民族一员的归属感和自豪感；体会中国共产党人在长期奋斗历程中培育形成的崇高精神和人格风范，体认英雄模范忠于祖国和人民的优秀品质，培育民族气节和爱国主义情怀。”① 这是文道不分家的语文传统在当下的自然体现。德育内在的资源在人文学科、艺术学科中比比皆是，在其他学科中也并不缺少，因为在教材中，知识的载体往往是叙事性的，还常常连接着生活情境，自然就融入了德育资源。而跨学科主题学习、学科综合实践活动，都是基于真实的生活情境。教师们自己开发课程时，常常“文章合为时而著”，素材的思想性更是得以彰显。

2. 从知识与道德的关系理解学科德育内涵

知识的最高价值是真、善、美的统一。“知识的目的在于求真，求客观事物所投射的真实，求人生切合真实世界，求知识切合价值，从而获得对客观真实事物的正确认识。而真恰恰是道德判断的前提。知识的效用在于扬善，即利用知识改造社会，改造人生，实现自然宇宙、生命个体、人伦社会、天地精神之和谐。知识的这一效用使知识具备了人性、人道性质。知识的理想在于追求‘开物成务’的美学境界，即把握客观，化解矛盾，实现人类理想。”② **知识与道德是一体的，每个学科的知识，都有独特的育人价值。**“史鉴使人明智，诗歌使人巧慧，数学使人精细，博物使人深沉，伦理学使人庄重，逻辑与修辞使人善辩。”③ **知识与道德是一体的，学科知识为道德成长奠定了理性基础。**“道德、认知、情感、意志、行为建立在对人、物、事及其关系认识的基础上，我们正是在对事物认识的基础

① 中华人民共和国教育部．义务教育语文课程标准（2022 年版）[S]. 北京：北京师范大学出版社，2022.

② 陈微．“知识道德”新论 [J]. 社会科学，2000(5): 34-38.

③ 培根．培根论说文集 [M]. 北京：商务印书馆，1983.

上才形成相应的态度和情感。”[①] 且看《科学》课程标准对“态度责任”这一核心素养的阐述：“态度责任是在认识科学本质及规律，理解科学、技术、社会、环境之间关系的基础上，逐渐形成的科学态度与社会责任。”[②] **知识与道德是一体的，因为知识的学与知识的用是连接的，而“用”是有价值性的。**“学校中道德教育最重要的问题就是知识与行为的关系。”[③]“知识为行为之重要标准，不能养成知识，即不能养成道德。”[④] 赫尔巴特（J. F. Herbart）说，没有“无教育的教学”。斯言可信！

3. 从“过程与方法”的维度理解学科德育内涵

有学者认为，**“教学是一种内涵深刻的道德活动”**[⑤]，在新课改的话语体系里，也就是指“过程与方法”有解放学生、支持学生的要求。“目的与手段保持一致，不仅教学的原点建基于师生个体性的精神自由之上，教学努力引导师生走向一种德性生活，更是通过道德的手段来推动它、实践它。”[⑥] **一是要树立“学生为中心”的育人观，**研究学生，发现学生，激活学生，让学生以知识建构参与者的身份沉浸在认知的情境中，使其主体精神得到生长。**二是要为课堂打开生活之门，加强与生活世界的联系，**这样做必然引出学科德育的源头活水。**三是要注重师者本身“美学形象”的塑造。**在教学活动中，教师有多重身份：他是审美主体，需要发现教学内容的美、教学对象的美、教学情境的美；他又是审美客体，应当呈现教学劳

---

① 周晓静，朱小蔓 . 知识与道德教育 [J]. 全球教育展望，2006, 35(6): 23-27.

② 中华人民共和国教育部 . 义务教育科学课程标准（2022 年版）[S]. 北京：北京师范大学出版社，2022.

③ 杜威 . 民主主义与教育 [M]. 王承绪，译 . 北京：人民教育出版社，2001.

④ 袁刚，孙家祥，任丙强 . 民治主义与现代社会：杜威在华讲演集 [M]. 北京：北京大学出版社，2004.

⑤ 坎普贝尔 . 伦理型教师 [M]. 王凯，杜芳芳，译 . 上海：华东师范大学出版社，2011.

⑥ 刘万海 . 以善致善：教学道德性论题的儒学启示 [J]. 全球教育展望，2011, 40(3): 17-22.

动的形态美，为学生提供审美示范；他还是审美中介，通过教学方法、教学技巧，引导学生进入审美境界。如是，师者在“做人”这一点上，就具有了教科书的意义。

二、充分认识加强学科德育的意义

1. 学科德育是学科教学的应有之义

无论是东西方，知识学习都首先指向道德的培养。东方主张“学以为己”，西方有“美德即知识”之说。面对现代教育的分科教学，学者们一直关注教育教学内在关系的研究，如赫尔巴特认为，“教育的唯一工作与全部工作可以总结在这一概念之中——道德。道德，普遍地被认为是人类的最高目的，因此也是教育的最高目的”[①]。他提出“无教学的教育”和“无教育的教学”。杜威（J. Dewey）指出“学科具有社会性”，也是强调学科教学自然地包含了学科德育的内容。因为人的社会性教育，包含了要培养人参与社会生活的道德素养。

2. 学科德育是立德树人的时代要求

教育的首要问题是“为谁培养人”，教育的根本任务是“立德树人”。“为党育人、为国育才”，不只是一句口号，它是现代中国教育必须答好的时代命题。从教育的基本规律看，育人是第一位的，培养德性完整的人是教育的第一价值。进入大数据、人工智能时代，机脑可以代替人脑，智力的活儿可以由机器代替，一方面科技越发展，驾驭科技的人越是要品德高尚；另一方面，机器替代人力，人们可以有时间享受德育、美育、体育等等。从现实世界的丰富性、复杂性来看，坚持正确的政治立场，树立正确的人生观、世界观、价值观，是需要“借我一双慧眼”的。正是如此，党和国家对德育工作给予了高度重视，对学科德育提出了具体要求。1993 年中共中央国务院印发的《中国教育改革和发展纲要》就指出：“加强德育工作是全体教师的共同责任。教师应当把德育贯穿和渗透到教育教学的全过程中。”2017 年教育部颁布《中小学德育工作指南》明确要求：“充分发挥课

---

① 张焕庭 . 西方资产阶级教育论著选 [M]. 北京：人民教育出版社，1979.

堂教学的主渠道作用，将中小学德育内容细化落实到各学科课程的教学目标之中，融入渗透到教育教学全过程”“要根据不同年级和不同课程特点，充分挖掘各门课程蕴含的德育资源，将德育内容有机融入各门课程教学中”。新一轮的基础教育课程改革，落实立德树人，坚持德育为先，在课程标准中对学科德育进行了具体引导和部署。以义务教育各门课程的核心素养为例，都有直接指向学科德育的，比如，语文的“文化自信”，历史的“家国情怀”，外语的“文化意识”，地理的“人地协调观”，科学的“态度责任”，物理、化学的“科学态度与责任”，生物的“态度责任”，体育与健康的“体育品德”，音乐的“文化意识与素养”，美术的“文化理解”，等等，都是具有显明道德性的。此外，数学的“三会”建基于“现实世界”，自然与育德相关联。道德与法治课程的全部，劳动课程的大部分核心素养，都是具有德性内涵的。

3. 学科德育需要进一步创新实践

学科德育经过多年的实施，取得了不少成绩，但也存在不少问题，需要我们创新实践，去消解迷茫，提升境界。这些问题主要包括：虚无化，因为应试教育的影响，见分不见人，认为学科德育是软任务，可有可无，长此以往，其就被有意无意地忽略了；浅表化，不能从铸魂润心的高站位去认识学科德育，只是满足于走过场，交差而已；泛化，不是利用学科内生或教学过程中自然生成的德育素材，而是生拉硬拽，以为挂上德育就高大上了，什么课都有点像德育课；僵化，学科德育的最高境界是润物细无声，但在教学一线，多见说教式、训诫式的德育，常常引起学生内心的排斥。种种问题，都有待我们在创新实践中有效解决。

三、全面优化学科德育的实践

1. 坚持新课程的核心价值观

世纪初，新课程启动时，有一句开宗明义的口号：“为了每个学生的发展，为了中华民族的复兴。”每个学生都发展了，也就意味着中华民族复兴有望，所以后来更多强调的是每个学生的发展。按照马克思主义关于人的学说，人的全面发展和个性的自由发展应是教育的主要目的，新课程正是秉持这样的认识进行整体设计的。**学科德育要落实新课程的核心价值观，一是要把“全面”和“自由”融为一体加以认识。**“育人价值指向学生个体精神发展的全部。”① 聚焦整全人的目标，才能完整地落实学科德育。**二是要通过学科实践来落实学科德育。**学科德育是在学科实践中进行的，学科实践就是像专家那样“做事情”，当然这个“做事情”是以发展思维、升华情感为主线的。“做事情”对不对就是价值观，“做事情”能不能就是关键能力，“做事情”在“对”和“能”的前提下做得好不好就是必备品格。只有坚持实践性，核心素养才能扎根。学科德育也应当遵循这样的规律，通过学科实践活动，达到“知道”“理解”“能做”。**三是要让学生体验德育的愉悦感、幸福感。**鲁洁先生提出：“德育的享用性功能，可使每个个体实现其某种需要、愿望（主要是精神方面的），从中体验到满足、快乐、幸福，获得一种精神上的享受。”② 这种“享用”才是入脑入心的，才会有扎根生长的觉悟。“享用性”德育应该成为学科德育的理想追求。

2. 把握学科德育的学科特质

学科德育的基本内容是生长在学科知识里的，所以学科德育要在把握学科特质的基础上进行。《中小学德育工作指南》指出，“语文、历史、地理等课要利用课程中的语言文字、传统文化、历史地理常识等丰富的思想道德教育因素，潜移默化地对学生进行世界观、人生观和价值观的引导”“数学、科学、物理、化学、生物等课要加强对学生科学精神、科学方法、科学态度、科学探究能力和逻辑思维能力的培养，促进学生树立勇于创新、求真求实的思想品质”“音乐、体育、美术、艺术等课要加强对学生审美情趣、健康体魄、意志品质、人文素养和生活方式的培养”，“外语要加强对学生国际视野、国际理解和综合人文素养的培养”，等等。而综合实践活动课程、校本课程等也要根据课程特点落实德育。对于具体学科的

① 叶澜．融通“教”“育”，深度开发学科的育人价值 [J]. 今日教育，2016(3): 1.
② 鲁洁，王逢贤．德育新论 [M]. 南京：江苏教育出版社，1994.

德育特质，有学者根据朱小蔓先生的研究做过进一步的梳理，可资参考。[①]

表 2.1　可能的道德教育资源及其表达方式

学科			素材形式		蕴含的道德价值	教与学的方式
分类	特征	科目	学科内容	学科方法		
人文学科	伦理 正义 关爱 审美	语文	字词句章 人类文化 人物 感情 伦理	榜样示范 阅读 审美 情感 语词敏感	伦理 正义 同情 人际敏感 人道主义	生命叙事 探讨交流 分享 案例分析 角色扮演
		历史	典籍 人物 事件 价值观	批判性 独立 思考 辩证思维 历史感 叙事	正义 宽容 理解	
		外语	语言　文字 文化风俗	情景　交流 对话　语感	尊重　倾听 国际理解 宽容	
自然学科	理性 秩序 和谐 有机性 复杂性	数学	公理　公式 计算　发现 数学家	推理　演绎 归纳　计算	严谨　理性 坚韧　审美	
		物理	定律　公式 计算 物理学家 发明	实验 观察 计算 设计	严谨　专注 理性　坚韧 求实	
		自然	物种多样性 环保组织 志愿者 发现	观察 分析 描述 感受	多样性 和谐 敬畏 感恩 审美	

① 李敏，张志坤．审议与反思：学科德育的教学表现样态 [J]. 教育发展研究，2014, 33(22): 12-15.

（续表）

学科			素材形式		蕴含的道德价值	教与学的方式
分类	特征	科目	学科内容	学科方法		
综合实践课程	探索情景 做中学 创造性 伦理性 参与体验	研究性学习	现象　方法 原理　研究 报告	探索　实验　动手 操作　分析　论证 独立思考 辩证思维	严谨 独立性 合作 超越	参与 表达 交流 分享 案例分析
		社区服务与社会实践	伦理义务 服务 技能 社会体验	参与 体验 责任 承担	热情投入 责任 义务感	

3. 彰显教学的德性

德性指具有理性的人能决定自己的行动，他在有了行善的意念和准备，并付诸行动后，产生了效用。这种行为反复多次，习惯便成自然。“教学德性是教师在教学过程中自己表现的道德品行。”① **教学德性在课堂上的表现在于，第一是教师对学生的爱。**爱是教育的灵魂，也是师德的灵魂。如马克斯·范梅南（M. VanManen）所说：“教育的智慧是一种以儿童为指向的多方面的、复杂的关心品质，这是人的崇高使命……”② **第二是教师在教育教学过程中表现出来的积极乐观的生活态度。**师者乐观向上、豁达明朗的积极人格，对学生的精神发育具有十分重要的示范作用。**第三是“道德的”教学方式。**“教学应当使教育的文化功能和灵魂的铸造功能融合起来。”③ “以正确的方式传授知识和技能，其本身就已经是一种对整个人的精神教育。”④ 教学方式的道德感表现在：尊重学生，融入对每个孩子的关爱；契合学科教学的基本规律，富有创意；等等。当然，师风可学，不仅仅

① 刘雄英．教师教学德性：内涵、发展及实践进路 [J]. 教育发展研究，2018, 38(10): 80-84.

② 范梅南．教学机智：教育智慧的意蕴 [M]. 北京：教育科学出版社，2001.

③④ 雅斯贝尔斯．什么是教育 [M]. 上海：生活·读书·新知三联书店，1991.

在课堂，更是在全部的生活中对自己形象的书写。卢梭（J. J. Rousseau）说：“在敢于担当培养一个人的任务之前，自己就必须造就成一个人，自己就必须是一个值得推崇的模范。”① 正是“立己”，方能“达人”。

4. 贯通学科德育的境界

杜甫有诗《春夜喜雨》：“好雨知时节，当春乃发生。随风潜入夜，润物细无声。野径云俱黑，江船火独明。晓看红湿处，花重锦官城。”笔者在多年前就根据这首诗的意境，描绘了语文德育的三重境界，窃以为对于其他学科的德育也是有参考价值的。② **第一重境界：春风化雨。**课文里的德育资源是一片片积雨云，教师的辛勤劳作是阵阵春风。春风化雨，这就需要教师在备课时“化”到位，一般在准确、深刻、创造等方面下工夫，通透地理解德育内容；分化，用辩证的眼光分析复杂的思想性内容，取其精华，去其糟粕，“取”“舍”都是德育应有之义；点化，或示以观点，或引来材料，使作品的主题更见鲜明，更为突出；情化，“文章不是‘无情物’，师生俱是‘有情人’”（于漪语），以情动情。**第二重境界：润物无声。**润物无声有多种表现：形式的自然，没有画蛇添足的笨拙，也无油水分离的隔膜，而是水乳交融；分寸的适度，恰如其分，恰到好处，有时只是“点到”，未必就要“点破”，更不能“点过”；氛围的和谐，课堂里弥漫着和谐的氛围，正是催发霏霏春雨的最佳时机。**第三重境界，花团锦簇。**“晓看红湿处，花重锦官城。”“好雨”下上一夜，必然杂树生花，一片“红湿”，学生在“享用”中蓬勃生长。

---

① 卢梭．爱弥儿：论教育 [M]. 北京：商务印书馆，1978.

② 杨九俊．语文教学艺术论 [M]. 上海：华东师范大学出版社，2020.

3

情境任务如何设计?

情境任务是指为培养学习者达到知识、技能和情感的有机整合，而在真实且富有意义的实践场域中设计的朝向创造性问题解决的一系列事情。它具有真实性、整体性、实践性和交互性的特点。

在设计情境任务时，为避免陷入情境任务的虚空化、事务化、程式化等误区，教师需要关注“真实性”，走进儿童生活情境，注重“整体性”，紧密关联文本情境，强调“实践性”，深度结合认知情境，从而达成情境任务的核心目标，促进学习者在知识、技能和情感方面的完整发展。

在《义务教育课程方案（2022年版）》中多次提到“情境”一词，在第二部分中提出“加强综合课程建设，完善综合课程科目设置，注重培养学生在真实情境中综合运用知识解决问题的能力”，在第四部分中提出“加强情境创设和问题设计，引导学习方式和教学方式变革”，在第五部分中提出“加强知识学习与学生经验、现实生活、社会实践之间的联系，注重真实情境的创设，增强学生认识真实世界、解决真实问题的能力”。那么究竟什么是情境，什么是情境任务？情境任务与李吉林的情境教学是否有着内在的关联？情境任务的创设对“新课程”的落地有什么意义与价值？我们课堂上又该如何落实情境任务？围绕这些问题，本章将抽丝剥茧，探索并厘清“情境任务”的本真意蕴与实践策略。

一、如何正确理解新课程中的“情境任务”

（一）“情境”的源起

相较于“情境任务”这一热门词语，“情境”一词早已有之。我们不妨先对这一概念的形式进行梳理，以系统呈现“情境任务”之古今。

早在20世纪90年代，以布朗（J. S. Brown）、莱夫（J. Lave）为代表的情境理论学家就提出了“知识是情境性的”这一观点，他们认为“人的认知 = 情境性 + 分布式认知”，学习根植于情景之中，即知识是通过活动不断形成和发展的，是学习者与他人、媒介、文化、环境、社会等多种因素相互作用的过程，也是一个文化适应的社会性过程[①]。因此，学习并不是单一个体构建活动产生的，而是个体

① 李亮．情境化任务下习作教学的现状及应对策略[J]. 小学语文，2023(10)：24-28.

与情境互动并具身参与实践的过程。此外，在情境理论学家看来，教师不再是权威的知识传递者，而是学生学习的高级伙伴和合作者，学生以学习共同体的形式存在，因为学生的经验背景差异本身就是一种宝贵的财富。应当关注学习者在解决问题的具体情境中所表现出来的知识、技能、策略，并对其认知成长进行诊断与管理。

在中国，说起“情境”一词，肯定绕不开特级教师李吉林的“情境教学”，她在该理论和实践方面卓有建树。李老师的情境教学具有“形真”“情切”“意境广远”“理喻其中”的特点，通过将学生带入情境，让学生细致地观察，深切地感受，从而整体把握词句，加深对教材的领会。之后，她又将情境教学进一步体系化，构建出了“情境教育”，创造性地运用多种艺术手段和情境，让教育更有感染力。“情境课程”则是“情境教育”的进一步发展，也是课程改革的伟大尝试。情境课程以“美”为境界，以“思”为核心，以“情”为纽带，以“儿童活动”为途径，让知识源于情境，应用于情境。可以说，李吉林老师的“情境”理论与实践，为“新课程”的“情境”绘制出了堪称典范的蓝本。①

再回到“新课程”，新课程建构的情境学习强调让学生在真实的任务情境中获得和应用知识，实现知识、情境和学习者经验的相互作用。这种理念强调知识与真实生活情境的联结，注重学以致用，用以致学。

（二）“情境任务”的内涵

从“情境”这一概念的溯源不难看出，不论是国外还是国内，情境皆离不开一个真实的实践场域，即一个真实的具有相对独立性的实践空间。在这个场域中，学生可以将所习得的知识、技能加以综合运用、强化，这也是实践的过程。构成情境最重要的元素是人，换言之，“情境”是以学习者为中心而开展的。概括起来说，“情境”由“知识、技能运用的实践场域”“实践过程”“学习者”这三个因素构成。而“情境任务”的定义也不言而喻，即为培养学习者达到知识、技

① 李吉林．情境教育：一个主旋律的三部曲[M]．北京：中国人民大学出版社，2019.

能和情感的有机整合，而在真实且富有意义的实践场域中设计的一系列任务。因此，情境任务的设计，是指向学生的学的设计，是立足于真实实践场域而进行的设计，是以任务为主线，以情境为载体，由知识来承载，而将学生的学习分解为应该完成的任务的过程。

根据情境任务的定义，我们大可将其特征概括为以下几点：

1. 真实性：实践场域的应然向度

说起“真实”与“情境”的关联，其实在“新课程”中不止一次被提到，例如：“加强综合课程建设，完善综合课程科目设置，注重培养学生在真实情景中综合运用知识解决问题的能力”；“加强知识学习与学生经验、现实生活、社会实践之间的联系，注重真实情境的创设，增强学生认识真实世界、解决真实问题的能力”。那究竟什么是“真实”呢？难道仅是指完全的生活真实吗？显然不是。

此处的“真实”，是针对学生立场而言的，是对学生经验的关照，也是对知识技能运用需求的回应。[①] 在创设情境任务时，教师的设计必须贴近学生真实的生活，符合他们真正的学习需求。如果创设的情境任务离学生的生活与经验太远，就不能引起学生的共鸣，无法激发他们的主动性与内驱力，那么任务的完成也就无从谈起。当然，教师创设的情境任务并非一定要“现实的真实”，即在现实生活中真实存在的事，也可以是“虚拟的真实”，教师可对部分情境要素进行虚拟，只要学生可以将所掌握的知识与技能迁移到现实生活中去解决真实的问题，这也属于“真实”。

2. 整体性：任务设计的必然选择

在创设情境任务时，教师为了改变传统高耗低效的教学模式，需要考虑教学中的方方面面，如学习内容、学习方法、学习资源、学习评价等各种单元要素，其中仅学习资源一项就可能涵盖了音频资源、图片资源、课外文本资源等学科资

---

① 柳夕浪．实践型课程：基础教育课程新形态 [J]. 课程・教材・教法，2022，42(6)：14-19+34.

源或生活资源。[①] 因此，这样高度的统整势必要求情境任务的设置具有整体性。如果没有整体性，可能会导致教学中出现多个关联性不强的情境，导入时是一种情境，品读文本时是一种情境，知识迁移时又是一种情境，几种情境之间相互割裂，让学生在完成任务时无所适从，无法进行沉浸式的学习。如果情境任务是从整体性的视角出发，把若干个情境任务统整在一个大的情境任务之下，那么学生势必不会在割裂的情境中跳进跳出，这样的教学更有利于学生的深度学习与知识技能的掌握。

因为具有整体性，情境任务的设置相互关联，前一个情境任务的设置可能是为后一个情境任务埋下伏笔、做好铺垫，后一个情境任务的存在与前一个情境任务交相辉映、相辅相成，这也很好地避免了情境的碎片化，可以使教学的脉络更加清晰，防止情境任务设置的表面化和庸俗化。因为具有整体性，情境任务的设置具有层次感，它可以使学生的思维从初阶到高阶再到学以致用，层层递进，它也可以满足不同梯度学生的需求，使得所有学生都能获得成就感。

3. 实践性：任务本体的实然旨归

就教学设计而言，教师从教学需要出发，在选定了主题、确立了目标之后，就要创设情境任务，开展学习活动，让真实而富有意义的语言实践活动贯穿于学习过程的始终，因此情境任务的第三个特征便指向“实践性”。“实践性”致力于学生能力的培养和核心素养的提升，让学科核心素养在实施过程中更加有深度地推进。教师创设的情境任务，类似于给学生搭建了一个真实有效的“实践场”，引导学生参与实践，完成学习任务，学生在此“实践场”中，将自己所掌握的解决问题的步骤与方法举一反三，迁移到真实的生活中去，解决类似的问题，真正实现学生对知识、技能的理解和应用，从而培养其创造精神和实践能力。[②] 此外，“实

① 赵金龙，金玉．“文学阅读与创意表达”学习任务群的情境设计 [J]. 小学教学设计，2023(28)：4-6+33.

② 孙采文．基于情境学习的初中“文学阅读与创意表达”任务群教学研究 [D]. 长春：东北师范大学，2023.

践性”也让教学摆脱了“纸上谈兵”的尴尬处境，在有感情色彩的具体场景或氛围中，学生的兴趣被激发，思维被启发，能力发展被引发。知识、任务、学生之间展开的高频互动，让课堂变得更加有意思、有意义。

情境任务的“实践性”也对教师提出了更高的要求，即教师需要具有更高的敏锐度与灵活度，能够利用无时不有、无处不在的学习资源与实践机会，引导学生以主人翁的态度参与到家庭、学校、社会中去，增强他们在各种场合学知识、用知识的意识，引导学生在多样的日常生活场景和社会实践活动中运用学科知识，提升他们在各种场合学以致用的能力。

4. 交互性：经验习得的自然生成

在课程改革的发展进程中，“以生为本”的教学理念是一直被提及的，目的在于要让学生真正成为课堂的主人。特别是“新课程”的出台，更是旗帜鲜明地倡导“生本理念”，情境任务的设置就是最好的证明。教师眼中有生，即是考虑学生是带着已有阅读经验、生活体验来学习的，因此教师所创设的情境任务必定也是根据文本特质创设恰当的生活情境，设计具有内在逻辑关联的任务活动。教师心中有生，即是在创设情境任务时，将“情”字贯穿课堂，彰显出情感在情境教学中的地位。恰如李吉林所主张的那样，教师应“把情感带进课堂”，用自己的真情去感染学生，激发学生的感悟，引起学生的共鸣，使课堂始终洋溢着浓浓的情意。

此时，教材文本所表达的情、教师所营造的情、学生所激发的情相互交融、“同频共振”，这种相互作用又激发与影响了学生的行为、情感、认知，让他们不断充实、丰富并改造自己原有的经验，获得了更深层次的理解过程，从而体现对情境任务中承载的情感、态度与价值观的真正理解与内化。

二、新课程为何强调情境任务

从必要性来说，新课程要求教学从传统的知识灌输转变为以学生为中心的自主学习，注重学生自主探究和实践能力的培养，甚至是对知识的再次认识或者自我经验的重塑。这样的变革恰好与教学中情境任务的创设相适应。

此外，情境任务作为一种教学手段，无论是对学生、教师，还是课程，都有着重要的价值与意义，为课程育人功能的实现提供了支持。

首先，对于学生而言，创设情境任务可以为素养生成提供有效场域。情境任务的设置能够有效地整合信息与资源，使得它们从单子式的、碎片化的状态转变为富有内在逻辑的体系。学生的学习空间也从原本接收到的抽象的、单一的信息源扩展到了丰富的、综合化的信息场域。这样的转变可以激发学生兴趣，使学生的互动更为多元多向，进而展开结构化的思考，助推其认知走向新的阶段。此外，情境任务的设置紧密结合学生生活实际，在真实的情境中，学生将所学知识运用于实际问题的解决，从而感受到学习的意义和价值。

其次，对于教师而言，情境任务的设置有利于提高教学效果，实现教学目标。在真实而富有意义的语言实践活动的情境中，学生的语言运用有了依托和空间，使得表达更具“靶向性”，更富活力，并且学生的成长也会努力朝着教师期待的方向发展。其次，教师通过创设一个个相关联、能互动、结构化的情境任务体系，能更好地监测学生的学习进度和完成情况，从而及时调整自己的教学策略。而这样一次次的情境创设无疑需要教师对新课程有着深入的解读，对文本内容有着深刻的剖析，对学生学情有着深入的了解。在此基础上，教师把相关要素融通整合，由此延伸自己的教学深度与广度。

最后，对于课程而言，情境任务的设置有利于培育完整的人。教师所设置的情境任务链接社会生活和现实热点问题，把“家事、国事、天下事”与所学内容联系起来，具有一定的价值导向作用。此时，学生收获的不再是单一的学科知识，还接受了情感的浸染、文化的熏陶。这样的教育是集课程教学、道德修养、家国情怀、理想信念为一体的综合性教育，能够在潜移默化中起到立德树人的作用。作为教育者，我们应该充分认识到情境任务文以载道的价值，努力营造一个积极向上、富有道德感染力的学习环境。这不仅可以帮助学生更好地学习学科知识，还可以为社会培养出更多具有良好道德品质的人才。

三、创设情境任务容易出现哪些误区

情境任务作为核心素养导向下的一种教学手段，备受教师们的青睐。广大一线教师不断探索实践，做出了有益的尝试。但不容忽视的是，摸索前行难免会走入一些误区。

（一）喧宾夺主：情境任务的虚空化

“新课程”强调“增强课程实施的情境性和实践性，促进学习方式变革”，一些教师为了响应“新课程”的号召，走入了“为情境而情境”的误区。一方面，一些教师为了设计一个看似充满真实感的学习场域，链接了大量的视频、音频、图片，这样的情境任务多是以看和听为主的，是输入性的，是直白的，少量添加可“怡情”，调动学生的学习兴趣，如果过量则不仅挤占了学生与文本对话的时间和将语言、思维输出的空间，而且让课堂变成了大杂烩。

另一方面，把“情境任务”作为载体，其目的是将学生置于“情境”之中，确定具体“任务”而“驱动”学习者自主学习，将“要我学”的灌输转变为“我要学”的态度，将“学得会”的知识转化为“带得走”的能力，因此“情境任务”是服务于学科教学的手段，并不是我们的目的，我们的目的是要通过情境任务达成更好的学习效果。但如果过于执着追求远离目标的情境任务的设置，那就很容易走入舍本逐末的死胡同了。

（二）貌合神离：情境任务的事务化

“新课程”在教学建议中明确提出“加强知识学习与学生经验、现实生活、社会实践之间的联系，注重真实情境的创设，增强学生认识真实世界、解决真实问题的能力”。一些教师也以此为出发点，设置了一系列情境任务，尽管这些情境任务可能在日常生活中确实存在，这也让语文学习和社会生活看起来相互联结，但是教师却忽略了重要的一点，即“创设情境，应建立学科学习、社会生活和学生经验之间的关联，符合学生认知水平”。如果教师创设的情境任务与学生的经验和认知水平有一定的距离，让他们感觉到隔阂，那么这势必会让所学和所用也产生一定阻隔。

具体可以从两个方面来理解：其一是所创设的情境任务与学生的实际学情有

一定的距离；其二是所创设的情境任务与学生的实际生活有一定的距离。一些教师为了彰显课堂的独特性，一味追求情境任务的新奇，从而使情境任务的设置高度事务化，例如制作海报、卡片，拍摄视频，编排短剧，布置展览等。

因此，情境任务的设置既要立足于学生已有的经验，符合他们的认知水平，遵循他们身心发展的规律，又要基于他们真实的生活，让他们找到将所学运用起来的实践空间，这样才能真正引导学生进行有目的、有方法、有情感、有思维的阅读与表达，从而逐渐发展解决现实生活真实问题的学科素养。

（三）千人一面：情境任务的程式化

情境任务的创设除了要结合学生的学情，要联系学生的真实生活，还要考虑的是所教学科本身的情境及其所展现的意境。特别是语文，不同体裁、不同题材的文本都具有自己的独特性，甚至可以说，文学类文本本身就是一个情境系统，读者深入其中，根据文本的语境展开合理想象，就能感受文本所具有的生命力。一千个人眼中有一千个哈姆雷特。学生只有在尊重文本而设置的情境任务中才能更好地感受到文学语言和形象的独特魅力，领悟文本的审美意蕴与精妙语言，从而生成独特主体体验建构文本的意义。①

但是在设置情境任务的过程中，教师容易走入一个误区，即将情境任务的设置程式化，使之成为一种固化的套路。课堂刚开始可能是热热闹闹的，时间一久，学生便从原来的兴趣盎然变得兴味索然。甚至他们还会产生一种“学习不过如此”的错觉。此时，情境任务的创设不但没有为学生的学习搭建攀登的支架，反而成了一座囚牢，禁锢了他们的思想，捆绑了他们的想象，让他们失去了对知识的探索心。

四、新课程背景下情境任务该如何创设

不论是情境任务的“虚空化”“事务化”还是“程式化”，都是因为教师在

① 徐世赟．当前语文学习情境创设的主要问题表征与辨析 [J]. 小学语文，2023(11): 18-21.

教学设计时误解了“真实性情境”的意义，忘却了学情、文本、情境任务与现实生活之间实则互为一个“整体”，让情境任务落到实处时变得缺乏“实践性”。那怎样才能设计出兼具“真实性”“整体性”“实践性”的情境任务呢？我们以语文教学为例：

（一）聚焦“真实”，关联生活情境

为了满足“真实性”的要求，情境任务的创设应当源于学生的生活实际。日常生活中存在着丰富且真挚的语文学习情境，我们需要巧妙地借助这些情境，顺其自然地开展有针对性、有计划的学习活动，将学习过程融入学生的日常生活之中。举行演讲比赛、征集宣传手册都是不错的情境选择。此外，作为数字时代的“原住民”，“发朋友圈”“刷抖音”“看直播”也是学生们接触到的“高频词汇”，教师也可以利用这些词作为情境任务创设的支撑点。[①]

在部编版小学语文课本中，不乏写景类的课文，在学生学习的过程中，教材还设置了单元习作，要求学生学以致用。如三年级上册第六单元的习作主题为“这儿真美”，四年级下册第五单元的习作主题为“游______”，五年级上册第七单元的主题为“______即景”。那么怎样通过情境任务让学生的学习借“境”而为、顺势而上，有目的、有计划地在学生的生活模式中设计、展开情境任务呢？以四年级下册第五单元的课文《记金华的双龙洞》为例，可设置以下情境任务：

“你跟着作者叶圣陶共游金华双龙洞，独特的体验让你想发朋友圈与朋友共享这里的景色，你会怎么编辑朋友圈的图片和文字呢？”

《记金华的双龙洞》是学生接触的第一篇游记，文章记述了作者游览双龙洞时的情景，融情于景，表达了作者对大自然的热爱与赞美。根据“新课程标准”提出的要求，“第三学段要在阅读中了解文章的表达顺序，初步领悟文章的基本表达方法”，以及这一单元的核心目标“了解作者描写景物的顺序，培养按一定

① 过美红．要素·情境·逻辑：高质量语文学习任务之设计“孑口”[J]．小学教学研究，2023(29)：58-59.

顺序写景物的能力”，可设计如下子情境任务：

任务一：发“圈”定位

为了更好地告诉朋友你的游览路线是什么，你需要每到一个地点就发一条朋友圈定位，请你快速浏览课文，圈画出表示地点的词语，完成定位。

任务二：发“圈”配图

游览过程中的景色让你感慨万分，你想沿途拍照发朋友圈，请在文中圈画出描写每一个景物的主要特点的词语，为相应的景观照片标注关键词吧！

任务三：“声”临其境

图片不能够表达你激动的心情，请你选择精彩的语句，读一读，给你的图片配音，用声音来表现景观之奇吧！

任务四：发“圈”回复

有朋友在你的朋友圈里发表评论，他对你的这次神奇之旅格外好奇，想让你做个小导游，再具体、完整地发个视频介绍一下金华双龙洞。

通过以上情境任务的设置，学生在“真实性”的引导下唤醒自己的生活体验，是啊，平时旅游不就是爸爸妈妈帮着一起发发朋友圈，告诉大家自己去了哪儿，参观了哪些景，它们有什么特点，自己游览时的心情怎样，有什么感受。在情境任务的关照下，名家名篇也不再显得那么有距离，而变得充满趣味、极富人情味。

（二）聚焦“整体”，关联文本情境

聚焦“整体性”意味着教师在创设情境任务时，要充分了解文本的特点，充分挖掘文本中的关键信息。这包括文本的主题、结构、语言风格、作者情感等方面。通过对文本的深入剖析，教师可以引导学生更深入地理解文本，从而提高他们的阅读理解能力；教师要充分了解作者及其写作背景，从而更好地理解作者的写作意图和所要表达的思想。此外，“整体性”还要求教师结合学情与生活实际，培养学生高品质的思维方式，以一种独立、理性、深入的思考方式去面对复杂问题，透过表面分析出问题的本质。当然，“整体性”也要求教师在设置情境任务时，注意子任务之间的逻辑关系和层次结构，让各个子任务相互关照，从而保证整个情境任务的连贯性和完整性。下面以王崧舟老师执教的部编版四年级下册第四单元课文《母鸡》为例：

《母鸡》是老舍先生的一篇脍炙人口的佳作，课文以第一人称视角刻画了自己从“讨厌母鸡”到“母鸡产下鸡雏之后敬重母鸡”再到“歌颂母爱”的情感变化，如果执教者按照这样的线索讲课，孩子们可能并不能产生多大的代入感。王崧舟老师的教学设计之妙就在于通过情境任务的设置，让学生有了现场感。

任务一：一串词语谈“烦心”（谈烦心事）

首先王崧舟老师通过一张图片、几段母鸡叫声的音频创设了三个情境，引出了主角——老舍和母鸡，以及写作背景——老舍夫人养了一只母鸡，老舍不堪其扰。第一个情境是老舍在安静读书，母鸡的声音响了；第二个情境是老舍在客厅里面和别人讨论剧本的时候，母鸡的声音响了；第三个情境是老舍正在全神贯注地写小说时，母鸡的声音又响了。王老师通过“烦人”“讨厌”“可恶”三个词把学生的情绪揪了起来，进而将学生带入到了文本情境中去。

任务二：一串词语说“讨厌”（写控诉状）

接着，王老师又带领学生从写作背景走入文本，让学生帮助老舍来给母鸡写一个控诉状，把母鸡的“罪恶”罗列出来，把它递到了他夫人那里，让他夫人不要再养母鸡了。以下是学生结合课文帮老舍完成的控诉状：

控诉状	
控诉人：老舍	被诉人：母鸡
控诉请求	不要再养母鸡
控诉理由	第一条：母鸡大声喧哗 第二条：母鸡无病呻吟 第三条：母鸡欺软怕硬 第四条：母鸡自我炫耀

任务三：一串词语品“伟大”（写表扬信）

接着，王老师又设置了一个情境，让老舍夫人出场，拿着老舍先生写的控诉状，建议老舍先生再观察一段时间，如果老舍依旧讨厌母鸡，那就不再养母鸡，如果老舍想留下母鸡，那就得为母鸡平反，写一封表扬信。当然，观察与写表扬信的任务也就需要学生和老舍一起“分担”了。学生通过“寻找食物”“勤教本领”“半夜警觉”等事例感受到了母鸡的负责、慈爱、勇敢和辛苦。

任务四：满腔感动诉“怀念”（怀念母亲）

当学生跟着作者从原来的“讨厌母鸡”转变为“敬重母鸡”时，王老师又给学生搭建了一把梯子，让学生将情感升华到更高的境界“歌颂母爱”。此时母鸡的伟大是因为母爱的伟大，天底下所有的母亲包括母鸡都一样伟大，老舍在赞美母鸡的同时也在赞美怀念自己的母亲，于是王老师再次将《母鸡》这篇课文和老舍的另一篇小说《我的母亲》结合起来。

此时的课堂是极具凝聚力的，老舍和《母鸡》之间，《母鸡》和《我的母亲》之间似乎都融为一体了；学生通过情境任务也融进了文本之中，似乎听到了鸡鸣声、老舍的抱怨声、发现母鸡的母爱伟大时的感叹声，情感也随着老舍的情感起伏而起伏；子任务之间也是一层一层铺垫，一层一层递进，完全为文本的解读和学生知识能力的培养而服务，助推课堂走向深处。

（三）聚焦“实践”，关联认知情境

在具备了“真实性”“整体性”的基础上，情境任务的设置还需要具备“实践性”。想要让情境任务可实践，首先得明确学生的认知水平。因为情境任务的对象是学生，难度应适中，过难或者过易的任务都会让学生产生懈怠的情绪，对任务的完成产生抵触心理。情境任务的设置还要符合学科的特点。语文学科的任务主要是基于语言文字的构建与运用、思维发展和提升、审美鉴赏与创新、文化理解与传承这四个方面。其中语言文字是语文学科的基础和学习的起点，所以情境任务的设计要符合语言实践活动这一特点。

以二年级上册口语交际《商量》为例，教师创设了情境任务：

在森林学校，有两只熊，分别是熊大和熊二，今天正好是他们的生日，可是今天又恰逢他们两人值日不能早点回家过生日，这可怎么办？请同学们帮熊大、熊二想想办法。

任务一：设疑引思，明“商量”

教师在教学过程中，创设熊大、熊二两个角色，将教材中的三个场景进行串联，让熊大、熊二在课堂情境中一以贯之，突出课堂的整体性。并通过对比熊大和熊二找人商量时的语言，让学生辨析为什么熊二的商量会不成功，从而让学生明白找人商量时应该怎么做。

任务二：延续情境，再“商量”

为了更有实践性，教师又设计了“情境演绎”的环节。通过生生表演检验学生的学习情况，及时了解学生的思辨过程；通过师生表演，让学生了解商量的另一种情况，被拒绝之后可以怎么做。真实而又符合学生认知水平的情境创设，让学生对特殊情况进行深入思考，来锤炼思想的深刻性、灵活性和批判性。

任务三：回归生活，用“商量”

口语交际最终是为学生的实际生活服务的，教师又让学生说一说在生活中需要商量的场景，了解生活中处处有商量、事事能商量的道理。

指向“实践性”的情境任务，是尊重学生的认知水平和生活体验的，因为与学生的实际生活息息相关，所以可以在短时间内与文本进行联结，从而搭建起学校教育与现实世界的桥梁，充分唤醒学生的生活体验，让学生在情境任务中思考问题，引导学生在实际生活中学会运用，用思辨的思维去解决实际问题，从而让情境任务在语文课堂上更好地落地生根。

4

怎样像学科专家一样思考？

“像学科专家一样思考”就是指学生在学习过程中，能够运用学科专家的思维，以学科典型的工具、方法、思想、价值等为指导，借助比较复杂的情境体验、多维的实践活动、真实的问题解决，借助知识理解、知识运用和问题解决发现意义，实现学生学科素养培养与实践能力提升的过程。

为什么需要“像学科专家一样思考”？因为学习必须真实发生，学生必须真正学会，要会用学科的视角分析，用学科的思维思考，用学科的语言表达。这需要聚焦真实生活，建构知识系统，实施问题解决或任务驱动的开放式学习。

《义务教育课程方案（2022年版）》明确提出“变革育人方式、强化学科实践”的任务要求，引导学生以学科活动改变学习方式，以真实问题解决融通知识与生活。对于学科实践特别提出了“像学科专家一样思考”的原则，引导学生通过还原知识产生的过程，以具身化、体验化、实验化的方式掌握学科核心概念、思想、方法、价值等，通过知识迁移建构个体知识。那么，在实践教学中，如何理解并引导学生“像学科专家一样思考”呢？

一、是什么：厘清概念内涵

“像学科专家一样思考”就是指学生在学习过程中，能够运用学科专家的思维，以学科典型的工具、方法、思想、价值等为指导，通过比较复杂的情境体验、多维的实践活动、真实的问题解决，借助知识理解、知识运用和问题解决发现意义，实现学生学科素养的培养与实践的能力提升。在这个过程中，学生通过模拟或还原知识的建构过程，实现个体知识的建构。这个概念聚焦三个关键要素或者有三个方面的要求：

（一）具有专家品质

“像学科专家一样思考”不是让每个学生都成为学科专家，而是让学生向专家学习，学会自我调节、学会发散和逆向思维等。从学习角度来说，就是多问“为什么”，追寻学科学习的意义。

意义是什么？有学者认为意义就是价值性取向（significance），即“主体对人与世界关系的体认和领悟，从另一个角度看，也就是人对世界、事物、事实的评价，是对这个世界、客观事物，已发生的事实对于人意味着什么，对人有什么意义的揭示”[①]，不同的主体在不同的时空，对意义的理解是不同的。比如我们谈到人生的意义，就是在讨论人生存的方式。从学习角度来说，追寻意义就是在寻求价值，就是厘清为什么学。这里需要明晰以下三个方面：

1. 学科的价值属性

学科价值简单讲就是学习这一门学科有什么用。这一问题可以有很多答案，比如学习语文可以提高语言表达能力，数学可以提高思维能力，劳动可以提高动手能力等。但最完整的答案应该是按照学科核心素养的内容回答。比如义务教育数学课程标准提出“三会”，即会用数学的眼光观察现实世界，会用数学的思维思考现实世界，会用数学的语言表达现实世界。“三会”非常清晰地概括了数学逻辑推理、建模等思想，以简单的词语表达了数学的核心价值属性。

2. 学科的社会属性

学科的社会属性，简单讲就是在社会中的角色与责任等，指向的是实践性与现实性。知识是随着人类社会的产生而产生、发展而发展的，不同学科知识在人类社会发展中扮演着不同的角色，不仅拓宽了人类认知的边界，也推动了社会的进步与发展。各种科技发明和上天入地的探索，包括人工智能技术在生活中的运用，无不基于数学、物理学、信息技术学等学科的发展。所以，一道简单的数学题“1+1=2”，蕴含了社会文明进步的基因；一首优美的诗词，传承了灿烂的传统文化。

3. 学科的人文属性

人文属性是指各种文化现象，是人类发展过程中积累的与生活相关的知识经验，体现的是精神与人性。一般来说，人文类的学科，比如语文、英语、道德与法治等具有比较明显的人文性。其实，从人类文明传承的角度来讲，所有学科均具有人文性，其表征就是学科历史文化。比如数学文化所彰显的认知价值就是对真的追求，其他诸如物理、化学、生物等学科都是以学科文化表征着人文性，这

① 丁怀超 . 意义与诠释 [J]. 安徽大学学报，1997(104): 72-76.

也是在学科学习中需要不断追寻与传承的。

（二）具有关联性知识系统

“像学科专家一样思考”需要具有系统性思维，从整体上学习知识，与个体经验建立联系，形成结构化的知识体系。知识学习不是线性的，而是螺旋的；学习活动不是单一的，而是联系的。重点要从三个方面入手：

1. 建立系统的知识体系

专家的知识不是碎片化的知识点，而是系统的、相互关联的知识体系。这种知识体系最大的特点就是复杂性，即不同知识多维度的联系，改变了知识线性化并且相互联系不够紧密的现象。**系统的知识需要用联系的视角，把单一的知识放到更大的背景中或情境中去学习和思考。**比如鸡兔同笼的问题本质上就是转化问题和模型问题，有很多解法，如方程、数列等，小学用的是尝试、假设、猜想的方法。如何在小学的学习中植入方程的意识，就是建立知识系统的途径。系统的知识体系强调知识之间的联系而不是割裂，强调学习中以点带面，进而形成概念与体系。

2. 时刻与经验联系

新课程标准强调真实情境中的学习。**何谓真实？一定是来源于经验的、生活的、体验的。**专家学习善于迁移，即把知识学习迁移到具体生活问题中思考，验证知识形成的过程，善于与经验联系，用经验助力知识理解并促进一个新经验的形成。而与经验相联系的过程，美国学者詹森（E. Jensen）等认为就是“预备与激活先期知识”的过程，其著作特别提出以“船与锚的联结”来说明与经验联系的过程和重要性。船为新知识，锚为经验，有了经验的锚，新知识的船才能稳固。①

3. 形成结构化思维

结构化思维最初由麦肯锡公司的芭芭拉・明托（B. Minto）基于商业培训提出，

---

① 詹森，尼克森. 深度学习的7种有力策略[M]. 温暖，译. 上海：华东师范大学出版社，2010.

主张用结构化的方法来整理思维，解决问题，其核心理念就是金字塔原理。[①] **结构化思维是指通过整合碎片化的、凌乱的信息，寻求或梳理出信息直接的逻辑关系和关联结构，以结构化的表达解决问题的一种思维方式。**其最具价值的特点是在互联网时代可以实现碎片化知识的系统学习，解决各种媒体终端的信息零散化的问题，提高学习者在复杂的信息中快速提取并整合信息的能力，促进深度学习，实现学习者逻辑性的展示和表达。其基础就是知识结构化，通过建构知识体系形成自身的认知结构，提高信息加工和输出的能力，解决实际问题。

（三）善于发现与问题解决

对于问题，专家具有敏感性，他们能够清晰地感知和发现问题、分析问题进而解决问题。同时，在解决问题的过程中还能够举一反三，反思问题解决的过程，形成经验，构建新的经验结构。

1. 发现问题

问题是因为与认知冲突而产生的矛盾，发现问题即基于一定的知识基础和经验能力，运用恰当的认知方法和思维模式发现矛盾的过程。这个过程强调知识基础的丰厚性，从学科知识的角度来说，就是具有纵深的系统知识；强调经验的积累，而且是结构化的经验，这样才能做出准确的判断；强调认知方法的多样性，学科学习特别注重学科方法的运用；强调思维的发散性、聚合性、结构化等。问题从哪里来？从实践生活中来，从现实体验中来。所以，善于发现问题的人一定是具有丰富生活经验的人，一定是具有发散思维并善于思考的人，一定是像学科专家一样的人。

2. 提出假设

这是解决问题的第一步，一个科学合理的假设是能否解决问题的重要环节。**假设不是胡乱的猜测，而是基于丰富的知识和经验，运用演绎、归纳等方法做出**

① 明托．金字塔原理：思考、表达和解决问题的逻辑 [M]. 洺洱，高愉，译．海口：南海出版公司，2010.

的一种可能判断。假设被证实或证伪都不重要，重要的是能够提出假设，这是一种解决问题的方法，也是一个学习的必要过程。如果证实，说明假设成立，思考的方向和解决的方式可以成为成功的经验，纳入经验结构；如果证伪，说明假设不成立，需要反思方向与方法，总结经验教训，纳入经验结构。提出假设是目标指向的问题解决，是主动的探究，不是简单的尝试。

3. 问题解决

这是一种个性心理特征，是基于目标的思维过程。其前提是提出问题，进而分析问题，这个分析的过程就是逻辑推理的过程，通过验证假设实现问题解决。学科专家由于知识的系统性和思维的结构化，比较容易发现关键问题。同时，他们已经形成了一套解决问题的流程，包括：分析、假设、推理、验证等。情境认知清晰、假设合理、推理准确，问题解决就会及时有效。所以，形成一套问题解决体系或流程应当成为学生努力的方向，也是具备专家品质的必备条件。

二、为什么：追问意义价值

为什么会提出“像学科专家一样思考”？这是努力方向还是需要达成的目标？回答这个问题其实就是回答“为什么学习？或者为什么学习这个学科？或者什么样的学习才是我们需要的”，追问的是学科学习的意义或者价值。

（一）需要在真实情境中学习

什么是真实情境？有学者认为，“所谓真实情境，其本质是心理意义上的，是指那些贴近学生既有经验且符合其当下兴趣的特定环境。”[①] 学习为什么需要在真实情境中？

1. 激发动机

人的任何行为都是由一定动机引起的，动机来源于内驱力，而这种内驱力就由需要和兴趣激发。**真实来源于生活**，而生活的真实性具有极大的潜在动机资源，

① 杨向东 . 如何基于核心素养设计教学案例 [N]. 中国教育报，2019-05-30(5).

因为从真实的体验中可以激发学习者真实的认知需要。真实情境中的问题也是生活中常常遇到的，这样的问题具有真实感，比较容易激发兴趣。**真实来源于经验，**学生曾经有过这方面的体验，积累了完整的或者“半个”经验，而真实情境中的学习就成为验证经验或者重新积累经验的过程，也是积极学习所必需的。

2. 实现目的

学习目的从长远来说是为了未来生活作准备，从近期说是为了提升学生的各种能力和素养，助力成长，但总起来说，应该是指向现实生活。学生“像专家一样思考”就是要形成专家使用的技能，从事真实情境中的真实任务，即日常生活中具有意义的活动，指向问题解决。我们目前的教育，会培养很多“高分低能”甚至“有分无能”的人，他们遇到实际问题往往不知所措。而真实情境中的学习，学习的场域就是社会生活场，学习的内容就是生活中经常遇到的问题，这样的问题真实、熟悉，没有符号的枯燥，充满了现实的鲜活，学生感兴趣，学习效率高，学到的是知识背后的生活。

3. 展现真实

知识不是简单的符号堆砌，生活也不是以学科知识来分类的。真实生活具有复杂性、完整性、现实性等。**真实情境反映了知识在真实生活中的运行方式，它去除了碎片化，保留了情境的完整性，展现了真实世界天然的复杂性，为培养学生的社会适应性提供了支持。**生活中往往出现这样的情况：学生遇到的问题用课堂学到的知识无法解决，或者无法直接解决，或者只用一个学科知识难以解决，需要多学科综合运用。这样的真实就会使学生明白：简单的背诵记忆是无法解决真实问题的！真实的问题是复杂的、多学科综合的，需要实践经验的积累。

（二）需要让学习真实发生和真正学会

“学习是指学习者因经验而引起的行为、能力和心理倾向的比较持久的变化。”[①] 从这个经典定义可以看出：学习不等于读书、上学、上课，也不等于知识

---

① 施良方. 学习论 [M]. 北京：人民教育出版社，2001.

的习得。**如何知道学习真实发生了？如何知道真正学会了？一个词：变化。**

1. 教不等于学

曾几何时，人们总以为：教了就等于学了。于是，教师热衷于讲，利用各种时间不停地讲给学生听，不厌其烦、苦口婆心，咽炎成为多数教师的职业病。我们在赞叹教师的职业精神的时候，谁能想到投入与产出的效能比不尽如人意呢？我们常用“对牛弹琴”来比喻教师讲课的无效，但“牛听不懂”到底是谁的责任？曲高和寡，教师与学生不是一个频道，如何产生同频共振？教，是教师的教；学，是学生的学。面对同样的内容，不同的主体和不同的视角该如何交汇？如果需要找个交点，那就是师生双方都能够“像学科专家一样思考”，抓住学科的本质、思想、方法、价值等，在真实情境中解决真实问题，最终实现学生的真正学习。

2. 学不等于学会

学是过程，学会是结果。学什么？怎么学？往往是一线教师关注的重点。学什么？当然是国家教材规定的知识内容，于是产生“教教材”的现象，死抠教材知识点，重复大量练习，“教书死”“教死书”“死教书”也就成为日常。这样教出的学生虽然掌握了一堆的知识，却难以解决现实问题。“怎么学”是方式方法问题。美国缅因州的国家训练实验室研究成果——“学习金字塔”指出，最佳的学习方式是主动学习、合作学习，是讲给别人听，能够成为“小先生”。**怎么知道学会了呢？学以致用，举一反三，能够解决现实问题。**学科专家的知识是自然知识，是自然而然从现实中发展出来的知识，从问题中来，到问题中去，就像“庖丁解牛”，是具有学科结构化的知识，掌握这些知识才是真实的学习。

（三）需要在复杂不良结构中评价

如何判断学生是否已经“像学科专家一样思考”了？需要进行创新评价，即不再以简单的纸笔测验和成绩分数来评价，课程标准提出的观点是：复杂不良结构中的评价。

所谓复杂性，指多学科知识的融合。生活中的任何一个问题都难以是单学科的，更多的是多学科的整合或融合。因此，需要学生学会综合运用不同学科的知识解决问题。这种能力的培养需要跨学科主题学习，在学科学习中随时跨学科，形成跨学科思维。**所谓不良结构指非连续性文本或知识的阅读。**以不同的符号、不同的情境、不同的学科呈现知识，让学习中的思维不停地在不同的学科知识中转换，真实情境中真实问题的解决就是要运用这样的思维方式。

目前，传统评价多考查学生对于专家结论的掌握程度，从某种程度上说，是机械的、枯燥的符号，是可以用死记硬背应对的评价。这样的评价是点对点的知识呈现，不是解决问题，不是学习迁移，也就不是深度学习。复杂不良结构中的评价呈现的多为真实的生活情境，考查的是学生是否真正学会，因此，学生只有学会专家的思维和方法，才不会出现读得懂内容但不知道怎么解决的窘境。

三、怎么办：实践解决策略

如果让学生“像学科专家一样思考”，教学应该何为？在教学活动中，教师应该引导学生以学科专家的视角体验学科思想、方法、本质、精神等，这种体验需要呈现学科情境，让学生在实践中体验与感受知识形成的过程，实现知识向个体知识的转化。**这需要依托学科情境，以学科知识为载体、以学科问题或任务为驱动、以活动为主要形式，在真实而有意义的情境中与知识相遇，内化知识、外化行为、解决问题、实现意义。**

（一）从抽象的符号到真实的生活

学习是从直观到抽象再到直观的过程，这个过程就是从生活中来到生活中去，即从生活的真实中直观感受体验知识，学习后，再把学到的知识运用到生活中解决实际问题。从这个意义上说，任何学习的目的都是学以致用。因此，教学设计应该围绕真实情境展开。

比如，关于植物的生长过程，可以设计一个教学案例，内容如下：

真实情境引入：教师带领学生参观学校周围的花坛或者校园内的植物。教师可以引导学生观察植物的不同部分（根、茎、叶、花）、植物的外貌和特征，并鼓励他们提出问题，例如“为什么植物需要根？”“为什么植物会开花？”等。

实践探究环节：学生被分成小组，每个小组可以选择一种植物进行实验或观察。他们可以收集土壤样本，观察并记录植物在不同环境条件下（例如光照、水分、温度等）的生长情况。

学习知识运用：学生通过实验或观察，收集到了一些数据和观察结果。在这个阶段，教师可以引导学生分析数据，让他们发现不同环境因素对植物生长的影响，并帮助学生理解植物的生长过程、根系的吸水功能、光合作用等相关知识。

知识应用和解决实际问题：在这个阶段教师可以提出一些实际的问题，如：如果植物生长受到限制，我们可以采取哪些措施来帮助植物生长？学生可以根据所学的知识，提出自己的解决方案，并进行讨论和交流。

通过以上教学案例，学生在真实情境中感受到了植物的生长过程，并通过实践探究和知识运用，将所学的知识应用于解决实际问题。这样的教学设计可以使学生更加深入地理解和掌握植物的生长过程，并培养他们的实践能力、创新思维和解决问题的能力。

（二）从知识点学习到知识系统建构

学习是从知识点的学习开始的，但是如果只是停留在知识点，会造成知识的碎片化，前后之间和不同学科之间的知识无法联结，在面对真实问题的时候难以提取有用的知识解决问题。布鲁纳（J. S. Bruner）认为："掌握事物的结构，就是以允许许多别的东西与它有意义地联系起来的方式去理解它，简单说，学习结构就是学习事物是怎么关联的。"[①] 因此，要学习结构而不是知识点。

比如，以地球为例，要构建一个知识系统，可以从以下几个方面展开：

大概念：将地球作为大概念引入，让学生了解地球是一个宏大的天体，具有独特的物理、化学和生物特征。学生需要认识到地球是我们生活的家园，地球上存在着陆地、水域和大气等不同层面。

观念点：在大概念的基础上，引入一些重要的观念点，如地球的层次结构（地核、地幔、地壳）、板块构造理论、地球的气候和环境等。学生通过学习这些观念点，可以理解地球的内部构造、地壳运动原理、气候变化等。

① 布鲁纳．教育过程 [M]. 邵瑞珍，译．北京：文化教育出版社，1982.

大任务：设计一些与地球相关的大任务，例如研究地球的地质历史、分析气候变化对地球的影响、探索地球上的生态系统等。学生通过完成这些任务，整合不同学科的知识，如地理、地质、生物等，培养解决复杂问题的能力。

通过围绕大概念、观念点和大任务进行学习，学生能够将零散的知识点有机地结合起来，构建一个完整的地球知识系统。这种结构性学习可以帮助学生理解事物之间的关系，培养他们的综合思考和问题解决能力。

举个例子：教师可以引导学生通过实地考察、文献研究等方式，了解地球的层次结构、板块构造理论和地球的气候和环境变化。然后，组织学生进行一个大任务，例如分析不同地区的环境特征和气候变化对生态系统的影响，并提出相应的保护措施。在完成任务的过程中，学生需要运用地理、地质、气象等多学科的知识，将不同领域的观念点和概念进行整合和应用，从而获得对地球系统的更全面的认识。同时，教师也可以引导学生思考和讨论，探究地球系统中不同要素之间的相互关系和影响，进一步加深对地球系统的理解。

（三）问题或任务驱动的开放式学习

教育之目的在于使受教育者“感到自己在途中，感到自己在永远存在着澄清、新的发现的可能性的地方，这就是我们必须传授给年轻人的东西”①。问题或任务的驱动就使这种可能性成为现实。也就是在这种驱动中，学生学习的兴趣得到了激发，呈现出无限的可能，这种驱动包括关联性的任务和结构性的问题。

比如，在学习电磁铁的过程中，可以设计一些关联性任务和结构性问题，以促进学生的兴趣和思维能力。下面是一些具体的例子：

关联性任务：让学生通过观察和实验，探究电磁铁与其他物体之间的关系。例如，可以让学生观察电磁铁吸引不同材料的能力，并让他们尝试找出哪些材料会被吸引，哪些材料不会被吸引。学生可以用不同的材料（如铁、铜、纸、塑料等）

① GREENE M. Releasing the imagination: essays on education, the arts and social change[M]. Hoboken: John Wiley & Sons, Inc, 1995.

进行实验，并记录实验结果。通过这样的任务，学生可以发现电磁铁只对含铁物质有吸引力，并理解电磁铁的工作原理。

结构性问题：提出一些需要学生进行推理和分析的问题，以促进他们的思维能力。例如，可以问学生："如果你想增强一个电磁铁的吸引力，应该如何操作？"这个问题要求学生从电磁铁的特性和工作原理出发，思考如何改变电磁铁的设计或使用方式来增加吸引力。学生可以根据自己的理解，提出不同的策略，如增加电流强度、增加线圈的匝数等。通过思考如何解决这样的问题，学生不仅可以巩固对电磁铁的基本概念的理解，还可以提升创造性思维和解决问题的能力。

在问题或任务驱动的学习中，教师应该充当引导者和促进者的角色，提供必要的学习资源和指导，同时给予学生足够的自主权和探索空间。这种教学方式有助于激发学生的兴趣和动机，提高他们的学习效果和自主学习能力。

5

“教学对话”怎样展开？

教学本身就是一个对话的过程，“教学对话”包含师生对话、生生对话、生本对话、自我对话等多种形态，其在教学实践中不断成长，逐渐发展成为一种教学常态，给课堂教学带来了深刻的变革。

在实践中，主体性的高扬是一切对话的起点。学生没有主体性，对话便是可疑的，是学生对老师的“附和”，很多热闹的教学现场本质上还是教师的独白；对话是一种和成见的对抗；对话是一种复调。诸多对话，密密麻麻交织成一张网，它们彼此之间相互纠缠。教师要做的不是“快刀斩乱麻”，而是让这些对话如其所是地显现出来。

我国对于“教学对话”的关注最早可以追溯至孔子的“启发式”教学法，“不愤不启，不悱不发”，该教学法的提出开创了我国教学对话的先河。而最早的教育专著《学记》中所倡导的“善问”“善待问”的教学思想，也同样反映出对话在当时已经非常受到文化人的重视。

2001 年《基础教育课程改革纲要（试行）》正式颁布后，要求师生之间要建立起双向互动、平等友好的关系，合作、对话成为本次改革中的重要关注点，教学对话也逐渐开始成为研究者关注的焦点。目前，我国关于教学对话的研究角度相对广泛，包含教学对话的内涵、特征、理论支持、实际价值、实践策略等诸多层面。

一、“教学对话”概念界定

“对话”的英文单词是“dialogue”，从希腊词语“dialogos”演化而来，其主体由“dia”和“logos”两部分组成。前缀“dia”有“穿越”“之间”的意思，就如同戴维·伯姆（D. Bohm）所说：**“对话仿佛是一种流淌于人们之间的意义溪流，它使所有对话者都能够参与和分享这一意义之溪，并因此能够在群体中萌生新的理解和共识。”**[①] 而“logos”包含多重释义，在“dialogos”一词里应择其“词”的意思。总体来说，“对话”普遍理解为跨越或者连接人和人思想观念的一种方式。中文中的“对话”同样也可以拆解成两个部分，“对”表示“朝向”“指向”的意思，“话”表示“说”的意思。“对话”可以理解为人和人之间的口头语言交流，也可以和

① 伯姆 . 论对话 [M]. 王松涛，译 . 北京：教育科学出版社，2004.

民主、合作等含义相衔接，同时还可以包括人和文本的无声对话。因此，“对话”一词有多重含义，总体来说，可以概括为双方在平等、尊重的基础之上进行话语、思想情感等交流沟通。

教学和对话有着密不可分的联系。人类社会的实践活动可以分为生产活动和交往活动，教学属于后者。人类的交往活动都是以对话的形式展开的，社会的发展和教育改革的推进将对话融入教育领域当中来。教学本身就是一个对话的过程，“教学对话”包含师生对话、生生对话、生本对话、自我对话等多种形态，其在教学实践中不断成长，逐渐发展成为一种教学常态，给课堂教学带来了深刻的变革。教学对话的最终目的是育人，促进人的全面发展。师生在对话和交往中能够共同创造意义，这有利于建立融洽的师生关系，培养学生的自主性和创造性，促进学生的身心健康发展。

教学对话相关内涵的研究可以被归结为两种取向：

有从教学对话本质特征出发界定的，如分析传统教学中对话与现代对话的关系，指出对话是双方在民主、平等的基础上，以言语为主要中介进行的交往互动。有学者从社会学角度出发，提出“教学对话之‘道’”这一术语，分析了教学对话中的主体及其话语权利分配，认为教学对话是一种方法而不是目的，是一种过程而不是定式。① 张华则明确提出对话教学是一种强调欣赏、尊重和情境的教学哲学。②

还有学者从教学对话的实践性角度界定，有的认为教学对话是一种教学精神，贯穿在教学的各个环节之中③，有的认为教学对话是指教学主体与文本、自我借助语言等载体，实现的双向理解和知识创生④。

① 杨启亮．教学对话之“道”的特殊性 [J]. 教育研究，2013, 34(7)：81-87.

② 张华．对话教学：涵义与价值 [J]. 全球教育展望，2008(6)：7-16.

③ 李小红．论作为教学精神的教学对话 [J]. 教育理论与实践，2006(1)：38-41.

④ 王彦明．对话教学与教学对话的辨析 [J]. 天津师范大学学报（基础教育版），2010, 11(2)：13-17.

不同学者对于“教学对话”特性的归纳有所不同，但其研究具备共性，都强调了“教学对话”具备交互性和生成性这两项特点。[①] 有意思的是，“教学对话”的交互性与生成性可能是“大于”民主性的，有学者认为，从非文学文本的角度出发，非文学文本的知识形态具备符号化、客观性、结构化等特征，这些特征决定了其教学形态的传授性、权威性和逻辑性。[②] **若以“对话精神”的互动性、民主性和生成性加以观照，这两种对立特征的相融就构成了教学对话的基本特征。这也赋予了教学对话较大的张力。**

二、“教学对话”的意义

联合国教科文组织在《教育——财富蕴藏其中》中明确提出，通过对话和独立表达自我观点展开争论，这是当今时代必备的一种手段，在全球化与信息化的不断推进下，“对话”已经成为一种崭新的时代精神和人类基本生活方式。人人都离不开“对话”，为响应时代精神，“对话”被迅速带入了教育领域。2001 年，教育部颁布《基础教育课程改革纲要（试行）》，明确了基础教育课程改革的总体目标，倡导师生在教学过程中积极互动、共同发展，要求教师创设学生乐于参与的教学情境，激发学生的学习主动性，培养自主、合作、探究的学习方式。在此背景下，教学对话引起了人们的广泛关注，成为值得深入发展的课题，关于“教学对话”问题的研究与实践对完善基础教育改革具有深远的意义。

从理论层面来看，需要厘清“教学对话”的内涵，进一步发掘现存研究理论的优势和不足之处，一定程度上为未来的研究提供新的思路和方向。从实践层面来看，我国当前中小学课堂呼吁有效的教学对话，以期更好地为课堂教学服务，

① 余国良，黄部兵，赵复查．教学对话的本质、特征与功能 [J]. 当代教育科学，2010(11): 31-35.

② 杨昌周，李静，范蔚．基于非文学文本的教学对话：特征、向度及可视化支持工具 [J]. 中国教育学刊，2015(8): 73-78.

但当前在一线课堂教学中，教学对话实施的情况却不容乐观，存在不少偏差和误区，也并没有收获预期的教学效果，师生双方很多情况下仍是主客体的被动关系，习惯以教师为主体，以教参为主要依据，在传统模式下单向传授固定的知识，教师掌握着话语权，整个教学过程也依然以知识和技能的掌握为主，缺乏对学生知识获取的过程、个性体验以及自我教育能力等方面的关注。

教学对话的价值是历史性的，并且可以被运用于当下。苏格拉底（Socrates）“助产婆”式的教学对话内含丰富的现代意蕴，其知识目标、自主思考、道德生成体现了对话的现代价值追求。[①]西方如此，东方亦然，孔子和学生的对话形成了《论语》，至今依然具有深厚的文化、教育学价值。对话的历史性意味着经验的累积性和再发掘的可能性。

教学对话的价值是时代性的。譬如有学者提出基于生态理念的“对话式”教学具备改变教师的教育理念、创新教学行为方式、建构新型课堂文化的三个重要意义。[②]不仅是现代生活出现的新知识、新领域会运用到“对话”，呼唤“对话”，开启现代与传统间的“对话”，新观念的出现也会推进“对话”开拓新的层次。譬如福柯（M. Foucault）社会学理论的萌发，会让我们反思教学对话中的权力分配，考量话语中隐含的权威结构；哈贝马斯（J. Habermas）对话理论的出现，也会让我们看到从对话（dialogue）向交往（communicative action）转变的可能。

教学对话的价值是贯穿于教育全过程的，其体现在以下几个方面：在伦理价值层面，能够促进师生对平等意识的追求；在思维方式层面，有助于完成由对象思维向关系思维的嬗变；在教学方法论层面，实现由讲授教学论到对话教学论的嬗变；在教育实践形态层面，实现由独白教学到对话教学的嬗变。[③]

① 姚文峰．苏格拉底教学对话的现代价值及运用 [J]. 教育科学研究，2017(8)：10-13.

② 陈惠芳．基于生态理念的对话式教学的意义、现状与对策——以小学数学教学为例 [J]. 教育理论与实践，2012，32(32)：59-61.

③ 申燕．对话教学：价值意义与实践观照 [J]. 教育理论与实践，2015，35(16)：59-62.

三、“教学对话”的实践

在课堂教学实践的过程中，常出现不少对教学对话的偏见及应用误区，如王中华、熊梅认为在个性化教学视域下，教学对话出现异化现象：学生的问话权利被剥夺，出现教师的“问话”与学生的“回话”；教师“权威”的存在导致教师的“说话”与学生的“听话”；教师没有认真倾听学生，出现教师的“插话”与学生的“接话”；教师的自我迷失导致教师的“废话”；教学对话的“泛化”；出现教师与个别学生的“对话”。[①] 余国良则指出了教学对话中存在的问题及其消解策略，认为在现实课堂教学中存在的主要问题包括：把满堂问当作对话；把复制式发言当作对话；把预设式表演当作对话；把随意漫谈当作对话。[②] 张芳玲、周玉忠提出，日常教学生活中最常见的关于教学对话的误区主要有以下几种：一是将教学对话等同于教学问答；二是在探寻教学对话性质时，一些学者或教育者有将教学对话演变为学生话语权利实践的倾向；三是将教学对话作为一种为了辩护、辩难、对抗、控制或说服的意见表达；四是本应具有互动性质的教学对话最后变成了个体的自我独白。[③]

巴赫金（M. Bakhtin）的对话理论对教学对话的展开很有启发，我们可以多花一点时间进行了解，并用此观照我们的教学现场。

首先，对话性来源于主体性。主体性的高扬是一切对话的起点。我们看到在很多热闹的教学现场，学生和教师你一句我一句，有时候还很流畅。如果学生没有主体性，那么这些对话便是可疑的，是学生对老师的“附和”，本质上还是教师的独白。行文到此，大家恐怕都有疑问：那么独白是不是也是一种自己和自己

---

① 王中华，熊梅.教学对话的异化与回归：基于个性化教学的审视[J].河北师范大学学报（教育科学版），2013，15(10)：27-29.

② 余国良.教学对话中存在的问题及其消解策略[J].教育理论与实践，2009，29(32)：8-9.

③ 张芳玲，周玉忠.教学对话的教育性审辨及意蕴重构[J].教育理论与实践，2022，42(19)：53-58.

的对话呢？按照巴赫金的说法，独白就算有对话性，也是偏弱的，在大多数情况下带有表演的性质。[①]这么说，是有道理的，我们在观看哈姆雷特那充满戏剧张力的独白时，就能明白。独白想要具有对话性，必须发生在两个主体之间，如同一个人“左右互搏”，谈何容易？学生的主体性要求意味着教师必须明确这样的观念，即他的“预设”出现问题并非坏事，恰恰是对话得以生发之处。当然，优秀的教师常常“预设”各种各样的情况，尽量面面俱到，但真正的对话恰恰会发生在尚未“预设”之处，甚至使得教师对教学文本也产生了新的认识。

其次，对话性是一种与成见的对抗。按照巴赫金的理解，对话需要经过一个“稠密地带”，这个地带充满了已有的就这个话题发生的对话。“要知道任何具体的话语（表述）接触到它所表述的对象的时候，那对象可以说总是已经被说得烂熟，争论过，或为他人的论说的烟雾遮蔽，或被他人的论说的光芒照亮；它被惯常的思想观点、他人的评价褒贬所笼罩，所浸透。”[②]对话并不容易，主体性需要穿透“稠密地带”。这在教学现场一点也不鲜见，一篇课文文本的解读必然建立在学者、同行、同事的基础之上，有新的见解何其之难！似乎只能从两个方面突破：其一是寻找新的角度，这意味着从别的视角来看待已有的文本，这个视角可能是别处的理论，譬如就语文文本来说，除了文学、文学评论的视角，诸多的哲学、社会学视角都有可能带来新意；其二或许可以诉诸直观，以接触文本的第一感受为起点，充分想象，给出判断，再看看能否自圆其说。这类似于许多教师提倡的“裸读”，力图做到撇去已有观念对文本的“污染”，以初心、平常心来阅读。

再次，对话性是一种复调。对话是多重展开的，在一个文本中有多重对话同时演奏，形成意义杂多的乐曲。举例来说，在一篇小说的教学现场，至少有下面几重对话：

---

① 巴赫金．文本、对话与人文 [M]. 白春仁，晓河，周启超，等译．石家庄：河北教育出版社，1998.

② 巴赫金．小说理论：文艺学中的形式方法 & 马克思主义与语言哲学 [M]. 李辉凡，张捷，译．石家庄：河北教育出版社，1998.

（1）文本内部“众声喧哗”的对话。除却独白式的小说，小说中充满了大量的角色与角色之间的对话。每个角色都有自己的言语方式与语气，它们构成了文本密密麻麻的语义结构，反映出了一个时代的普遍观念，以及有可能具有的一部分溢出的超越时代的观念。故而有学者声称，要了解一个时代的普遍观念，必须要找二三流的作品来看，一流作品里看到的会是超越时代的观念。这是有一定道理的。

（2）小说作家和小说文本的对话。这其中又包含各个角色和作家本人的对话。文本自有其逻辑，人物被赋予了性格之后，有时候会脱离作者本人的控制。当然，作者是一部小说的“上帝”，他拥有特权，但却不得不面对“滥用职权”的风险。他可以创造无数个巧合以控制故事的走向，但却面临故事本身架构合理性的诘问。曹禺在写完《雷雨》后，不止一次抱怨自己的这篇话剧，表达不满，甚至说“我看得都想吐了！”因为他觉得这部剧“太像戏了”。悲剧没有按照人物的性格走，而是诉诸太多自己设计的巧合。

（3）作者与编写者的对话。教材编写者面对文本实在是拥有太多的“特权”。教材里的现代文学，除了诗歌，几乎很少有文本是原封不动呈现在学生面前的。作者对于教材编写者看似是失语的，因为他没有说“不”的权力，且也很难有这个意愿来抵抗被“神化”的诱惑。毕竟作品一旦选入教材，就获得某种典范性。教材编写者似乎是通过单方面的解读，运用教育的筛子，将文本筛选过一遍。但是，原作一直在那里，这就构成了持之以恒的对话。

（4）读者和文本的对话。这是显而易见的，但这里面隐含、交融了起码三对关系，即作者和编写者的对话、读者和编写者的对话以及学生和时代的对话。学生获得的文本是教材中的文本，无论是和作者还是和文本中的角色进行对话，都经过了编写者编织的筛子。另外，文本中经由角色表达出来的观念，无不体现了一定的时代性，包含了某种特定时代的普遍性。学生与之的遭遇就是当下与特定时代的对话，甚至对撞。

（5）教师和文本的对话。这是教师的理解，既包含了其和教材编写者的对话，也包含了他预想的将要发生的和学生的对话。教师的解读一定是带有教育性的、目的性的。其目的是引导学生的阅读，引导诸多对话自由地展开。教师是其中的枢纽。

（6）读者和读者的对话。教室对于阅读文本来说是个特殊的场域，有别于大多数私人阅读，它是公共的。所有人几乎同时分享同一个文本，却可能有着不一样的解读，对话在所难免。这也是难能可贵所在，如果所有学生都是同一种解读，教师或许该反省了。

诸多对话，密密麻麻交织成一张网，它们彼此之间相互纠缠。教师要做的不是“快刀斩乱麻”，而是让这些对话如其所是地显现出来。更为重要的是，让学生明晰这些对话，并且引导学生不仅和教师对话，而且和作者对话，和编者对话，和某个时代对话，和自己的生活对话。这一点，我们可以在鲁易老师对《哦，香雪》的教学中清晰看到。

案例一
《哦，香雪》教学设计（2020年版）

教学目标：

以拉康（J. Lacan）镜像理论为主要研究视角，分析本文诗意中的深意，以及两篇课文运用“暧昧”元素时的得失。

说明：

（1）绝对不支持运用某一种理论解构一篇文章，理论的意义仅在于多提供一个分析视角。此外，文本解读应该是多种理论的综合运用，力求丰富文本阐释，完成读者（师生）对文本的再发现乃至再创造。

（2）在2014年浦东见习教师公开课时，我曾设计过一份教案（详见案例二），这次在王乐昌老师与吴欣歆老师的启发下，沿着“镜像”的线索继续挖掘，并联系《百合花》综合比较。请老师们多批评指正。

教学大纲：

1. 镜像的追寻；2. 镜像的差异；3. 镜像的误认；4. 镜像的启发；5. 镜像的暧昧。

教学重点与难点：

重点：通过对两位人物差异的深入讨论，反思教参定位与传统分析，理解“自我意识”的重要性。

难点：发现铁凝对台儿沟/苟各庄的“误认”，并反思教材编写者对本文的理解。

教学遗憾：

（1）新教材对本文核心特色的定位为“诗意”，但是考虑到华东师范大学第二附属中学学生的需求、高中与初中教学的差异，以及有限课时内实现对诗意背后深意的挖掘，故略去了“诗意抒情”“诗意话语”的落实。

（2）本次教学中的活动设计比较传统，以问题引导为主，摒弃了丰富多样、看似以学生为中心的活动形式。亚里士多德（Aristotle）说：“哲学产生于两个元素，一是闲暇，一是惊奇。”这节课旨在用“惊奇”启发学生思维，提供没有标准答案的课堂，教师的解读以示范的方式提供更多元的思考角度，希望同学们不要迷信任何权威——教材的、教参的、教师的。如何在缤纷的学生活动与“惊奇”启发间选择、平衡，也是我需要继续探索的课题。

教学设计思维导图：

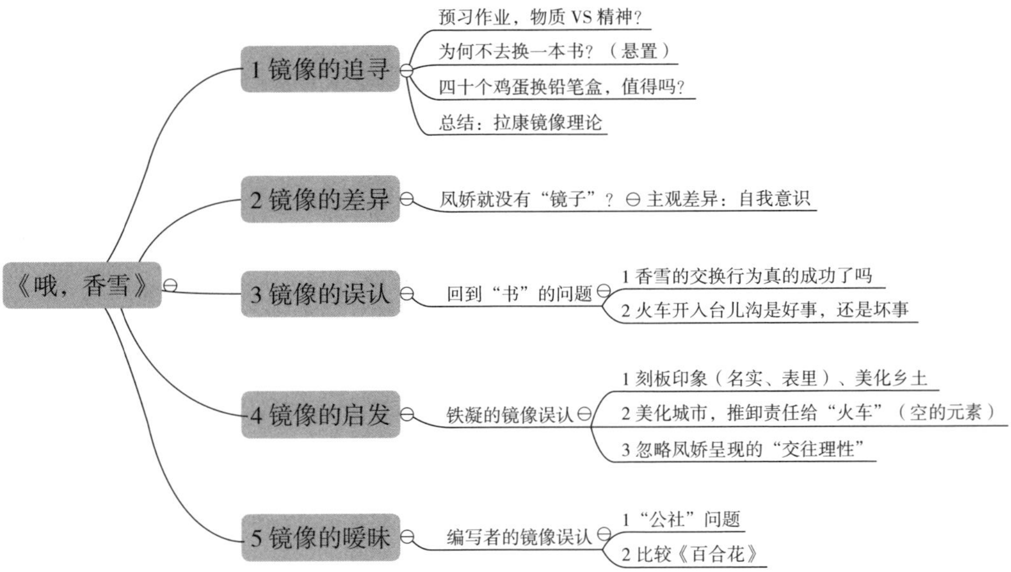

教学环节：

预习作业：

1. 预习语文书上《哦，香雪》一文，标注小节号，并填空。

第 1 节一第____节故事背景；第____节一第____节求铅笔盒；第____节一第____节换铅笔盒；第____节一第 83 节携铅笔盒归。

2. 圈画出凤娇与香雪关注的物品。

一、导入

通过反义词测试互动，提出文本阅读应该站到作者背后，发现诗意中的深意、青春后的清醒。

明确：这是心理学上常用的价值观测试。如：“聪明”的反义词是什么？说“愚昧”的人更在意一个人的知识技能，说“迟钝”的更在意一个人的交际能力，前者看重智商，后者看重情商。我们在阅读文本的时候，也应该努力挖掘作者自身可能都未见的潜意识、价值观。让我们站到作者背后，发现本文诗意中的深意吧。

二、镜像的追寻

活动一：讨论预习作业，罗列物品，分析凤娇与香雪的区别。

引导问题 1：凤娇与香雪的区别真的在于一者求物质，一者求精神吗？（展示上海版与统编版教参内容，提出质疑。）

引导问题 2：如果作者想突显香雪的精神追求，为何不安排香雪去换取一本书？（适当讨论后可悬置该问题，深耕文本后再来解答。）

活动二：排除精神与物质的对立，香雪与凤娇的最大差别在哪里？

引导问题 1：香雪用台儿沟的四十只鸡蛋换一个城市的铅笔盒，值不值得？

引导问题 2：从香雪角度看，这样做的意义？（聚焦哪一段？结合改革开放背景，经济角度；结合“第一次认出台儿沟”一句。）

明确 1：文本背景为改革开放，变化之一为经济，从经济角度看，早期商品经济的模式为物物交换，而物物交换的前提是等价。香雪用台儿沟的鸡蛋换取了城市的铅笔盒，象征意义上实现了一次台儿沟与城市的平等。而且这是香雪通过亲手实践达成的。

明确 2：提出拉康镜像理论，辅助总结香雪的行为——心理学精神分析大师拉康曾提出镜像理论。他发现我们在儿时第一次照镜子前，我们看到的手、脚等器官都是分散的，只有当我们第一次站到镜子面前，才看到一个完整的我，也由此生成出一个更为完满的、理想化的我，并促使我去追寻这个理想化的我。香雪的成长也是如此，她拥有了公社同学这面“镜子”，第一次认识到自己和台儿沟的贫穷落后，并激发她去努力改变。

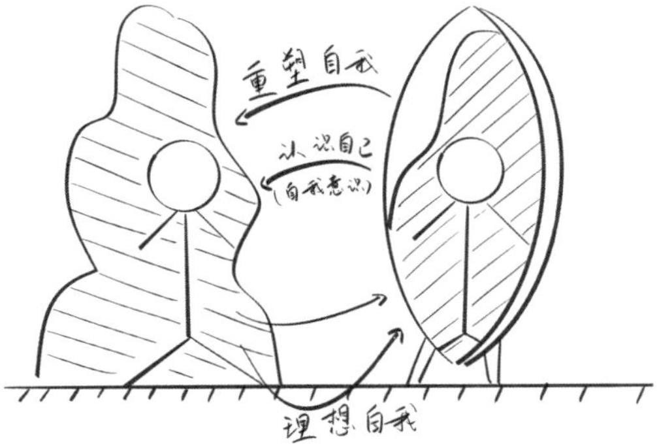

三、镜像的差异

活动：所以，香雪有一些客观条件（镜子）来促使她改变和成长，这是她与凤娇最大的差异，你同意吗？

引导问题：凤娇有“镜子”吗？为何没有促使她改变、成长？

明确：两人的差异在于“自我意识”。（结合苏格拉底，强调重要性。）

四、镜像的误认

活动：回到开始时“换书”的问题。

引导问题 1：香雪的交换行为成功了吗？

引导问题 2：香雪还有一面镜子，她是谁？

引导问题 3：作者认为火车开入台儿沟是好事，还是坏事？

明确：香雪的交换行为是一厢情愿的，并没有真正实现象征意义上的“平等”。这里暗含作者的隐忧。符合作者对台儿沟现代化的隐忧，也符合拉康镜像理论中的“误认”情况——依照镜像建立起的自身完整性不过是“矫形的整体性幻想”，自我赖以确立的基准外在于身体实在，预示了它异化的结局。自我为了克服匮乏，用凝视将一个完整的形象加诸自身，却也将他者牢牢地固定在自身，将主体性建立在永恒的匮乏——一个虚像之上。

五、镜像的启发

总结以上：香雪的镜子（公社学生、火车上的女孩）、凤娇的镜子（火车上的人事物）、铁凝的镜子（苟各庄）、铁凝的镜像（台儿沟的故事）⟹然而，铁凝自己也难逃镜像的误认。

活动一：为何铁凝安排香雪去求铅笔盒，而非凤娇?

明确：从铁凝对人物姓名的设计看，“香雪”是清新、脱俗的，“凤娇”则偏于世俗、市侩。文中还提到“她才十七岁，还没学会怎样在这种事上给人家帮腔”。铁凝在两个人物间的偏向体现了其传统的乡土价值观，似乎“巧言令色，鲜矣仁”。铁凝在走访台儿沟原型苟各庄的时候，是以城市人的视角看这面镜子的，她对乡土理想化的描摹恐怕暗含了诗意化背后的误认。乡土社会真有那么美好吗?我们不妨想想鲁迅。

活动二：推崇乡土的作者为何让城里人都是正面形象呢?

明确：其实，作者不仅美化了乡村，还美化了城市。那么，我们之前看到的对乡村现代化的“忧虑”从何而来?细读文章第 22 节、第 23 节，我们会发现全文唯一的“坏人”不是火车上任何一个城市人，而是“火车”本身。语文书与教参上所谓“没有激烈冲突与曲折的故事”，其实是通过一边美化可能存在的矛盾双方，一边将矛盾推给客观抽象元素达成的。这是一个空的元素，一如卢梭创造的“民意”概念，这个概念影响了我国五四以后的知识分子，形成独特的“集体主义”观念。从“公社”元素看，恐怕作者也受其影响。

活动三：香雪与凤娇，究竟谁更应该成为台儿沟的未来?（比较文中三次交换行为。）

萨特（J. P. Sartre）在《存在与虚无》中指出，“他人的注视”可以使得“主体我”成为“对象我”，由此激发自我意识、反思意识。比如文中香雪感受到公社同学的注视，从而对自身和台儿沟产生新的认识。但萨特认为这种注视也会带来一定的问题。“他人的注视对我赤裸裸的身体进行加工，它使我的身体诞生，它雕琢我的身体，把我的身体制造为如其所是的东西……”他人注视的在场，使得“自为的人”异化成“为他的存在”。香雪用现代文明催生的所谓平等交换的手段获得了铅笔盒（而不是书），但这种成长与变化可能也是一种异化。

相对的，凤娇跟北京话“交换”时并没有把它当作等价交易，她更看重情义，且认为正是在这“不等价”中能传递情义。哈贝马斯曾针对资本主义社会的异化提出“生活世界”框架下的交往理性理论。其实凤娇的行为恰是资本之外的，对“交往理性”的实践。

如上，我们看到作者对香雪和台儿沟的隐忧是较为浮泛的，她也并没有进一步重视凤娇所象征的更适合台儿沟的未来。凤娇在与城市人（北京话）对话的过程中能做到不卑不亢，不为他者的注视、不为现代化轻易左右。当然这种未来最好建立在自我意识的完善上。

六、镜像的暧昧

活动一：讨论文中另一群“坏人”。

明确：之前说全文唯一的坏人是火车，有些同学可能不同意，因为还有一群“坏人”——公社学生。请注意课文注释，他们其实是农村人。这个细节可以再次体现这篇作品的最大特色——暧昧。

作者在一开始就设置了乡村与城市、乡土与现代对举的小说背景，而对两方的同时美化，“左右逢源”，使得作为小说的文本失去了否定性元素，推进困难。而“公社”似乎是介于台儿沟与城市间的第三元素，乍看文本，有些读者甚至误以为公社同学来自城市。“公社”成为一只“替罪羊”，在一个乐于用象征建构的文本中（如获得铅笔盒象征能去上大学、火车开入象征现代文明进入等），偏偏“公社”什么都不象征，这是一个莫名其妙空降的“坏人”，一个空的靶心，一个无法追究的问题符号，一个暧昧模糊的处理。

全文前半段写“看”，后半段写因“看”带来的“换”以及“换”的价值（即香雪的心理描写）。铁凝也曾说，姑娘们看火车的片段让她印象尤深。其实这个火车段落恰好呈现了“看”的权力结构关系，但作者没有深入挖掘，而是选择粉饰太平，弱化了问题意识。女性表达上特有的柔软、曲折、宽厚并不等同于用诗意掩饰浅薄，用暧昧代替追问。

活动二：比较《百合花》，分析两位女作家处理“暧昧”元素的差异。

明确：部编教材将《百合花》与《哦，香雪》对举，指出两篇都是可体现“青春”主题的“诗意”文本。其实，暧昧文本带来的“镜像误认”恰恰是：诗意的、美好的、小清新的。是的，教材编写者面对《哦，香雪》《百合花》这两面镜子，恐怕也存在“误认”问题。而若细究诗意背后的深意，两篇文章恰能组成暧昧文本的正反两例。

相比《哦，香雪》，《百合花》的主旨更为“暧昧”不明，刚进入文坛视野就存在争议，直到茅盾为其正名，指出：1. 该文体现军民鱼水情。2. 该文主要人物为通讯员，次要人物为新媳妇。

我们先看茅盾的第一个观点——

《百合花》全文中有三个人物：文工团女同志——“我”、通讯员——小战士、老百姓——新媳妇。全文三个板块：第 1 节—第 23 节，护送（“我”、战士）；第 24 节—第 43 节，借被（战士、媳妇、“我”）；第 44 节—第 59 节，战死（战士、媳妇、“我”）。

若本文要体现军民鱼水情，则应该重点呈现“军民互动”的内容，而文中围绕战士（代表军）呈现的两组互动是：1. 战士与“我”，2. 战士与新媳妇。为体现军民鱼水情，显然后一组互动应该详写，但偏偏作者省略了最重要的战士向新媳妇借被的情节（比较红军上井冈山与绿林军的互动）。为何要省略？只有两解，一则此处功能与前文重复，二则作者认为不重要。无论哪一则，所谓突出“军民鱼水情”一说一定有问题。

那么，要解决为何省略的问题，就要思考究竟当时发生了什么，即没有借到被的原因是什么。因新媳妇不愿意吗？那为何新媳妇一直“笑”？因战士过于羞涩吗？似乎与“战士与我”的互动中所呈现的战士特征相符。那么，本文就是为了称颂战士们的单纯可爱？

我们再看茅盾的第二个观点——

茅盾无视了全文出场频率最高的“我”。为何要设置“我”这个角色？

一来，可能为突出战士的可爱单纯（全文第一部分），然后与第三部分勇敢作战形成对比。但是不妨追问：1. 不写“我”，只写新媳妇与战士的互动也可以达成这一目的吗？ 2. “我”、新媳妇、战士究竟谁是主角？（本文的暧昧性再次突显。）3. 是不是为了设置战士的某些缺陷，加强人物的立体感、真实感（如亮剑主角）呢？

二来，可能为突出“我”与战士之间的情感。什么情感？作者自言“没有爱情的爱情牧歌”（依然暧昧不明）。于是，继茅盾之后，文学史上第二个经典评价是陈思和先生 1999 年提出的——该文体现了战争中纯洁崇高的人际关系，体现了人情美与人性美。这也是部编本教材的定位。

然而，若是体现人与人之间的关系，那么三人之间的关系都应该分析到位，比较容易分析的是战士与“我”、战士与新媳妇，那么，“我”与新媳妇呢？是什么关系？作者是如何定位的？真的力求突显“我”与新媳妇之间的纯洁崇高情义了吗？“我”的设置只是为了体现这种情义的普遍性吗？

反思“我”与通讯员、新媳妇与通讯员之间的感情，似乎全文更为凸显的是异性之间的“爱”（如第 33 节，如对“我”与新媳妇互动的弱化处理）。这使得全文暗含了一个由性别意识引发的二元对立谱系。文章开始“团长对我抓了半天后脑勺”一句尤为明显地流露了作者的性别意识，这是女性的俯视视角，但用在“团长”身上似乎并不合适：一个职位高于自己的男性被描摹成男孩样。

在男—女(女同志、同志弟)的基础上，我们还能在文中找出很多二元对立元素，如光明—黑暗、美好—危险、胆怯—勇敢、故乡—战场、凡人—英雄、爱—非爱、旁观者—参与者、私人空间—公共空间……

但这些二元对立，最后都被第三种元素解构了。我们可以看到新媳妇与通讯员的同构性（抿嘴、红脸、勇敢成长）、新媳妇与“我”的同构性（故意、生气、忍住笑）。

那么，作者为何暗藏或者说下意识地运用了一个解构二元对立的第三元素？作者曾自述写作时正值反右派斗争紧锣密鼓之际。我想，恐怕这篇文章中对“暧昧元素”（第三个元素）的处理可以引起我们对人际关系的反思，在一个无左无右的时代里才会出现最和谐的关系。相对《哦，香雪》，这正是《百合花》做到的暧昧元素的正面价值，它赋予生活弹性，赋予思考空间，赋予阅读启迪。

七、课后作业

已做设计但课时内未涉及的问题，根据学情选择部分启发问题，留作思考。

* 以下为《百合花》文本解读的思维导图：

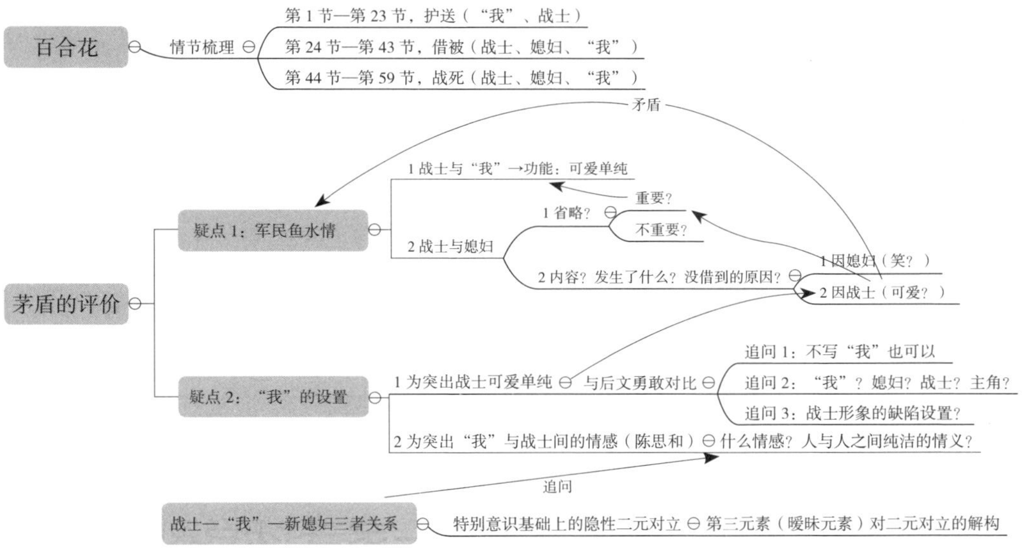

案例二
《哦，香雪》教案（2014 年版）

教学目标：

1. 能够利用切换角度的方式进行文本分析。

2. 能够意识到多角度解读、换角度自我审视的重要意义。

教学大纲：

1. 发现角度；2. 切换角度：金圈圈 VS 发圈，精神追求 VS 物质追求，书 VS 铅笔盒；3. 认识角度：多元化及换角度审视自我；4. 总结 + 课后作业。

教学重点与难点：

重点：通过切换角度的方式讨论香雪与凤娇的区别。

难点：体会换角度审视自我、认识自我的重要意义。

教学过程：

教学环节	教师活动预设	学生活动预设	设计意图
一 发现角度	1“聪明”的反义词是什么？ （教师明确：心理测量中的价值观测试。价值观的差异意味着每个人看待人、事、物时都有属于自己的独特角度。） 2 换位到文学作品中，唐僧、悟空、八戒看到白骨精时的反应是什么？ （教师明确：优秀的文学作品往往会塑造饱满的人物形象，而每个人物也都有自己看待事物的独特角度。） 3 那么，本篇小说中有哪些人物呢？ （教师明确：这些人物会带给我们更加多元化的分析角度。）	1（与学生讨论） 2（与学生讨论） 3 香雪、凤娇、北京话、火车上的乘客、作者……	激发兴趣，引出关键词。
二 切换角度	1 回顾预习作业，罗列物品： [作业要求] 请分别罗列香雪与凤娇所关注的物品。 [作业展示] 多数同学回答： · 香雪关注的物品：铅笔盒、皮书包…… · 凤娇关注的物品：金圈圈、发圈、发夹、电扇、手表…… [问题] （1）金圈圈与发圈有何区别？ （2）从凤娇的角度考虑，哪一种表述更为合适？为何？	（与学生讨论）	联系预习中的问题进一步思考与质疑。
	2 回顾预习作业，分析区别： [作业要求] 请根据凤娇与香雪所选的物品，分析两者区别。 [作业展示] 多数同学回答： · 香雪：精神追求。 · 凤娇：物质追求。 [问题] 你同意吗？	（与学生讨论）	尝试通过切换角度的方法进行多元化分析。

（续表）

教学环节	教师活动预设	学生活动预设	设计意图
二 切换角度	3 质疑“精神追求”之物品设置： [问题] 书 VS 铅笔盒 （1）倘若作者想突显香雪之“精神追求”，其实完全可以换一样物品，以避免读者们的质疑、非难，比如——书。那么，为何作者不让香雪追求一本书，而是一个铅笔盒呢？ （2）如果想深入分析整个问题，最好从谁的角度入手？ （明确了需要进一步讨论的方向是——作者之角度；作者之写作意图。可结合后半篇课文进一步思考。）	1（与学生讨论） 2 作者。	激发兴趣，回溯方法，设置悬念。
	4 回溯与小结： 我们刚才在讨论过程中一直在使用的方法是——切换角度。正因为讨论时角度的多元化，我们才有可能不限于一种答案，甚至还能质疑权威。		总结方法。
三 认识角度	1 探看文中的第二个“第一次”： （1）预习作业：若以“铅笔盒”为线索，全文可分为三部分，请分列标题。多数同学的答案：求铅笔盒；换铅笔盒；携铅笔盒归。 （2）关注“携铅笔盒归”部分，第 69 节的一段文字（展示 PPT）。请问你如何理解“第一次认出养育她成人的山谷”一句？	（与学生讨论）	进一步探讨“角度”的意义。
	2 探看文中的第一个“第一次”，认识“角度的意义”： （1）如果说这是香雪第一次重新认识台儿沟的话，之前还有一个第一次重新认识，她认识了什么？（提示第 57 节） （2）明确：这背后的心理学内涵——拉康镜像理论：香雪在城里同学们面前第一次重新认识了自己，也认识了台儿沟的贫瘠。而她又通过换铅笔盒的方式重塑了自己，也再认识了台儿沟。 （3）香雪与凤娇之间真正的区别——换角度审视自我。	自己、自我 （与学生讨论）	

（续表）

教学环节	教师活动预设	学生活动预设	设计意图
三 认识角度	3 回溯与小结： （1）发现角度。 （2）切换角度指向“方法”。 （3）认识角度指向“意义”。 其意义在于：①多元化②换角度审视自我。		小结与明确。
	4 回溯“写作意图”：书 VS 铅笔盒? （1）香雪重新认识了自我，且通过换铅笔盒重塑了自我，她回台儿沟的路上高兴了起来，那么，你为香雪感到高兴吗? （2）作者曾表达过自己的写作意图，她对城市文明进入乡村表示担忧，她担忧城市文明附带的暴力，一如西塘与周庄的变化。 （3）作者为何能想到这些问题，而火车上的其他乘客却没有?	1（与学生讨论） 2（与学生讨论） 3 作者也自我审视了。	通过新阶段的学习回溯旧问，激发新论，并结合所学要点总结。
四 总结 + 课后作业	1 总结： 提供一种阅读文本的方法→切换角度 提供一种对认知生活的思考→角度的意义		总结与明确要点。
	2 课后作业： （1）你偏爱香雪，还是凤娇？为何? （2）请选择一位你所熟悉的人（朋友、亲人、偶像、动漫人物……），猜测他 / 她的选择，并分析原因。 （3）比照你和他人的不同选择，或不同的选择理由，分析一下自己。		温故与评测所学。 尝试探究。

（此案例提供者：鲁易，华东师范大学第二附属中学教师）

6

集体教学中怎样关注到“每一个”？

关注“每一个”就是因材施教，其主要特征是个别化、个性化、差异化，即教学设计中的个别化、学习选择中的个性化、评价标准中的差异化。我们必须建立的理念是：教学是以学习为中心的教学、学习是学习者的学习、评价是多元立体的评价。这样才使得集体教学中关注“每一个”成为可能。

如何关注“每一个”？需要有层级的教学设计，即教学设计的目标分层、活动分类、评价个别化；需要有时空一体的学习方式，即打破学习的时空界限，支持个性化学习。

自从夸美纽斯（J. A. Comenius）在《大教学论》中总结并提出“班级授课制”之后，作为工业化时代的产物，这种制度以其较高的投入与产出比成为现代社会中主要的教学组织形式。在这样的组织形式下，集体教学就成为主要的教学方法（一定时间内，面向较大规模的学生群体进行教学）。从适用性来说，集体教学比较适合学生人数多、教师资源不足或者大批培训的场合，其特点是拥有大规模、统一的教学资源，教师主导等。其优点是：有效利用教育资源，节省时间、人力、物力等成本；面向全体，体现了教育的公平与公正；可以培养学生的合作精神和团队意识等。但集体教学的缺点也非常突出：无法因材施教，无法满足学生个性化的学习需求，造成了学生之间的差异，人为制造教育不均衡和不平等。如何在集体教学中关注到“每一个”是现代教学中必须解决的问题。

一、是什么：理解概念内涵

关注“每一个”就是因材施教。《论语·先进》中孔子所说的“求也退，故进之；由也兼人，故退之”[①]，以及对于学生的判断“柴也愚，参也鲁，师也辟，由也喭”[②]等，都是在充分了解学生基础上的因材施教。**所谓因材施教，就是根据学生的特点或个性有针对性实施教学的方法，其主要特征就是个别化、个性化、差异化。**但在现代教学中，由于机器大工业时代对人才需求的急剧增加，集体教学成为常态，虽然随着适龄人口数量的减少，班额开始有所减少，但即使是30人之内的小班化教学也难以达到因材施教的目标。那么，当提出在集体教学中关注到“每一个”

①② 朱熹．四书集注[M]. 陈成国标点．长沙：岳麓书社，1986.

的时候，其内涵到底是什么？如何理解？

（一）教学设计中的个别化

教学设计不同于写教案，写教案更多的时候是写一个方案或流程，多为线性，缺乏对学科知识整体系统的把握，所以在《义务教育课程标准（2022年版）》中才提出了大单元设计的理念。什么是教学设计？不同学者对教学设计的内涵有不同界定，比较有代表性的是加涅（R. M. Gagne）的观点，“教学是嵌于有目的的活动中促进学习的一系列事件……而教学系统设计是创建教学系统的过程”①；何克抗认为“教学设计主要是以促进学习者的学习为根本目的，运用系统方法，将学习理论与教学理论等的原理转换成对教学目标、教学内容、教学方法和教学策略、教学评价等环节进行具体计划、创设教与学的系统‘过程’和‘程序’”②。因此，**系统、整体、过程等就成为教学设计的重要特征**。如何理解教学中的个别化设计或者教学设计中的个别化思考呢？

1. 理解教学

教学是什么？夸美纽斯说是“把一切事物教给一切人们的全部艺术”③，施良方说“教学就是教师引起、维持与促进学生学习的所有行为”④。所以，对教学的理解必须抓住几个要素：

一是教学是艺术。之所以说教学是艺术，是因为教学具备艺术的特质。比如情感性，教师需要营造轻松愉悦的氛围，与学生建立积极的情感，学生才能“亲其师，信其道”；比如创造性，名师与一般教师的区别就在于他们在教学中会有较强的创造性，比如对教学内容的解读视角独特、呈现方式新颖、活动设计有趣

① 加涅，韦杰，戈勒斯，等．教学设计原理[M]. 王小明，庞维国，陈保华，等译．上海：华东师范大学出版社，2007.

② 何克抗．教学系统设计[M]. 北京：高等教育出版社，2006.

③ 夸美纽斯．大教学论[M]. 傅任敢，译．北京：教育科学出版社，1999.

④ 施良方，崔允漷．教学理论[M]. 上海：华东师范大学出版社，1999.

等，所以当苏霍姆林斯基提出用一生来备好一节课，就是因为教学需要时时创新；比如美感，教学中的抑扬顿挫、留白、节奏等都可以给人美的享受，如沐春风。

二是教学是过程。教学是按照一定的规范和程序对学生进行教育的过程，包含诸多的环节。**教学不等于讲授，也不等于教师的一言堂，是一个过程的两个方面：一个方面是教，另一个方面是学，就像硬币的两面。**从比重划分来说，也不是各占 50%，而是需要根据不同的学科、内容、风格等进行设计。从现实来看，教的过多，学的过少！“不知不觉讲了起来”成为一种常态，不放心、不敢放、不愿放是造成现状的原因之一。其实，最根本的原因还是没有建立“以学习为中心”的理念，没有形成“学习是学生的学习”的意识。这需要教师不断提升认知，解放观念，切实践行。

三是教学是以人为中心的。**教学是人为的，也是为人的。**所谓人为，是指教学不能脱离人而存在，在知识中心论者看来，教学是以知识习得为中心的，淡化了人的主观能动性和动机与兴趣，教学成为枯燥的符号认知；所谓为人，是指教学的旨归是人的全面发展，**教学本身不是目的，个体的成长才是归宿**，强调研究学习者的学习偏好、学习风格、学习动机、学习兴趣等。因为，教学中不仅要有人，还要以人为本。

2. 理解教学设计

设计是人类的一种创造性活动，是为了实现一定的目的而进行的问题求解和决策实践活动，需要综合运用各种思维进行策划与建构。教学设计就是对教学问题的策划，并通过提供一种思维线索和实践框架，形成个性化的操作方案。理解教学设计，需要关注三个关键词：

一是共同愿景。愿景是一种心向，体现了个体理念与意识。共同愿景是时代的、社会的和情境化的产物，是对“我们要什么或我们要创造什么”的一种表达方式，强调的是群体的心向。教学设计的原则之一就是能体现师生双方的需求。但事实上，教师希望的和学生需要的往往没有相向而行，一个关注目标的实现，一个关注过程的趣味性；一个希望按照设计的步骤层层推进、循序渐进，一个希望按照自己的节奏来，什么好玩就学什么；等等。因此，所谓的教学设计就是找到师生的共同愿景，并用多样的方式呈现出来，既关注教学目标的实现，也关注学生的兴趣需要，这需要前期的分析和理解。

二是使用者设计。教学设计的使用者是谁？这是一个必须厘清的问题。有的说是教师，因为这是教师教学的“施工图”，教学过程、各个环节设计和活动的安排等，均引导着教师按图索骥，完成高效完美的课堂。但教学是引导着学生学习，再完美的引导，如果启而不发呢？如果学生根本就跟不上呢？如果走完第一步就无法前行了呢？因此，**教学设计的使用者是教师和学生，在设计的过程中，不仅要关注教材内容、教师的教学风格和教学习惯，更要从学生的视角审读教材、设计活动、确定节奏等**。如此，教师既起到了引导启发的作用，学生还能自主自由地学习，使课堂成为交往的地方、栖息的乐园。

三是促进学习者发展。**任何教学设计如果无法促进学习者发展，即使设计异常完美流畅，也不是一个好的教学设计**。这样判断的依据是我们必须回到教学的原点和本真去追问：教学的目的是什么？教学设计的目的是什么？“以学习者为中心”是基础教育课程改革倡导的理念之一，不同于“儿童中心论”，这里的学习者包括学生和教师。因此，在教学过程中，每个人都是学习者！师生都应该获得发展，真正达到“教学相长”。这需要教师摆正位置，去除“师道尊严”的心态，与学生建立平等的关系，不以知识霸权自居，真正开展“教学对话”，实现教学相长，共同发展。

3. 理解教学设计中的个别化

在《韦氏词典》中对个别化的语义解释是：养成有特征的人，秉持个别性；使个体进入自我管理的状态；调整或顺应个体的需求或特定环境。[①] 与此相关的是个别化教学，也有很多界定，如《国际教育百科全书》解释为“一种以个体而非群体为基础的教学形式……几乎一切个别化教学都允许学生有更大的灵活性，教

① 邓志伟. 个性化教学论 [M]. 上海：上海教育出版社，2002.

学适应学生个人需求的程度随所采用的特殊方法而变化”①。但当我们提出教学设计的个别化的时候，显然不是说个别化教学，**而是从设计的视角，研究如何在教学设计中体现出个体需求的独特性、教学过程的针对性、活动开展的自主性、学习环节的变通性等。**

一是共同中的差异。在班级授课制中需要面对一群人进行教学，教学的关注点就是“大多数”，按照正态分布的原则，最好的和最差的学生一般会较少被关注，因此，在面向全体时如何关照差异就成为重要的问题。从设计的层面来说，要做到分层与分类，即无论是问题还是活动，都要设计难度层级，以适应不同的学生需求，都要设计不同的类别，以保证领域的全覆盖，适应学生不同方面的特长。

二是差异中的共通。即在分层分类的基础上还要注意保持共通性，这里的**共通一方面是知识之间的联通**，在逻辑上建立联系，不割裂，比较容易形成知识结构；**另一方面是价值取向的统一性**，即无论什么水平和层级的学习，都具有统一的价值取向，不能因为知识的难易降低或提高要求。同时，这个共通还意味着留出了发展的空间，不是区别对待而是差异公平。

三是学习中的变通。即教学设计中要有弹性空间，要随着课堂状态的变化而能够适时做出改变。这就需要在设计过程中，充分了解学生和教材，从而“吃透学生”“吃透教材”；对于同样的内容或活动要多角度设计，才能应对所谓的“突发”或“羁绊”，体现教学机智；对于学习内容要有开放性，以便于根据实际情况及时进行调整。

（二）学习选择中的个性化

每一个学生的学习风格是不同的，学习风格是指人们在学习时所具有的或偏爱的方式，换句话说，就是学习者在研究和解决其学习任务时，所表现出来的具有个人特色的方式，学习风格对于学习质量与效率具有较大的影响。在学习过程中，每个人都会根据学习内容和学习偏好进行学习风格的选择，以达到学习目标。因

---

① 胡森，波斯特尔斯威特. 国际教育百科全书 [M]. 贵阳：贵州教育出版社，1990.

此，学习是个性化的选择过程，即学习特色或特点不同。内容不同，学习风格不同；环境不同，学习方式不同。在集体教学中，关注“每一个”就是让学生的学习具有个性，能够根据自己的学习偏好进行选择性学习。

1. 学习目标具有层次性

具体来说，**就是根据每个学生的兴趣、优势、需求、技能、能力、背景和经验为他们量身定制学习目标，并且学习进度和教学方法都要针对每个学习者的需求进行优化；教学方法和教学内容（以及顺序）也要根据学习者的需求而有所不同**。更进一步说，要让学习者主动参与到他们自己的教育中来，摆脱那种被动的、填鸭式教学。学习目标的层次性，可以更好地体现学生对课程学习所期待达到的发展水平，保证学生学习的个性化，它表现在：

不同内容的基础性目标要有层次性。因为内容不同、难度各异，不同基础和水平的学生能够达到的目标也会不一样，因此，对于不同的内容，要求也应该不同。层次性目标可以按照水平等级分级设置，这种分级可以对照内容进行级别设置，也可以对同一内容进行分级设置目标。

同一内容针对不同学生要有层次性。即使是同样的内容，对不同的学生要求也不一样，这里学生的不同不仅仅是学习基础的不同或者掌握程度的不同，还包括学生不同的学习风格与偏好。当然，层级的数量设置对同一类学生也未必完全相同。同一内容在学生不同学习阶段要有层次性，即同样的内容对同样学生在不同的学习阶段目标要求是不一样的。在初级阶段可能记忆理解即可，在中级阶段可能要求迁移运用，在高级阶段可能就要实现创新创造。

2. 学习内容具有丰富性

学习内容的丰富性是学习选择性的保证，也是实现因材施教和真正学会的重要保障。如何做到丰富性？

一是课程设置的多样性。即多元化的课程设置，使得学生能够根据自己的兴趣、需要和能力进行选择。这里的课程除了国家课程之外，主要是为了学生学习的需要而根据主题进行的相关课程设置，其目的就是丰富学习资源，开拓知识广度，拓宽学习视野，增强知识的层次性；还包括为了发展学生的兴趣和特长而设置的课程，这种课程具有针对性，让特长更长。

二是教学资源的拓展性。这里的拓展主要是指学科知识拓展，也就是在备课中常说的“把教材备厚”，然后再“讲薄”，达到深入浅出。资源的拓展以主题进行，主题可以是教材知识的背景或延伸，也可以是知识关联的跨学科资源，还可以是项目化推进的学科实践。拓展的目的是丰富和选择，拓展的依据是知识主题，知识的呈现则依据学生特点。

三是知识内容的实践性。抽象的符号学习是枯燥的，从符号到符号的讲解是学生产生厌学情绪的重要原因之一，因此，让学习变得丰富必须加强知识内容的实践性。这里的实践性主要是指知识要从实践中来，让学生增强现实感，同时，知识也要到实践中去，去解决生活中的真实问题。这样的实践性使得抽象的知识鲜活起来，与学生的经验和体验密切关联，让学习变得轻松高效。

3. 学习过程具有生成性

美国心理学家维特罗克（M. Wittrock）提出了“生成性学习”的理念，强调在预设的前提下学习者主动建构知识的过程。**生成性**是对传统的思维、方法和过程的深层次变革，**强调学习的主动性、过程性、方法性、创新性、可持续性等，注重学习主体在学习过程中与整个外界环境的有机互动和发展联系，是主动建构大脑对信息的解释并从中作出推论的生成过程。**

主动性。生成一定是主体主动建构的过程，主动性是生成性的前提。这里的主动性是指：基于兴趣主动学习知识并寻求相关拓展性知识以加深理解；主动根据不同的学习内容选择和变换方法；以知识习得为目的，在学习过程中自我激励、自我调整；主动反思评价自己的学习，寻找错误点并积极修正。

方法性。生成一定是有个体独特方法烙印的，这种方法随着知识的不同和个体的学习偏好的变化而改变。这里的方法性是指要根据不同的知识选取不同的方法，方法具有变通性；要根据实际问题善于综合运用多种方法解决问题，具有贯通性和融合性。

创新性。生成过程一定是不断创新的过程，因为生成是在个体原有经验基础上形成新经验的过程，包括：知识理解的不断深化、方法运用的不断综合、问题解决水平的不断提高、新的问题的不断产生以及兴趣需求的不断增厚。创新是生成的本质特征。

4. 学习结果具有多样性

加涅认为：“学习结果即习得的性能，主要包括五类：即智慧技能、认知策略、言语信息、态度以及运动技能。”[①] 对于学生来说，因为个体的差异性，所习得的性能也是不同的。按照多元智能理论，每个人都有其擅长的领域，因此学习结果呈现多样性的特征。其多样性主要表现在：

表象的多样性。表象是事物的形象，是隐性的学习结果，包括记忆表现和想象表现等，是对形象进行再加工之后形成的形象表征。借助表象进行形象思维是许多学科（如语文、美术、地理等）主要的学习方法之一。而且表象也是学生在学习之前自己建立的假设，称为“前概念”，对于新知识学习非常重要。错误的假设对学习结果的影响比较大，因此，要关注表象的多样性。

习得知识的多样性。安德森（L. W. Anderson）把知识分为四类：事实性知识、概念性知识、程序性知识、反省认知知识。[②] 也就是我们一般所说的：陈述性知识、程序性知识、策略性知识。对于学生来说，由于方法与取向的不同，学会的知识也会呈现出不同。事实性知识多包括“是什么”，是概念、定义、定理，多为记忆；程序性知识多包括“为什么”，寻求知识背后的原因，知其然还要知其所以然；策略性知识多包括“怎么办”，侧重问题解决。在这几类知识的习得方面，学生的差异非常大。

情感与价值观的多样性。就是指同一内容在价值观表现方面存在差异。由于对知识理解的差异性以及个体价值取向和价值追求的不同，在学习体验过程中，

① 加涅，韦杰，戈勒斯，等．教学设计原理 [M]. 王小明，庞维国，陈保华，等译．上海：华东师范大学出版社，2007.

② 安德森．布卢姆教育目标分类学（修订版）[M]. 蒋小平，张琴美，罗晶晶，译．北京：外语教学与研究出版社，2009.

必然会有不同的情感倾向性认识、理解、判断等。这就造成了同一学习内容在不同学生身上表现出不同的价值选择和态度表达。其原因是个体性的，但也是教学设计应该关注到的方面。

（三）评价标准中的差异化

评价从本质来说就是价值判断，是对价值关系的认识，而教学评价是对教学过程与教学结果的价值判断。一般情况下，教学评价多为用一把尺子衡量全体学生，一样的标准不一样的学生，使得评价的信度大打折扣。集体教学中，如何用好评价的导向与激励作用，关注“每一个”的发展，就需要进行差异化的评价。这种差异化评价除了考虑学生自身的差异之外，主要从学生的学习态度、学习能力、学习过程、学习结果等不同方面进行判断。

1. 一个前提

在评价过程中关注学生的个体差异，需要有一个前提，即转变观念，认识到差异的现实存在以及认同学生个体的独特性。

认识差异。世上没有两片完全相同的树叶，自然界的规律昭示我们：学生是有差异的，这种差异存在于很多方面，比如生理差异、心理差异、思维差异等，在学习方面的差异主要是由于学习风格、智力水平、学习能力的不同带来的学习表现差异。造成差异的原因很多，特别是成绩的差异不能简单认为是基础的问题，也不只是学习不努力的问题，更多的是主客观因素多重作用影响下造成的。从智商来说，每个学生之间的差异一般不大，但学习习惯和学习偏好往往会有比较大的差异，可能就造成了成绩差异。因此，差异是一个客观存在，需要厘清。

认同独特。正是因为差异，所以在对某种问题的看法上就会有所不同，无论是课堂中对提问的回答，还是课外实践活动中问题的解决，或是对某个知识点新异甚至奇怪的提问等，都会有差异，甚至是很大的差异，有些问题从常识角度来说甚至是奇葩。但就像每一片树叶都是独特的一样，每个孩子的世界都是个性的、独特的，这种独特就是孩子可能稚嫩甚至错误的个性理解。教师需要认同这种独特，就像老师认同爱因斯坦（A. Einstein）的“小板凳”一样。创新人才需要具有发散思维、逆向思维等创新品质，独特性也是创新的主要特征之一。

2. 三个关注

评价标准的差异化需要特别关注三个方面：

同一标准结果不同。即在进行评价的时候，可以使用同一个标准，但在评价结果的使用上要有所区分，也就是要分层。比如对于学生是否真正学会的评价标准是能否解决真实问题，那么学生在解决问题过程中可能会呈现多种结果：有的解决了问题；有的解决一半问题；有的刚刚知道问题是什么。但对于每一个学生来说，可能都达到了他们自身水平应该达到的阶段，从评价结果来说，虽不同但都是优秀的。

同一结果过程不同。即要达到评价要求的同一结果，对于不同水平的学生来说，其过程不一样，这个也需要在评价的时候特别关注。一般的评价过程包含四个方面：确定评价目标、选择评价方式、收集评价信息、依据标准进行评价。对于不同的学生来说，就要做到评价目标分层、评价方式多样、评价信息分类，然后再进行评价。不同的过程划分有利于评价目标的达成。

同一过程维度不同。即同样的评价过程，要设定不同的评价维度，有的侧重学习态度，有的侧重学习方法或者学习能力等。维度的选择应根据学生的基础和学习的需要。维度可以单一，也可以多元。选择维度的目的就是适应不同的学生，充分发挥评价的激励与导向功能。

二、为什么：未来教育的变革需求

班级授课制中集体教学可以解决人才培养的效率问题，但正由于是面向群体的教学，难以适应每一个学生的发展需求，容易忽视个体的差异。关注“每一个”、为了“每一个”是教育的目的，从教育改革发展的趋势来看，个体性、差异性、独特性会成为教学变革的价值取向。

（一）教学是以学习为中心的教学

学习中心课堂，是指以学生学习活动作为整个课堂教学过程的中心或本体的课堂。[①] 这样的课堂强调学生是知识的主动建构者，关注学生在学什么，怎样学，在什么样的情况下学，现在的学习如何为将来作准备等。

1. 到底以谁为中心

传统的教学研究中一直在讨论“三中心论”，即以教材为中心、以教师为中心、以课堂为中心。以教材为中心强调教材的重要性，要求“以本为本”，所以才有了忠于教材的“教教材”，教学呆板，着力于教学内容的解读，容易照本宣科；以教师为中心强调教师的主导作用和地位，教师全面控制与主宰课堂，就有了“一言堂”，听不得不同的声音，学生难以大胆质疑，师生的对话成为空谈；以课堂为中心强调“课堂大如天”，备课和上课成为中心环节，教学质量成为唯一的标准，出现了“课堂教学质量是‘红线’，不能触碰”的论调，同时，许多地方教育主管部门就是“课堂中心论”的坚持者，为了抓教育质量用尽各种办法，于是“补课”“题海战术”等层出不穷，成为提升质量的“法宝”。

目前有一种观点“让儿童站在学校（课堂）的中央”强调了儿童的中心地位，这对于扭转前面“三中心”论调具有积极的意义。其实“儿童中心论”的首倡者是著名哲学家和教育家约翰·杜威。他说：“现在我们的教育中正在发生的一种变革是重心的转移。这是一种变革，一场革命，一场和哥白尼把天体的中心从地球转到太阳那样的革命。在这种情况下，儿童变成了太阳，教育的各种措施围绕着这个中心旋转，儿童是中心，教育的各种措施围绕着他们而组织起来。”[②] 但是，有两个方面需要思考：一是让儿童站在中央就可以了吗？我们是否问过儿童的意愿？是否有一种炫耀和贴标？这是不是变相的以教师为中心？二是当我们一起“唯儿童是瞻”的时候，如何保证学习的质量？如何充分发挥教师传道受业解惑的引

① 陈佑清. 建构学习中心课堂——我国中小学课堂教学转型的取向探析 [J]. 教育研究，2014, 35(3)：96-105.

② 杜威. 学校与社会：明日之学校 [M]. 赵祥麟，任钟印，吴志宏，译. 北京：人民教育出版社，2005.

导作用？这都需要认真思考。

以学习为中心是指以学习活动为教学的中心，可以平衡前面几种关系。既强调了学习活动，淡化了主体的地位，也强调了质量的重要性，目的更加聚焦和明确。

2. 如何理解学习为中心

深入理解以学习为中心，需要形成几种教学理念：

以学为本。即以学生为本，以学生的能学、会学、善学为本，这是以学为本的核心思想。这里至少需要做出三方面变革：**一是以学案代替教案**。教案是教学方案，以教为主，强调教学过程性；学案是以学为主的，强调对学生学习目标、认知状态、学习方法、思维能力、实践能力、创新能力等的重视。**二是让课堂变成学堂**。课堂是上课的地方，而学堂是学习的地方，在这里，学生是主体，教师是引导主体学习的组织者和促进者，教师重视学习策略、学习兴趣等的引导，而学习活动由学生主导。**三是把作业变成学业**。即从学习能力和素养提升的视角设计作业，丰富作业的职能，不再仅仅是巩固、检测学习结果，更多地应该指向学习的延展和思维的发散。

少教多学。就是让教师少教、少讲，学生多学。这里的**少教不是不教，而是通过教学的针对性、启发性与创造性实现“教是为了不教”的目的**。针对性即针对学生的个性与差异，针对教学内容的差异；启发性即“不愤不启、不悱不发”，不灌输、不填鸭；创造性即创新教学设计，激发自主学习。多学是把学习自主权还给学生，把课堂还给学生。这里的多，不是投入时间长，不是学习内容多，而是突出学生的主体地位，突出学生的自主学习，突出学习的探究性与创新性。

以学定教。是依据学情确定学习的起点、过程、方法以及策略等。学情包括学生的知识基础和心理准备状态、拥有的文化基础、学习风格或学习偏好、个性特征等。了解学情才可以按照学生学习的逻辑而不仅仅是知识的逻辑进行教学。学情体现每一个学生的状态，虽然在教学设计中往往根据大多数进行，但需要有对个别的关照。

（二）学习是学习者的学习

学习是一种积极能动的认识活动，在这个活动中，教师、学生、学习对象、学习空间组成了学习的要素。这些要素没有主次之分，均服务于学习活动，但从最终的学习结果来看，评价学习效果的标准就是学习活动在学习者身上引发的变化如何。从这个意义上说，学习活动是学习者的活动。

1. 学习的主体是谁

曾几何时，学习的主体是教师！所以才会有教师“以教代学”“主导学习”的情况。在一些教师的视界里，教是万能的，而且“好的教必然带来好的学”。于是，我们看到很多教师潜心备课，深入解读教材，力求上出一堂好课。同时，在评价一堂好课的标准方面，也多从教师的视角进行评价，较少会问“学生是否真正学会？”“学生的学习是否快乐？”等问题。讲授成为教师的标配，“满堂讲”“苦口婆心”“咽炎”成为一位好教师的标准。这样的着力使得学习的主人完全换成了教师，教师成为学生学习的主导者。

学什么？怎么学？学习的进度如何安排？学习的方法如何选择？这些都不应该由教师来决定。学什么需要根据学生已有的知识基础来判断，因为同一类知识可能对一些同学来说必须学习，而对其他学生来说早已经学会。怎么学要因人而异，根据学生不同的学习风格来选择，有的喜欢自主学习，有的喜欢小组合作，有的喜欢网络支持，怎么学虽然也会受到学习内容的影响，但总体无法统一，是具有个性化的。学习的进度安排更加无法统一，为什么有很多学生“跟不上”？就是因为进度安排脱离了这些学生的学习能力。

因此，学习的主体必须是学生，学习是学生自己的学习，而且是无法代替的学习。所以，如果不根据学生设计教学，如果不让学生主导学习，学习效率难以保证。

2. 为什么要学习

学习动机是激发学生学习的原始动力。动机与学生学习的很多方面密切相关，“如何在课堂上学习；对待学业任务的方式；对某些领域的兴趣的发展；对自身能力和弱点的信念；在课余时间选择参与的活动；包括职业选择在内的许多其他结果”。同时，“动机是复杂的，涉及学生的目标、价值观、对能力的信念和许多其他的变量。虽然动机在某种程度上来自学生，但它在很大程度上也是由学校和课堂教学实践以及社会环境决定的。教师每天做出的教学决策强烈地影响着学生对能力、目标、价值观的信念，最终影响到他们的教育和职业选择”[①]。因此学习动机对于学生对学习的正确理解至关重要。

从现实来看，**许多学生的学习动机不强，甚至具有“厌学”的情绪，不知道为什么学习，为谁学习，学习有什么用**。这其实与学生的价值观偏向和对未来的期盼失衡密切相关。当前社会，抖音等社交网络平台的普及，特别是 ChatGPT 等人工智能技术的兴起，**工具理性盛行，价值理性式微，知识无用论甚嚣尘上，学习的目的性基本缺失**，“为老师学”“为家长学”成为意义，这样的学习难以激发主体动机。其实有很多的价值可以很好表达学习的意义，比如为了适应未来，成为未来生活者，凸显生存的意义与价值，等等。这些都可以解释为什么学习，都可以让学习变得快乐。

（三）评价是多元的立体评价

评价的作用是导向与激励，因此恰当的评价可以起到积极的引导作用，反之亦然。集体教学中的评价也要关注“每一个”，让每一个学生都有获得感。

1. 评价主体多元

谁来评价？这曾经是一个毋庸置辩的问题：当然教师来评价。所以在教学设计中就会有一个达标测试的环节，在教学评一体化理念下的教学设计，强调评价贯穿始终，但无论怎么样的评价，均为教师设计和操作。评价的科学性暂且不论，仅就执行者来说，只有教师。

学习是学习者的学习，作为学习主体来说，对于学习的好坏，学习者应该最有发言权，他（或她）最应该知道哪里学的比较轻松，效果比较好，哪里比较难，还没有真正弄懂学会。对于学习主体来说，有时候可能不知道如何评价或者不知道是否学会了，这时候确实需要教师的指导（但不是代替）。同伴也可以参加评价，因为同伴和学习者朝夕相处，最知道小伙伴的学习状态，在他们（或她们）的不

① 梅耶，亚历山大．学习与教学：理论研究与实践意蕴 [M]. 庞维国，梁平，皮连生，等译．2 版．上海：华东师范大学出版社，2022.

断的交流中，明晰了解对方学习的进度、收获与困难。家长也可以参加评价，因为一个人在家庭中的状态是最原始的、最纯真的，是脱去社会外衣的。同时，知子莫若父母，无论是观察、交谈，还是学业辅导，家长都可以洞悉真实情况。当然，教师也可以评价，只不过不要“一言堂”。这样的评价可以从不同主体的视角关注到“每一个”。

2. 评价方式多样

在“双减”背景下，评价方式或方法是多样的，不拘泥、不局限。可以是横向评价，把“每一个”放在集体中和其他人比较；可以是纵向评价，自己和自己不同的阶段比较。《义务教育课程标准（2022 年版）》倡导的评价方式比较多，除了前期一直倡导的发展性评价、过程性评价、表现性评价等之外，新增的评价方式包括：增值评价（即以质量与数量的增加来评价）、协商式评价（即通过讨论与合作达成共识的评价）、基于证据的评价（即评价者依据可靠的事实、数据和证据进行评价）等。但从关注“每一个”来说，比较适合的评价方式是差异评价。

差异评价即根据学生的差异进行有针对性的评价。学生先天素质和后天的文化环境、知识基础、认知结构、思维品质等的不同，以及对未来发展的意愿、可能性和倾向的不同，使得学习存在客观差异。主要表现在学习的基础、态度、方法、动机等的不同，以及在不同的学习阶段和不同的学习领域也存在差异。因此，差异评价要从学生的实际出发，因人而异。加德纳（H. Gardner）指出，“评估方案如果不考虑个体之间的巨大差异、发展的不同阶段和专业知识的多样化，就会逐渐落后于时代的需要。差异性原则体现了学生的主体性和对学生个体的尊重”[①]。

3. 评价标准错位

评价标准的错位指根据学生的差异采取不同的评价标准。“一刀切”“一把尺子”是评价中经常采用的方式，用一个标准进行评价被称为是最能体现教育公平的举措。但学生的起点不同，能力各异，学习过程中得到的帮助也是不一样的，

① 加德纳．多元智能 [M]. 沈致隆，译．北京：新华出版社，1999.

从学习进度来说，可能有的会比较慢，有的就会比较快。因此，在同一时间段内，用同样的标准难以评价学生真实的学习情况。这需要用错位的评价标准，针对不同基础水平的学生，用不同的评价标准进行发展性评价，可以评价提升幅度，也可以评价理解水平等；用不同的指标评价不同的发展方面，比如可以评价学习态度的变化，也可以评价学习投入程度的变化等。错位的目的就是为了能够真实地发现学生学习之后的变化，并且无论变化程度如何，还要发挥好评价的激励作用，使得学生的学习能够进一步提升。

当然，评价结论也应该具有开放性。任何一种评价结论都不能是终结性的，都不能作为最终判断，应该留有开放的空间，让学生可以自我提升与完善。**开放性也意味着包容性，珍视每一个学生的每一点进步，鼓励每一个学生的每一点成长，**在这样的环境下，才能实现关注“每一个”的目标，真正实现评价的功能。

三、怎么办：实践中的探索

集体性教学中关注“每一个”是一个貌似矛盾的话题。佐藤正夫说：“对不同类型的学生分别设计不同系列的问题和课题，以达到同一个教学目标。这种方式的个别化是教师通过对每个学生的个别指导，以及交替采用同步学习、个别学习、分组学习，使之相得益彰，加以实现的。”[①] 因此，在教学中应该注意以下几个方面：

（一）层级的教学设计

即教学设计的分层、分类、个别化。这体现在教学目标上要分层，根据不同水平的学生设计不同层级的目标，使得每一个人都能够学有所得；教学活动要分类，即根据学生的特点和需求，分类别设计不同的活动，以适应不同学生的个性特征和学习风格；教学评价要个别化，即采用差异评价的方式，不搞一刀切。

（二）时空一体的学习方式

即打破学习的时空界限，除了课堂学习之外，要借助网络和各种媒体终端辅

① 佐藤正夫 . 教学原理 [M]. 钟启泉，译 . 北京：教育科学出版社，2001.

助学习，为学生的个性化学习提供支持。这样的支持平台和学习资源具有选择性特征，可以满足多样的需求。这需要在教学中，无论是学习方法还是学习资源，甚至学习活动，都应该注重延展性、手段多样性等。

（三）选择性与个性化的作业（作业作为评价手段）

即在作业设计上要给予学生选择的权力，根据需求进行选择，不做重复性的练习，不以作业量衡量学习；设计满足学生个性化要求的作业，让学生充分发挥特长，展示学习成果。

案 例

Unit8 We’re twins (Period 2)

Teaching contents:

译林版《英语》（三年级下册）Unit 8 We’re twins (Fun time & Sound time & Extended reading)

Teaching aims and learning objectives:

By the end of the lesson, the students will be able to:

1. Use “who” to ask questions and answer.
2. Read and understand the stories, then make the family trees and talk about them.
3. Know the sound of the letter “n”.

Teaching focus：

1. The students will be able to make the family tree and talk about it.
2. The students will be able to know the sound of the letter “n”.

Predicted area of difficulty:

According to the stories, make the family trees and talk about them.

Teaching aids:

CAI, StarC, Promethean ACTIVBoard, Six screens

【本课在基于 StarC 云端一体化学习平台的未来教室展开教学，课中一对一移动终端的使用及融合课外电子绘本资源等，组成了“数字化”英语课堂教学不可

缺少的元素，实现了智能互动、双轨教学、灵活书写、资源整合等功能，满足集体性教学中每一位学生个性化、差异性的学习需求。】

Teaching procedures：

(Before class)

Greeting & Warm up (Enjoy the song)

Step 1. Game Time (Revision)

T: There are some people here. Do you know them? You can guess.

Quick response

Who's he (that boy)? —He's Mike.

Who's he (that man)? —He's Mike's uncle.

Who's she (that girl)? —She's Yang Ling.

Who's she (that woman)? —She's Yang Ling's aunt.

Who are they (the girls)? —They're Su Hai and Su Yang. They are twins.

[Show students a photo of a baby.]

Who is it? —It's a baby. We don't know who it is.

【通过 StarC 云端一体化学习平台，利用双板左屏转盘、右屏学号的快速问答，让学生整体回顾 Story Time 板块内容，并整合三年级上册 Unit 4 中出现的人物，围绕 Mike 一家让学生使用“Who is ...?”来问答人物关系，出示 Baby 图片，以看不出男女为悬念，同时强调用“it”来指代婴儿，自然导入本课新授内容。】

Step 2. Sound time

1. Guessing Time

T: Look, it was him several years ago. Now he is a boy.

I give you some information about him. Can you say something about him?

N (name)—Nick, n (age)—nine, n (thing)—a new book

N is for Nick ...

T: This is a girl. Who is she?

I give you some information about her. Can you say something about her?

N (name)—Nancy, n (age)—ten, n (thing)—a pen

N is for Nancy ...

2. T: Please say something about Nick and Nancy.

3. First, read the sentences together.

Then, read them quickly.

Nn /n/

4. T: I know some words with Nn /n/.

Let’s chant together.

【本单元是以“Who is ...?”为主题，创设以给出三个 N 字母的思维导图形式，让学生们来猜一猜 Nick 和 Nancy 的相关信息，做到了以图串境，嵌入语音例词。学生在看到提示图片“nine\ten\book\pen”后，能跟着节奏读出歌谣，进而回忆出更多带有“N”的单词进行朗读。】

5. T: Do you know the other words with Nn /n/?

Watch the video, then find the words with Nn /n/.

Nn is for ...

【让学生通过朗读去感悟字母“N”在不同已学单词中的发音，建立字母和语音之间的对应关系，并提升见词能读、听音能写新单词的能力。力求在主题语境中循序渐进地把语音和语用结合起来，强化词汇音、形、义之间的联系，在语言运用过程中渗透语音的表意作用。】

6. T: You have known so many words with Nn /n/.

Do you want to know more?

Please listen and choose.

Kipper has a can.

Biff has a pan.

Chip has a tin.

Dad has a bin.

So Mum says, “What a din!”

(1) Listen and read the story “What a din!”together. Pay attention to the pronunciation of the words with Nn /n/.

(2) Read the story again. Pay attention to the relation of Kipper’s family.

【学生人手一台普罗米修斯交互式白板抢答器，进行“听音选词”的练习，听音感知是语音教学的第一步，朗读巩固是第二步，鼓励学生采用音图结合的方式进行朗读训练，即时的反馈评价能够有效地帮助学生建构字母与单词之间的联系，实时改进学习策略。课堂评价真正面向全体学生，并通过科学、精确的统计结果，帮助教师准确了解课堂教学效果，即时改进后续的教学。】

Step3. Fun time

1. Make and say.

T: Who can you see in the story?

(Show students three photos of Kipper’s family.)

2. Students watch the video of making a family tree by Kipper.

3. Kipper can make his family tree. He has six story books to read and make the family tree. Can you help him? I think all of you can do it. First, you should be the best reader. Choose the story you like, then read it by yourself.

Next, you should be the great maker. Make the family tree in your group. Stick the photos of family members—Write down the names of the relation—Draw lines.

Finally, you should be the super speaker. Talk about the other family tree. If you can ask three questions with “who”, then say something about it, you are the super speaker.

【通过共读绘本故事 *What a din!* 梳理清人物关系构建家谱，引出 Kipper 推荐六本绘本故事，请学生在人手一台的 iPad 上选择自己喜欢的故事进行听读，输入正确的语音进行模仿朗读。在厘清故事结构及其人物关系的基础上，小组合作建立新图式，制作家谱，综合运用词句来谈论家庭成员，从单词的独立运用过渡到对话

交流。】

Step4. Song Time

Students enjoy the song, then know “This is my family. We all love each other”.

Step5. Homework

1. Find out more words with “n /n/”.

2. Make your family tree and talk about it with your friends.

3. Read and tell the stories.

【本课主要发挥了“数字化”英语课堂教学的优势，通过开展以学生为主体的自主探究、关注差异、发展个性的学习模式，增强学生基于个体学习特质在网络环境下提出问题、分析问题和解决问题的能力，主动学习、自主学习、合作学习，构建了“以学生为中心”的教学活动，属于研究性学习的范畴，是一个重发现、重思考、重过程、重实践的全新学习过程。】

（此案例提供者：朱晓芳，苏州至德教育集团总校长）

7

怎样寻找大概念?

大概念含有丰富的意义。在地位上，大概念居于学科的中心位置，集中体现学科课程特质的思想或看法。在性质上，大概念具有抽象性、广泛性、永恒性、普遍性。在范围上，大概念意指适用较大范围的概念。

可从自上而下与自下而上的思路寻找大概念，从课程标准出发对应于前者，从教学过程出发对应于后者。寻找到大概念后，还需要把它表示出来。总体说来，应尽量采用亲学生的语言，尽可能少用复杂、高深、抽象的术语，尽可能多用陈述句来呈现。

大概念（big ideas）也称大观念[①]，是当下热词，许多学者与研究机构把它作为教学研究的重要内容，许多地方和学校把它作为推进课堂教学的重要抓手。然而大概念毕竟是一个新鲜事物，广大中小学教师对怎么进行大概念教学还不熟悉。按他们的说法就是，“大概念教学很重要，但首先要找到大概念，可是我们不知道怎么去找大概念。”这确实是个很实际的问题。在回答这个问题之前，需要先回答什么是大概念，为什么需要大概念，然后再思考如何把寻找到的大概念表达出来。本章就围绕这几个问题展开论述。

一、何谓大概念

（一）众说纷纭的大概念

关于大概念，目前存有许多观点。比较典型的理解有：

大概念被视为“大”的概念，即只要一个概念的范畴足够大就可以成为大概念。只是这种说法似乎没有回答这个“大”到底要“大到什么程度”。比如，“系统”与“要素”一般都可视为大概念，但“系统”比“要素”更为上位，假设以它为大概念的标准，那么“要素”应该就不是大概念了。

也有观点认为，大概念是基础概念，例如加法是大概念，因为加法是学习乘

① 在本章大概念等同于大观念，目前国内不少研究基本持这种观点。但如果从更广泛范围看，二者还是有所不同。例如，前者显得中性客观，后者显得主观；前者更多表示静止的内容，后者更多表示动态的行动；前者来自事物共相，后者表示为思想或理念，有待于行动验证；等等。

法、除法等概念的基础，因此加法可视为大概念。这种观点的出发点在于概念之间的关系，如果能成为许多概念的基础，那么该概念可视为大概念。按此说法，许多概念都可以成为其他概念的基础，它们都可以成为大概念，然而从常识看，既然存在那么多大概念，或者说到处是大概念了，又何必提倡大概念？平时教学不就已经都在做大概念教学了吗？

还有一种比较典型的观点是，大概念只存在于学科之内。例如，结构是生物科学的大概念。但如果从跨学科角度看，结构也可以作为STEM课程的大概念，显然大概念未必就局限于学科领域。

实际上，关于大概念还有其他一些观点，限于篇幅就不再一一叙述。面对如此形形色色的观点，极有必要对大概念加以澄清，以便使之更好地服务于教学。

（二）大概念内涵的澄清

为厘清大概念，不妨先从其基本发展历程做一考察：

就中文字面来看，大概念与大观念、大想法、大思想等词语近义，它能让我们联想起诸多远大的抱负。在课程与教学领域，大概念则有着特定的内涵。从目前可以查到的文献看，早在1878年，皮尔斯（C. S. Peirce）写给霍普金斯大学校长的信中就提及：“教师应该教给学生学科中那些重要的内容……如果我来教几何学，我将让学生学会几何的基本思想，而不是记住定义或其他……”① 在此，皮尔斯所提的“几何的基本思想”实际上已基本折射出大概念的思想。

这种代表学科核心内涵与特征的观念或概念得到进一步发展，尤其是在六十多年前布鲁纳倡导的学科结构运动中。这场举世瞩目的运动源于一种假定：任何学科都拥有一个基本结构。在布鲁纳看来，掌握学科的结构就是以允许许多事物有意义且相互关联的方式来理解该学科，习得结构就是学习理解事物如何相互关联。以代数为例，它是一种将已知数和未知数安排成等式的方法，以利于使得未

① MOORE E C, ROBBIN R C. Studies in the philosophy of Charles Sanders Peirce[M]. Amherst: University of Massachusetts Press, 1964.

知数变得可知。其三个基本要素包括交换、分配、结合，当学生掌握了这三个基本要素，就会知道要解决的“新”等式其实一点也不是新的。[①] 据此，我们不难理解布鲁纳的螺旋式课程的设计思想——围绕某些核心概念展开课程设计，在不同年级段一再重现这些概念，因为这有助于设计连续聚焦一致的课程，同时也有助于发生学习迁移。

不久之后，在 1964 年，菲尼克斯（P. Phenix）也指出学科“代表性概念”对设计课程的重要性，认为这些概念在节省学习付出方面能使学习既有效能又有效率。这是因为，如果有某些概念可以代表一门学科，那么彻底地理解这些概念就等于获得整个学科的知识；如果一门学科的知识是按照某些模式组织起来，那么完全理解这些模式，足以使得许多符合学科设计的特定要素变得清晰。[②] 这种观点也得到近来许多学习研究的支持，如专家面临问题时会先寻求问题的理解，而这涉及对核心概念或大概念的思考。新手的知识较不可能依据大概念得以组织，他们通常通过搜寻正确公式，以及符合其日常直觉的恰当答案来处理问题。[③]

1998 年，埃里克森（H. L. Erickson）明确指出大概念是一种抽象概括，它们是在事实基础上产生的深层次的、可迁移的观念，是对概念之间关系的表述，具有抽象性、广泛性、永恒性、普遍性的特征。[④]2004 年，威金斯和麦克泰格（G. Wiggins & J. McTighe）对大概念做出更为系统的论述。他们认为，大概念是对个别的事实和技能赋予意义和连结之概念、主题、问题。大概念不是我们平常所说的基础概念，是居于学科“核心”的观念，而基础概念只是此术语所暗示的意义——是进一步学习的“基础”。在他们看来，大观念是理解的基础素材，可以被想成

① BRUNER J S. The process of education[M]. Boston: Harvard University Press, 1960.

② PHENIX P. Realms of meaning[M]. New York: McGraw-Hill, 1964.

③ BRANSFORD J D E, BROWN A L E, COCKING R R E. How people learn: brain, mind, experience, and school[J]. Washington, D.C.: National Academies Press. 1999, 63(19)：342.

④ 埃里克森 . 概念为本的课程与教学 [M]. 兰英，译 . 北京：中国轻工业出版社，2003.

是有意义的概念工具，这些概念工具使学生将若不联结就会分散的点状知识连结起来。这样的概念超越了个别的知识，可应用到学科之内或以外的新情境。简要地说，大概念可归纳为：是一种有焦点的观念“透镜”，透视任何要学习的内容；通过联结及组织许多事实信息、技能、经验，来提供意义的广度，以作为理解之关键；需要“超越内容”的教学，因为单纯的内容教学对学习者而言，其意义或价值极不明显；有很大的学习迁移价值，在一段时间之内，可应用到许多其他探究主题或问题上。

2010 年，哈伦（W. Harlen）等人编著了《科学教育的原则与大概念》，着重从概念的层面探讨大概念，明确提出 14 项科学教育的大概念。其言下之意，可用这 14 项大概念来建设科学课程。在该书中，大概念被视为适用于一定范围内物体与现象的概念，例如，生物体需要经过很长时间的进化才能形成在特定条件下的功能。与此相对应，小概念只能应用于特定观察与实验，例如，蚯蚓能很好地适应在泥土中的生活。[①] 在此必须指出，哈伦等人的大概念与威金斯等人的大概念有所不同：哈伦等人主要探讨相对宏观层面的课程问题，用大观念作为课程目标的思路重构新的科学教育体系；而威金斯等人的探讨主要是在相对微观层面，即在基于课程标准的前提下，用大概念的方法探讨单元或主题教学的设计。就大概念本身而言，前者比较严密，后者相对松散，前者的贡献在课程领域，后者的贡献在教学领域。[②] 限于论题与篇幅，下文将聚焦于在微观层面应用的大概念。

上述这些代表性观点启示我们：

在地位上，大概念居于学科的中心位置，集中体现学科课程特质的思想或看法。这是某个概念之所以被称为大概念的根本原因所在。例如，“宇宙中所有物质都是由很小的微粒构成的”“当事物发生变化或被改变时，会发生能量的转化，但是在宇宙中能量的总量总是不变的”是哈伦的 14 项科学大概念中的两项，从中

① 哈伦 . 科学教育的原则与大概念 [M]. 韦珏，译 . 北京：科学普及出版社，2011.

② 崔允漷 . 论大观念及其课程意义 [J]. 上海课程教学研究，2015(10)：3-8.

我们可直接感受到这些概念确实代表了科学学科的最为关键的内涵。

在性质上，大概念具有抽象性、广泛性、普遍性、永恒性。所谓抽象性与广泛性是指，概念通过概括许多事例而得，自然具有了应用于许多其他情境的特征。所谓普遍性是指，概念应用不止于某个地方，而且通用于许多地方，甚至全世界，例如大概念“人是会死的”就适用于全球各处。所谓永恒性是指，一门学科的概念将长久存在。例如能量守恒不仅会存在于过去、现在，将来还会存在，除非该概念被推翻。

在范围上，大概念意指适用较大范围的概念。确实，概念大小是不同的，中等程度大小的概念可连接到较大的概念，而较大的概念可连接到更大一些的概念。照此类推，是不是只要能分解出更小概念的概念，都可称作为大概念？大概念是一个相对的概念。一个概念之所以成为大概念，它需要满足：普遍能被运用于不同情境；能通过不同内容来展开，可以依据关联度、兴趣和意愿来选择内容；可以运用于新的情境，能够使学习者理解他们一生中可能会遇到的情况和事件，即使是学习者目前尚不知道的。[①] 由此可见，大概念意味着它能被迁移至众多情境，指向大的学习目标——一种强有力的目标。

二、为何需要大概念

之所以需要大概念，是因为**大概念有助于发生知识迁移，有助于架构起教学设计，有助于平衡知识的广度与深度，**而所有这些将促进（学科）核心素养的落实。

（一）作为理解核心的大概念有助于发生知识迁移

理解，不仅包括一般意义上针对特定概念的“理解”，还包括洞察、创造、同理心等高阶要求。理解的发生需要大概念不断吸纳、组织信息，通常所说的专家思维就包含着大概念——“专家的知识是通过大概念来组织的，反映专家对学

① 哈伦.科学教育的原则与大概念[M].韦珏，译.北京：科学普及出版社，2011.

科的理解深度”[①]。脑科学研究也佐证了这一点——“脑处理的不是分散的信息而是概念，这些概念处在认知机制的中心”[②]。

正因为大概念能有效地组织起学科零碎化的知识与技能，它有助于学生的学习超越特定的情境。学生一旦把握了这些大概念，它们将被用于各种情境，问题解决过程中所体现的大概念的学习要求形成了学生必须达成的目标。当学生在思考从学习主题中引出的可迁移观念和问题时，大概念使得思维超越了事实和活动，达到更高的层次。大概念使得知识具有灵活适应性，而不是惰性静态化。这恰恰是当前培养核心素养所需的。

（二）隐含大问题的大概念有助于架构起教学设计

大概念是种观念或概念，需要学生加以理解，而不是背诵。若要使学生理解与运用大概念，教师需要创设并组织相应的学习活动。这些学习活动需要学生通过问题解决的方式来进行。这是因为大概念的理解本身就需要在问题探究中落实。例如，对于大概念“光具有波的性质”，可设置对应的一个问题：“在哪些方面，光的作用就像波？”这种对应于大概念的问题可称之为大问题。如果某个问题被视为大问题，必须满足以下基本条件：对大概念引起真实探究；启发深度思考、热烈讨论、持续的探究，以及新的理解和更多的问题；要求学生思考其他的选择、权衡证据、支持自己的观点、证明他们的答案；激发对大概念，对假设，以及对以前的课堂学习进行持续的重新思考；对之前的学习和个人经验激发有意义的连结；自然而然地重视概念——产生将概念迁移到其他情境和学科的机会。

可见，大问题的功能是作为入口，通过这个入口，学生可以探究关键的概念、主题、理论等，进而深化对大概念的理解。当然，大问题不仅能引发学生有效地理解大概念，而且也是产生有效教学内容的“方法”。在大概念视角下，大问题

① 布兰思福特，布朗，科金等 . 人是如何学习的：大脑、心理、经验及学校（扩展版）[M]. 程可拉，孙亚玲，王旭卿，译 . 上海：华东师范大学出版社，2013.

② 焦尔当 . 学习的本质 [M]. 杭零，译 . 上海：华东师范大学出版社，2015.

以大概念为路标，促进学生掌握理解与运用大概念所需的多种技能的复杂行为表现。表 7.1 列举了以大问题为线索组织单元教学的案例。[①]

表 7.1　以大问题为线索组织教学 / 学习活动的案例（节选）

大问题：为什么讲故事是重要的?	
学习活动 1：教学活动	学习活动 2：穿插的评价
用动画《绿色大森林》介绍寓言； 开展寓言书展； 要求学生描述自己与同学； 描述童话中的人物性格； ……	任务：讨论 工具：教师观察学生 任务：制作图表 工具：轶事记录 ……

如果可能的话，可用不同层面的大问题组织教学过程，例如表 7.2[②] 所示，可把学期或学年层面的大问题分解为各个单元层面的大问题。

表 7.2　不同层面的大问题举例

学期层面的大问题	单元层面的大问题
不同文化如何导致冲突?	什么是冲突? 在 1776 年的美国人对英国法律反应中， 文化因素如何发挥作用? 如何在冲突中区分不同文化?
系统中不同模式怎样显示出来的?	什么是变量? 什么是方程组? 你将如何解决二元一次方程组问题?
价值观如何影响决策?	价值观在你生命中扮演着什么角色? 汤姆的决定怎样展现出其想法的重要性? 核心价值观与决策是如何关联的?

①② DRAKE S M. Creating standards-based integrated curriculum: aligning curriculum, content, assessment and instruction[M]. Thousand Oaks, CA: Crowin Press, 2007.

如此一来，学期层面的大问题架构起学期课程纲要，单元层面的大问题架构起单元教学方案，这些教学方案对于落实课程目标与核心素养具有重要意义。

（三）构成目标的大概念有助于平衡知识的广度与深度

一直以来，课程覆盖面和课程深度之间存有紧张关系[①]，人们发现在保持课程实施时间不变的情况下，如果覆盖面太广，就会削弱课程的深度，而课程深度加深，则会弱化课程的覆盖面。应该说，这种矛盾源于一种传统的线性、孤立的课程实施方式，当教师面临这样的问题时，他们往往首先考虑如何使用有限的宝贵时间，而不是考虑如何换种方式来思考。

为消除课程的广度与深度之间的矛盾，大概念成为许多教育者的选择。例如在针对 STEM 课程时，哈伦就建议重建 STEM 课程目标来走出困境，这种目标不是以割裂的知识、过程和技能的形式呈现，而是代之以关键思想（key ideas）的学习要求，后者有助于学生了解在校期间及毕业以后与自己生活相关的事件和现象。[②]这里的关键思想就是大概念，其学习要求构成了课程目标。由于大概念涉及广泛，其学习要求相对复杂，因此它不仅保证了一定的课程覆盖面，也加强了课程学习深度。

三、如何寻找与表达大概念

（一）寻找大概念的策略

对于寻找大概念，学者们有着不同思考，目前存在多种观点与实践。但总体而言，**大致可从两个方面进行分析，即遵循自上而下与自下而上的思路。从课程标准出发对应于前者，从教学过程出发对应于后者**。下文先罗列了从课程标准出

①② HARLEN W. Principles and big ideas of science education[M]. Hartfield: Association of Science Education, 2010.

发寻找大概念的 7 种策略，它们各有侧重，其中第 1 种来自国内[①]，后 6 种来自国外[②]：

策略 1：从学科核心素养提炼大概念。学科核心素养代表着学生应形成的正确价值观念、必备品格和关键能力，对教学具有指导性作用，大概念可以从中提取。例如，五年级上册“可能性”单元中，通过抽签、摸棋、投硬币、掷骰子等游戏活动，逐渐引导学生从定性分析到定量分析，学会用分数描述事件发生的概率。从数学学科核心素养的视角出发，可以将来自它的“用数据定量分析、表达现实问题更有说服力”作为大概念。

策略 2：寻找课程标准中一再出现的名词或者重要的短语，并将此作为大概念。例如对于“通过理解数学的概念，以及理解数学及数学模式在其他学科、日常生活所扮演的角色，所有学生能够把数学连结到其他的学习”，相应的大概念为数学模式。大概念广泛出现在学科课程标准中，如科学中的有机体、系统、进化、循环、相互作用、能量与物质。除了单词或词语，课程标准的一些命题或短语也可以代表大概念。

策略 3：通过追问的方式确定大概念。例如，对于学科课程标准采取如下追问方式：为什么要学习该内容？学习后又怎么样？该内容要求所暗示的大概念是什么？在更大的范围中，如何应用这些知识技能？学习该内容有什么价值？……

策略 4：以配对的方式产生大概念。对课程标准中的概念进行配对，如：光明与黑暗；资方与劳方；命运与自由；物质与能量；结构与功能；国家与人民；人性与教育……

策略 5：考虑那些可迁移的大词，把它们作为大概念。这通常表现为比较宏大的概念，它们以“大词”的形式出现，让人一看就能感觉到它们的抽象性和广泛性，如民主、秩序等大词，可应用于许多场合，完全可把它们作为大概念。

---

① 胡晓敏．单元“大概念”的提取策略 [J]. 教学月刊（数学），2020(12)：30-32.

② 威金斯，麦克泰格．追求理解的教学设计 [M]. 闫寒冰，宋雪莲，赖平，译．2 版．上海：华东师范大学出版社，2017.

策略 6：用归纳的方式获取大概念。有时出现几条课程标准的内容要求时，可以通过归纳方式寻找大概念。例如在教学单元《美丽的秋天》时，结合教材内容通过提取五条内容要求，可归纳出本单元的大概念“美与表达”。[①]

策略 7：通过分解方式获取大概念。例如对于大技能“议论文”，可采取图 7.1 所示方式来寻找其包含的大概念：（1）在关键概念方面，如议论文重在劝说；（2）在目的、重要性方面，如议论文意在影响信念和行为；（3）在策略方面，如有效的议论文需要了解他们的对象；（4）在情境方面，如知道何时运用逻辑、何时诉诸情感。

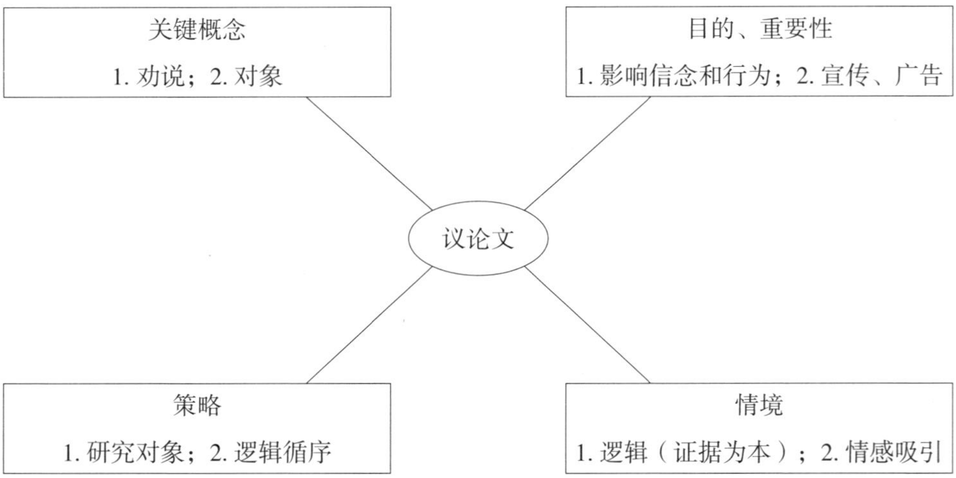

图 7.1　通过分解方式获得大概念的示例

如果从课程标准解读过程不方便找到大概念，有时也可以从教学过程来寻找大概念。在这方面，有研究从数学学科教学过程总结出三种实用而便捷的策略[②]：

① 邵朝友．指向核心素养的逆向课程设计 [M]. 上海：华东师范大学出版社，2019.
② 胡晓敏．单元“大概念”的提取策略 [J]. 教学月刊（数学），2020(12)：30-32.

策略 1：寻找学习任务的核心并将之作为大概念。大概念集中体现学科的结构和本质。理解和运用大概念，能够让教师和学生沿着清晰、明确的线索进行教学和学习。也就是说，单元内容或系列知识学习的核心任务可能就是这个单元的大概念。

例如，“图形的运动”是小学数学学习中重要的内容，主要有轴对称图形、平移、旋转三项内容，分别编排在二、四、五年级。那么，这部分内容的大概念又是什么呢？平移是沿相同方向移动了相同距离；旋转是沿相同的轨迹移动相同的角度；轴对称图形体现的是翻转运动，也是沿相同的轨迹移动相同的角度。这三种运动变换的特征是运动前和运动后的图形是全等的，这样的图形运动也叫“图形的刚体运动”，即全等变换。因此，“图形的运动”研究的共同或核心任务就是发现“在变换过程中不变的性质”，这既是几何学的核心，也是探究自然和社会发展规律的一个基本任务。所以，可以把这个核心任务作为大概念，即“在变化过程中，存在着不变的要素和变化的规律”。

策略 2：追溯知识的本原并将之作为大概念。知识产生都有一定的背景，数学也有自然产生、发展的过程。因此，回归数学知识的本原，也是提取单元大概念的一种重要方法。

例如，小数是特殊的分数，但又独立于分数，它的本原在于计量的需要。在具体的计量过程中，依照整数的规则自然产生，小数数位的创设是按分一作十的规则，以个位的计数单位为基础，高位与低位之间是十倍关系，低位与高位之间是十分之一关系，小数的数位由高到低无限扩充。因此，在四年级上册“小数的初步认识”单元，可把上述小数发生的本原作为这个单元的教学核心，帮助学生建立一种大概念，即“小数源于计量的需要，是十进位值制计数向相反方向的延伸”。

策略 3：发现共同的结构并将之作为大概念。长度、质量、面积、体积等计量单位表示物体的不同特性，相邻单位之间的进率各不相同，好像彼此之间没有关联。但是，如果用阶梯进行形象表示，就可以发现每个阶梯内部都有一个共同的结构，相邻单位间的进率都是相同的，即等比递进结构（见图7.2）。这样可以获得大概念“相邻单位间的进率都是一致的”。

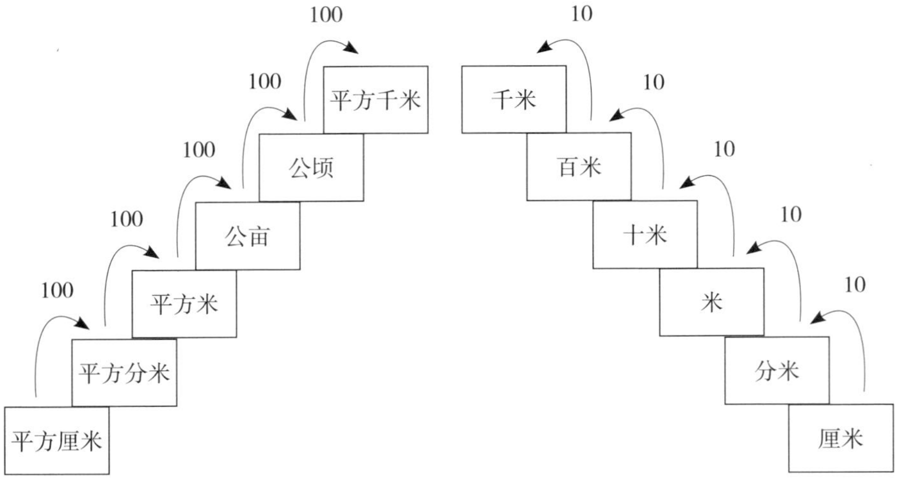

图7.2　面积单位、长度单位的结构关系图

（二）大概念的表达方式

寻找到大概念后，还需要把它表示出来。**在表达方式上，大概念有多种表现形式**，常见的表现形式有：（1）一个词或两个词（如平等、系统；光明与黑暗）；（2）主题（如善良战胜邪恶）；（3）持续的论辩和观点（如保守对自由）；（4）自相矛盾之说（如离家以找寻自我）；（5）理论（如进化论）；（6）背后的假定（如市场机制是理性的）；（7）理解或原理（如形式随功能而定）；（8）一再出现的问题（如“我们能进行有效证明吗？”）。从上文可以看出，在语言表达上，大概念可以是一个词语、一个短语、一个陈述句或疑问句。采取哪种表现方式，取决于学生的需要。总体说来，**大概念的表达方式应尽量采用亲学生的语言，尽可能少用复杂、高深、抽象的术语，尽可能多用陈述句形式来呈现。**

例如，对于大概念“平等”，如果可能，尽量用大概念“人与人之间的地位是平等的”来表述，这是因为后者更像是针对教学现场的学习问题而提出的，用“地位”之间的关系能更直接表达概念“平等”的内涵本质。

8

怎样实施大单元教学?

大单元学习“大”在统领，有一个“大”的观念、主题、任务等统领整个单元；“大”在整体，是一个内在联系紧密，体现从扶到放的整体；“大”在开放，学科边界是柔性的，单元内部有瞭望别的单元、别的学科的窗口；“大”在“做事情”，只要放开手脚做事情，就会超越以知识为中心的逼仄通道；“大”在完满，形成走向知识具体化应用的“一个经验”。

常规的单元教学建设分三步走：第一步初步感知整个单元，拎出核心学习任务，做出整体规划；第二步逐课学习，通过积极的实践活动触摸知识肌理；第三步对知识和学习方式进行梳理，建构图式，迁移应用。

《义务教育课程方案（2022 年版）》指出，要探索“大单元教学，积极开展主题化、项目式学习等综合性教学活动，促进学生举一反三、融会贯通，加强知识间的内在关联，促进知识结构化”。新方案的颁布引发了“大单元”热，但在理解上众说纷纭，在实施上，也常见走样、变形。所以，有必要加以深入讨论。

一、为什么要探索“大单元教学”

1. 从缺乏单元意识的教学习惯看其必要性

教材是以单元为基本组织形式呈现的，单元本身就是一个各板块相互关联的整体，这也是许多老师早就探索单元整体教学的基础。但从教学一线看，相当多的老师没有单元意识，他们看到的只是一节、一课，看到的单元各部分只是没有关联的摆件。笔者听一位老师教《古诗两首》，听到的是教了一首加一首，而不是一篇叫作《古诗两首》的课文。放到一篇课文里的两首古诗，都没有打通，都似乎毫无关联，何谈整个单元呢？当然，这不是一线老师的错。因为传统教学以教知识点为重要表征，考的是知识点，讲的是知识点，记的是知识点。所以，只要“点”，不要“线”，不要“面”，不要“体”。这就导致了教学的散点式。要改变这种状况，当然要加强单元整体教学。

2. 从根深蒂固的“教教材”传统意识看其必要性

课程不仅是制度的，也是体验的。教学资源不仅是预设的，也应该在体验中生成。教学有其共性的要求，也有因教学对象、教学情境“因材（人和物）施教”的处理。新课程倡导“用教材教”，以教材为中心的情况得到很大改观，但还有相当部分的老师过分拘泥于教材，不敢越雷池半步。这样的封闭性教学，使得知识教学与真实生活缺少联系，也使得教材单元之间不能东张西望，更是关闭了学科学习中瞭望别的学科风景的窗口。这就最终导致鲜活的生活经验、不同学科的生动对话被排斥在教学之外。而且，教材有可能存在的不足，或者此情此景的不适切处，也难以得到改变。

3. 从异化单元教学的虚假繁荣看其必要性

新方案提出要“探索”大单元教学，有点意味深长，从中也可见大单元教学还是相对陌生的，还是有难度的。事实上也是如此，笔者曾在某些大单元教学的现场听到有老师议论：“好看是好看，但我们不敢这样做。”为什么呢？是因为有些大单元教学有点随心所欲的味道，有时教材只是一个引子，围绕一个未必是真实情境的活动，引进另外的材料，煮成了另外一锅粥。学生是动起来了，但编者的意图消失了，核心知识旁落了。这大概也是一些教育界的名流对大单元教学持审慎态度的一个原因。因此，要加强“大单元教学”的研究探索，以求把握其真谛。

4. 从培育核心素养的内在要求看其必要性

这是探索大单元教学的最本质的要求。新一轮课程改革聚焦核心素养的培养，也就是应科技、社会发展的新状况、新趋势对“培养什么样的人”有了新的考量，培养目标发生了变化。从基础教育培养目标看，就是要培养“有理想、有本领、有担当”的时代新人。这样的培养目标落实到各学科立德树人的要求上，就是要培养学科（课程）的核心素养。**核心素养是在真实情境中解决问题和创新实践中体现的综合素养，是以“做”这样的实践性为重要表征的。“做”的事情对不对，这就是价值观；能不能“做”，这就是关键能力；因“做”的习惯风格造成做得好不好，这就是必备品格。**对不对、能不能、好不好这三个“做”的维度，也大致可以对应“有理想、有本领、有担当”。“培养什么样的人”有了新质的内涵，“怎样培养人”当然要随之作出重大的改变。因此，核心素养引领的教学就提到议事日程上。而要开展核心素养引领的教学，引导学生用实践的方法学是基本途径。“做中学”“用中学”“创中学”，都是基于“做事情”的，“做事情”就要有完整性，空间的完整性就是价值观、关键能力、必备品格三个维度，时间维度就是一个完整的学习单元。这个完整，大抵可对应一个教材单元，但不拘泥于此。因为服从于素养要求“做事情”，它本身可能超越具体单元，它有可能在体验学习中生成新的课程内容。同时，能不能“做”，一个重要的标志是能否实现知识的迁移应用，而知识点是一种惰性知识，没有迁移性，只有图式化、结构化的知识才可能在新的情境中被激活。相对而言，单元教学有较大可能承载知识图式化、结构化的任务。相对于以前的单元整体教学，现在有了核心素养统领，有了贯通一体的“做”的任务，有了打通知识内在关联的图式和结构，就必须是“大单元教学”了。

二、“大单元教学”“大”在哪里

1.“大”在统领

普通高中各学科课程标准的“前言”部分，就更新教学内容指出：“进一步精选了学科内容，重视以学科大概念为核心，使课程内容结构化，以主题为引领，使课程内容情境化，促进学科核心素养的落实。”① 义务教育各课程标准的“前言”部分，则表述为：“基于核心素养发展要求，遴选重要观念、主题内容和基础知识，设计课程内容。”②“大概念”“重要观点”都在核心素养下位，都是统领具体课程内容和知识的。关于“大概念”，较早有影响的，是 2009 年一组从事科学教育的专家举办的一次国际研讨会。专家们认为，一些科学课程内容过于繁琐和零碎，这正是学生把科学看成是一些含义很小的、割裂的事实的堆积的原因之一。“而需要把科学教育作为趋向于理解核心概念（大概念）的进程，这些核心概念又是与学生在校期间和毕业以后的生活相关的。”③ 这批专家包括后来加盟的课程专家，又通过第二次国际研讨会，对科学教育的“大概念”进行了持续研究，其成果由

① 中华人民共和国教育部．普通高中语文课程标准 [M]. 北京：人民教育出版社，2020.

② 中华人民共和国教育部．义务教育课程标准 [M]. 北京：北京师范大学出版社，2022.

③ 哈伦．以大概念理念进行科学教育 [M]. 韦钰，译．北京：科学普及出版社，2016.

韦钰院士翻译出版，在我国基础教育界产生了一定影响。而在教育学界，对“大概念”的研究则有更早的历史，世纪之交时，国际上一些学者就提出“概念为本的课程与教学”。“大概念”在我国热起来，则是因为人们发现它与核心素养的培养挂上了钩，如林恩·埃里克森等人的著作取名为《以概念为本的课程与教学：培养核心素养的绝佳实践》。**“概念为本的课程模式提供了一个不同层次心智处理的清晰描述：在事实层面上能‘知道’，在概念层面上能‘理解’，在技能和过程层面上能‘做’。”**[①]参照执行，核心素养的落实有了一条确定性的路径。可是，虽然关于大概念的一系列著作热卖，关于大概念的讨论十分热烈，而在教学一线，老师们常有莫衷一是的。这是因为，在讨论大概念时，常常此概念非彼概念；对“大概念”和“重要观念”是不是一回事感到困扰；对人文学科可不可以都用大概念统领缺乏共识。但不管怎么说，**就一个单元说，总是有一个东西罩住所有，这个东西基于事实性知识，从具体上超离出来，我们可以称之为“大概念”，也可以称之为“观念”，如果还不能抽象到这一步，那么概括成一个大问题、大议题，拎出一个大任务，也是可以的。总之，要使单元各板块的知识形成一个凝聚点，使核心素养落到具体单元得到有效承接。**

2. “大”在整体

这是在传统的“单元整体教学”中就已得到关注的，核心素养引领的教学则又给“整体”注入新的内涵。具体来说，我们要关注的：第一，各个部分的内在联系。特别着眼“同”和“异”两个方面。**“同”，是不同的学习资源放在同一单元的“理由”，是因为它们有相同点。**以小学语文统编本五年级上册第一单元为例，这一组散文都是通过对心爱之物的描写，抒发自己的喜爱之情。正因为有内在的关联，就可以拎出超越具体场景和故事的观点：“一花一鸟总关情”。**“异”，则是同中有异。**这个“异”，一是知识的个性。比如这个单元中《白鹭》是状物审美，《落

① 埃里克森，兰宁．以概念为本的课程与教学：培养核心素养的绝佳实践[M]. 鲁效孔，译．上海：华东师范大学出版社，2018.

花生》是托物喻理,《桂花雨》是借物抒情。二是功能的个性。在一个单元中,大致有编者从扶到放的编辑意图。还是以这个单元为例,前列三篇散文属于精读,侧重在扶;第四篇《珍珠鸟》是略读,侧重在放;课文后面的《口语交际》《习作》《语文园地》,着重于表达与交流,从应用方面进一步拓展,也可以理解为是在梳理、探究的基础上进一步的放,这就形成了单元内在的梯度。第二,学什么与怎样学的内在联系。传统教学观视野中的知识是静态的,而核心素养引领的课程与教学、课程知识是知识和过程的统一,是学什么和怎样学的统一。**"知识和过程是双人舞。""过程和知识是互补的,而且是一个共生的关系。"**"知识自身是迟钝的并且毫无用处,除非将它付之于包含策略和技能的过程行为上。同样,像阅读、写作、思考、分析、制作或者创造也无法脱离内容而进行有意义的运作。"[①] 正是基于这样的课程知识观,义务教育新课标课程内容部分,都是分成"学习内容""教学提示""学习评价"等要点。第三,教、学、评的内在联系。为了理解的教学,倡导以终如始的逆向设计,努力追求教、学、评的一致性。这应该主要体现在:聚焦目标,无论教、学、评,都是目标指向;评价前移,不是传统教学的教后评、学后评,而是紧跟目标或融合在目标表述中,明确标准的落地要求;加强过程性评价,融评价于学习过程,让"学得怎样"一路上都能看得见;有机融入作业与练习,将作业与练习作为教、学、评一致性的重要链条;尝试教、学、评一体化,设计一些学习活动融教、学、评于一身,如活动单使用、表现性任务等等,使教、学、评不仅"一致",而且"一体"。

3. "大"在开放

一是课程内容与教材呈现本身的开放性。跨学科主题学习和综合实践单元以及其他一些异形单元,如语文的跨媒介阅读与交流、整本书阅读,等等,都有这个特点。在教学中,我们将之称为活动性单元,一般是按主题组织内容,以任务

① 埃里克森,兰宁.以概念为本的课程与教学:培养核心素养的绝佳实践[M].鲁效孔,译.上海:华东师范大学出版社,2018.

驱动的方式展开活动。这样的单元形态，由于不同的地区、学校，不同的师生群体，各自的特点和需求有所不同，因此便带来课程实施的多样性。**二是根据课程内容和主题需要对教材进行适当重组带来的开放性。**一些优秀的老师对教学有自己的理解，以一个情境任务为载体，对教材进行活动化改造，适当引进一些新的学习材料，建构了具有个性化风格的单元。在新的课标教材没有落地的情况下，更有不少老师依据课标开发学习单元。当然，这种开放也是有风险的，一旦处理不好，就可能因活动过于表面化影响核心知识的学习。因为我们还缺乏论证，说明改造的单元就胜过教材单元。正如此，“探索”十分必要。**三是在教材单元内部顺序变化带来的开放性。**教师可以根据自己的理解，对教材的教学顺序做些调整，以求取得更好的效果。如五年级上册第四单元，《少年中国说》排在前面，《圆明园的毁灭》紧随其后，如将教学顺序做一个调整，《圆明园的毁灭》就可以为《少年中国说》提供一个“真实情境”，《少年中国说》起头：“故今日之责任……”之“故”就有了落脚之处。**四是教材不同“课”“节”之间相互对话带来的开放性。**将教材编排的先后关系改造成螺旋式上升的关系，就如同前贤所讲：“在课文里几个来回”，这个“来回”超越单篇从而有了单元整体的意识，是所有知识板块联动的来回，形成拾级而上的进阶过程。笔者以为，常规单元应当主要采用这种方法。另外还有一种特例，就是根据课程标准自己创编教材，比如美国的贾斯珀系列，按照美国国家数学教师委员会推荐的标准来设计，都是以录像为载体创作的历险故事，历险的过程就需要必要的数学和“数学 +”的知识、技能来解决问题。这显然是大概念统领的创意单元组织。

4. “大”在做事

传统的课堂教学主要是“听学”，新课程倡导任务驱动的学习。任务驱动“做事情”，这个“做事情”是有意义的，是围绕学科核心知识学习进行的；“做事情”往往是以真实的情境任务为载体的，间接知识的学习就与真实的生活经验连接起来；“做事情”聚焦于学习知识的人，而不是人学的知识点，就可能激活学科内别的知识板块，以及其他学科的知识和相关的学习方法来解决问题。“做事情”往往需要学习组织的创新来支持，而这个学习共同体甚至包括家长和社会相关人士;“做事情”总得有头有尾,就可能根据事情的进展创生课程模块。总之,只要“做”就会“大”,只有“大”才能“做”。

5. “大”在完满

“完满”首先是时间维度的完整,大单元教学应当是一个相对完整的学习单位。用杜威的话说,要形成“一个经验”(an experience)。杜威说:“我们在所经验到的物质走完其历程而达到完满时,就拥有了一个经验。”[①] 杜威对“一个”加着重号,意味着他经常看到的只是残缺的经验。“一个”最明显的标志是“走完其历程”,就是前文刚刚说到的“有头有尾”。怎么就是“走完其历程”呢?一个重要的标志是知识的具体化应用。学生认知总是从感性、直观进入的,而后走向归纳、抽象、概括,形成知识的概念,这个概念不仅要被理解,还要“能做”,即能够应用。而传统的教学中,“能做”是很少见到的,大都是以做几道练习表征“能做”,这种低通道的迁移大都还是着眼于“知道”,只有引导学习者在真实情境中运用知识去解决问题,才是“能做”,而“能做”中生成的领悟,才会形成“理解”意义上个性化的知识。**“完满”另一方面也是质量维度的要求,这里包括结构化和审美性。**先说结构化,“21 世纪迫切需要的高阶概念性思维能力包括:通过可迁移的概念和概念性理解,发现新旧知识之间的模式和联系的能力;将知识分类储存到头脑的概念性图式中,以便更为有效地处理信息的能力;跨文化、跨时间、跨情境迁移概念和概念性理解的能力”。[②] 迁移应用是知识理解的重要表征,但其前提是知识的图式化、结构化。“大单元教学”因其展开的时间长度,使认知学习在一个时间单位里能够“走完其历程”,于是图式化、结构化便有其可能。再说审美性,杜威认为,“一个思维的经验具有他自身的审美性质”,“使一个经验变得完满和整一的审美性质是情感性的”,“‘一个经验’其结果是一个高潮”,

① 杜威 . 艺术即经验 [M]. 高建平,译 . 北京:商务印书馆,2018.

② 埃里克森,兰宁 . 以概念为本的课程与教学:培养核心素养的绝佳实践 [M]. 鲁效孔,译 . 上海:华东师范大学出版社,2018.

“其中带有它自身的个性化的性质以及自我满足”。[1]审美性是以主体自由为前提的。在参与性学习活动中，学习主体通过连续性和交互性的相互作用，“走完其历程”，实现“自我满足”，甚至体验审美高潮是完全可能的。这也可见，“大”包含了情感满足、情感升华的意蕴。

三、“大单元教学”怎样落地

1. 大处着眼，搭建自己对学科课程理解的“房子”

前所提及教育专家们提炼科学大概念，是认为“需要将科学概念建构成描述世界如何运作的连贯写照”。[2]“大单元教学”的深层背景是学科课程知识的“连贯写照”。无论是大概念，还是重要观念、大问题、大任务，都是从学科课程知识的原野里生长出来的。所以，“大单元教学”首先需要一种宏观意识，建立整体的课程知识结构化的世界。以数学为例，马芯兰老师的小学数学，是由她提炼的 68 个核心概念构成的知识建筑；孙维刚老师曾提炼初中数学 12 个核心概念、高中数学 18 个核心概念。在他们那里，数学学科是立体的，数学知识是关联的、生长的。也许，他们所提炼的未必是我们今天讨论的“大概念”，但其“核心”的意义是确凿无疑的，而结构化的意识是值得后辈认真学习的。语文课程内容由学习任务群构成，在义务教育阶段，分三个层面设置学习任务群，笔者戏称之为“三层楼”，分别是基础型、发展型、拓展型的三层楼，在高中阶段，分为必修、选择性必修、选修三类课程，更是显在的“三层楼”。每一层楼又有连贯的若干个知识的房间，教学的任务就是引导学生到知识的房子里探其奥秘，就是引导学生搭建属于自己的学科知识的“房子”。核心素养统领的教学，在核心素养与具体课程内容间寻找连接点，提炼超离事实性知识的概念（观念），这是关键性、基础性的工作。做到这一点，“大单元教学”才会是有灵魂又有根底的教学。

---

① 杜威. 艺术即经验 [M]. 高建平，译. 北京：商务印书馆，2018.

② 哈伦. 以大概念理念进行科学教育 [M]. 韦钰，译. 北京：科学普及出版社，2016.

2. 把握特质，根据知识呈现特点采用匹配策略

教学方法没有最好，只有最合适，**“大单元教学”必须根据知识呈现特点采用相匹配的教学策略**。比如**跨学科主题学习、综合实践活动都应更多地基于生活情境，采用主题式、项目化的学习方法**。一般的教材单元，也应根据其特点进行设计。以语文为例，大致分为常态单元和活动性单元。对于**常态单元，我们的建议是分三步走：第一步，初步感知整个单元，**围绕大概念提出核心学习任务，对单元学习做出整体规划；**第二步，逐课学习，**将教材分成几个板块，主要是通过积极的语文实践，触摸文本肌理，“入乎其内”；**第三步，单元整合学习，**从作品内容、作者思想情感表达、语言特色、读写融通、学习方法等方面进行梳理与探究，对经典文本能够“出乎其外”，往图式化方向整合，对单元知识进行迁移应用。**对于活动性单元，放手做活动便是。**比如六年级下册第六单元“难忘小学生活”，是一个主题综合性学习单元，可以以“毕业季”为真实情境，设计五件事，表达依依惜别的感情。这五件事分别是：填写时间轴，分享难忘回忆；制作成长册，展示六年点滴；写临别赠言，交流师生情谊；举行毕业演讲，汲取成长力量；举办联欢会，留下温暖记忆。既“活动”，又“语文”。[①] 以数学为例，也有老师通过探索，设计了多样化的课堂类型。如常规性层序课型，按照“整体感知—课堂合学—练习拓展—复习梳理”推进；专题式探究课型，聚焦学科课题，分为文化渗透、新知学习、实践体验、练习分享等课；体系化联通课型，重在迁移运用，分为前置、探究、练习、应用等课；结构化模型课型，分为建模、用模、拓模、梳理等课。[②] 这样，内容与过程相拥起舞，呈现出美丽多姿的课堂样态。

3. 优化设计，形成体现专业水平的学习方案

第一，基本要素要落实。崔允漷教授认为，大单元教学的设计要把六个问题说清楚：一是单元名称和课时；二是单元目标；三是评价任务；四是学习过程；

---

① 杨九俊 . 新课标的教学期待：理解与落实 [J]. 中学语文教学，2022(9)：4-12.

② 潘香君 . 小学数学大单元教学的特征及课堂类型 [J]. 教学与管理，2020(23)：53-56.

五是作业与检测；六是学后反思。[①] 这六个要素落实了，学习方案就成形了。第二，以进阶思路构建学习过程。这是雷浩、李雪的观点，笔者深以为然。雷浩、李雪认为：“首先，要在课前、课中、课后不同阶段内加强学习内容之间的连续性和学习任务设置的贯通性；其次，要在某一学习阶段开始前注意预备和激活已有经验，上一阶段的学习任务要为下一阶段的学习作铺垫，上一个课时的知识基础要为下一课时的知识学习‘搭台阶’。最后，为学生知能发展的中间水平赋予由低到高、层级递进的思维训练，以循序渐进的方式开展学习活动。”[②] 第三，要通过设计解决“总”乏力、“分”虚化的问题。这是大单元教学“走样”带来的问题，也是引来批评意见的主要原因。**“分”虚化，主要是指学习活动游离核心知识的学习，要解决这个问题，就要扣住前面所说的“进阶”，这个“进阶”主要是思维的发展，是通过触摸知识肌理的学科实践，促进思维拾级而上。“总”乏力，是说如果在前面的“总”没有拎得起来，“抓手”把握的就是散的，**因此要特别加强核心学习任务的设计，使它具有贯通各个学习板块的力量。**在后面的“总”要往知识的图式化、结构化走，往迁移应用走。**不妨看一下统编本高中语文教材，根据课标精神，助学系统的设计把重头戏放在“单元学习任务”上，可以看出是以整合性学习、结构化梳理、拓展性应用为重点的，而这正是大单元教学的内在要求。这个经验对于所有学段、所有学科的大单元教学设计，都有借鉴意义。

---

① 崔允漷．学科核心素养呼唤大单元教学设计 [J]. 上海教育科研，2019(4)：1.

② 雷浩，李雪．素养本位的大单元教学设计与实践 [J]. 全球教育展望，2022，51(5)：49-59.

9

“学科实践”如何落地?

从宏观角度来看，学科实践是育人方式的一种新范式；从微观角度来看，学科实践也是一种新的学科学习方式。

学科实践是以复杂情境创设和多维实践活动为依托，通过学科问题解决，指向学科素养发展的一种学科学习方式。学科实践的核心在于“实践”。

实施路径的“最后一公里”必然发生在学生的具体学习层面。需要让学科学习在实践中真实且深刻地发生，学科学习需要构建意义。教师可以通过创新学习场景、优化实践互动、推进学习组织变革来具体实施。

教育部颁布的《义务教育课程方案（2022 年版）》在第五部分第二条“深化教学改革”中明确提出：“强化学科实践。注重‘做中学’，引导学生参与学科探究活动，经历发现问题、解决问题、建构知识、运用知识的过程，体会学科思想方法。加强知识学习与学生经验、现实生活、社会实践之间的联系，注重真实情境的创设，增强学生认识真实世界、解决真实问题的能力”。在政策层面学科实践得到了较多的强调，在课堂的实践层面必然需要做出回应，当然，在理论层面，也必须了解、理解，才能更好地在课堂中体现出学科实践的精神与要义。

一、学科实践理论溯源与内涵解读

（一）理论溯源

学科实践作为学科育人、实践育人的突破口，为核心素养时代回答如何育人的问题提供了新的范式。学科实践的提出并非无中生有偶然得之，崔允漷、张紫红、郭洪瑞考察了学科与实践的辩证关系，学科成于专业实践，在实践中发展并致力于改善实践，接着溯源了学科实践在中美两国课程领域的发展与影响，提出“学科实践的思想源自 20 世纪五六十年代美国学科结构运动所遵循的过程哲学”[①]，为澄清学科实践的内涵提供了必要的理论铺垫。

受杜威影响颇大的布鲁纳主张以学科作为课程开发的基点，强调学科基本结构的重要性，倡导发现学习，注重学生发现知识的过程。布鲁纳由此提出

① 崔允漷，张紫红，郭洪瑞. 溯源与解读：学科实践即学习方式变革的新方向 [J]. 教育研究，2021，42(12)：55-63.

“三任何”假设：“任何学科都能以某种诚实的形式教给任何年龄段的任何儿童。”[①] 学生需要像学科专家一样去做程度不同的探究和实践。施瓦布（D. Schwab）在此基础上进一步阐发，提出了“实践课程范式”（practical curriculum paradigm），在解决棘手的教育问题时，需要对理论和实践两者的不协调进行调和，由此产生了：实践的艺术，涉及被理论忽视的、实践的具体细节；折中的艺术，涉及行为科学中每种学科的不完整性；其他的折中艺术，对那些不完整的观点进行比较、修改，有时还进行整合，而这些不完整的观点构成了理论的多样化。[②] 由此可见，**课程理论视域下的学科实践，其实是力图超越现有的学科分类的，更关注实践中涌现的知识。**

在我国的教育改革中，育人方式的变革一直是重中之重。过去传统的育人方式是书本型育人，学生以听讲、练习、考试的方式进行学习。而当前核心素养导向的新课标、新课程需要新的育人方式，重点是要强调培养学生的“实践”意识。余文森指出，要以学科实践活动为抓手，用实践撬动传统的坐而论道的教学方式，建立实践型的新型育人方式，这既是新课标的内在要求，也是落实新课标的必然要求。[③]

在溯源我国课程改革中学习方式的转向时，会发现从“探究性学习”到“学科实践”这一转向。2001 年，教育部颁布的纲领性文件《基础教育课程改革纲要（试行）》强调“过程与方法”目标，倡导“自主、合作、探究”的学习方式，但是在实施过程中，却不免存在“虚假化探究”的弊端。有学者提出了探究性学习盲

① 布鲁纳．教育过程 [M]. 北京：文化教育出版社，1982.

② 韦斯特伯里，威尔科夫．科学、课程与通识教育：施瓦布选集 [C]. 郭元祥，乔翠兰，译．北京：中国轻工业出版社，2008.

③ 余文森．学科育人价值与学科实践活动：学科课程新标准的两个亮点 [J]. 全球教育展望，2022，51(4)：14-15.

动化、形式化、程式化、主观化、个人化的弊端①，探究性学习的学科性不强的问题或许是实践过程中核心素养无法真正落地的原因之一②。由此可见，从核心素养时代育人新范式的角度来看，学科实践的出现是为“探究性学习”正名，学科实践不是替代而是超越了探究学习。

（二）内涵解读

围绕强化学科实践，《义务教育课程方案（2022年版）》强调注重“做中学”“加强知识学习与学生经验、现实生活、社会实践之间的联系，注重真实情境的创设，增强学生认识真实世界、解决真实问题的能力”③，但是对于学科实践的内涵和外延并没有一个清晰的定义和解读。从宏观角度来看，学科实践是育人方式的一种新范式；从微观角度来看，学科实践也是一种新的学科学习方式。学科实践是以复杂情境创设和多维实践活动为依托，通过学科问题解决，指向学科素养发展的一种学科学习方式。有学者认为，学科实践是学科专业共同体愿景和价值观的反映，强调用学科视角考察真实世界，用学科的思维解决实践问题，用学科语言表达实践经验。④目前对学科实践的内涵解读虽然众说纷纭，但究其本质，大概可以从五个方面来阐释。

第一，侧重突出学科实践的“学科”特性。学科自身知识结构蕴含着学科知识的价值、逻辑、规律和方法，也是知识教学的起点，学科实践本质上就是用学科独特的方式来学学科。学科实践以体现学科独特性的方式渗透于各科课程标准

① 杨道宇.从“探究学习”到“学科实践”的新课标意义[J].课程·教材·教法，2023，43(9)：50-57.

② 崔允漷，张紫红，郭洪瑞.溯源与解读：学科实践即学习方式变革的新方向[J].教育研究，2021，42(12)：55-63.

③ 中华人民共和国教育部.义务教育课程方案（2022年版）[S].北京：北京师范大学出版社，2022.

④ 张济洲.新课标引领新教学的实践逻辑及其推进[J].课程·教材·教法，2022，42(10)：106-113.

之中。[①] 学科实践的特点在于学科，所以学科实践首先要落实于学科的基本立场，以学科体系知识和技能的发展为基础。当然，学科实践虽然以某一门学科为基础，但不能只是停留在针对某一种学科层面，学科实践往往与多门学科或者多种学习领域相联，是学生实际开展的、与学科或者学习领域相关联的亲身实践。[②] 由此可以看出，学科实践的“学科”特性，与跨学科实践也存在一定的联系。

第二，侧重突出学科实践的“实践”特性。学生要通过实践来获取知识，并且通过实践巩固、创新知识。学科实践的基点在于实践，学科实践强调围绕现实问题，在学生的认知和实践水平的基础上，倡导学生在亲身实践中建构知识体系，完成技能练习，形成学习体验。从学习的本质看，学科实践是理论与实践的统一，应该站在实践哲学的立场上理解学科实践。[③] 学科实践要先用实践认识学科世界，然后从实践出发加工学科知识、解决问题，并且在实践特性之外，还特别强调学生在进行实践时的主体性，以及实践的物质性和客观性。[④] 学科实践的“实践”特性意味着课程形态的创新和教育观念的转变，要强化课程的实践维度，反对传统知识型课程和传统认识论取向的教育哲学，强调在行动中学习、知行统一。[⑤] 不限于实践在学科中的施行，学科实践甚至意味着一种全新的课程形态，即实践型课

① 安桂清．论义务教育课程的综合性与实践性 [J]. 全球教育展望，2022，51(5)：14-26.

② 刘长海，邓易，李海龙．义务教育阶段强化学科实践的正当性、阻碍因素与实施路径 [J]. 教育科学研究，2023(4)：26-32.

③ 崔允漷，张紫红，郭洪瑞．溯源与解读：学科实践即学习方式变革的新方向 [J]. 教育研究，2021，42(12)：55-63.

④ 傅曼姝，王兆璟．学科实践的本质特点、教学目标与实施路径 [J]. 课程·教材·教法，2023，43(6)：19-23.

⑤ 苏鸿．学科实践：时代内涵与现实追求 [J]. 课程·教材·教法，2023，43(4)：28-33.

程形态。[1]

第三，侧重突出学科实践的“情境”特性。当前课程改革强调创设真实情境，只有在真实的情境中学生才能发展解决真实问题的能力。学科实践强调基于真实情境的教育实践，不仅要转变学习方式，在真实情境中聚焦真实问题，更要重建新的课程知识观，强调知识与情境的关联。

第四，侧重突出学科实践的“育人”特性。学科实践是真理性与价值性的统一，是求知和育人的统一，通过实践不仅要让学生获得探究真理的能力和愿望，更要通过实践满足育人需要。譬如，如果我们从生命视域的角度来看，促进学生作为完整生命的和谐发展，在本质上是一种生命实践、生活实践、生长实践，而不只是在实践中理解、验证、运用学科知识的认识活动。[2]

第五，侧重突出学科实践的“具身”特性。学科实践强调身体与心智的融合。学生在参与实践的过程中，获得了充分的参与体验，激发了学生身体、心灵和环境的融合，促进了自身的发展，同时具身特性也强调了学生的主动参与性。学科实践的具身性意味着学生的体验与情感这些长期被遮蔽的“事情”必须被重视起来。

二、学科实践的价值意蕴及指向

学科实践作为一种新的学科学习方式以及新课标呼吁的育人新范式，其价值具有多方面的指向，其最核心的指向是对学生核心素养的培养与发展。

学科实践的目标指向立德树人、五育并举，促进学生德智体美劳全面发展。其过程目标聚焦于发展学生的学科核心素养，培养学生逐步形成正确的价值观、道德观和关键能力；具体目标包括学会深层次加工学科知识、引导和激活创新精神、

① 柳夕浪.实践型课程：基础教育课程新形态 [J]. 课程·教材·教法，2022，42(6)：14-19+34.

② 辛继湘.学科实践的生命意蕴及其实现 [J]. 中国教育学刊，2024(1)：43-47.

发展系统思维能力、提升多样化实践能力。①

学科实践的核心在于“实践”。学科实践革新了知识的本质，从静态知识转向动态知识；转变了学习方式，从坐而论道转向知行合一；变革了育人方式，从学科学习转向素养形成。②

学科实践的精神立足“学科”并超越“学科意识”，其在核心素养培养中的作用是全方位的，可以从各个层面去理解。譬如，有学者提出学科实践指向学科思维、跨学科思维、高阶思维、创新思维、行动思维、反思思维等六大思维的培育。③应当以学科为基点筑牢学科思维，并跳脱出来进行跨学科思考，逐步进入高阶思维和创新思维，最后反馈在行动与反思思维之中，总体体现为思维的优化更新。

学科实践当落实在具体知识的习得上，当然，这里的知识是广义的，除了静态的陈述性知识，也包括程序性知识、策略知识等。学科实践是认知性实践，是对立体化知识的探索，也在实践中深化对知识的理解；学科实践以具体问题为导向，可以将学科知识转化为解决现实问题的能力；素养是知识转化的最终形式，学生可以在不断的实践与反思中解构并重构个人的观念，从而构筑作为实践主体的精神力量。

学科实践能否成功，关键还在于学生是否真的“实践”。它必须要体现在学习体验的优化上，否则还是落入过去以学科为本位的窠臼。学科实践是学习体验的发生来源和过程逻辑，学科实践活动的设计，可以丰富学生的学习体验，包括认知体验、思维体验、意义体验和文化体验。这些最终都指向学生核心素养的落实。

---

① 傅曼姝，王兆璟．学科实践的本质特点、教学目标与实施路径 [J]. 课程·教材·教法，2023，43(6)：19-23.

② 陆卓涛，安桂清．学科实践的内涵、价值与实现路径 [J]. 课程·教材·教法，2022，42(9)：73-78.

③ 曾颖，杨其勇．新课标学科实践的内涵理解、思维指向和行动路径 [J]. 中国教育学刊，2023(10)：63-68.

三、学科实践的实施路径与方法

（一）实施路径的原则

学科实践的具体实施路径之探究，对于深化理论与实践的结合，以及优化教育教学方法具有重大意义，因此，该问题已成为当前学术界与教学一线聚焦的热点议题之一。

基于此，首先需要澄清观念，阐明强化学科实践并非基于学科本位，而是基于核心素养的培育，它的核心在于“实践”，而非“训练”，**其指向学科，又超越学科。**

其次，需要将更多的学习资源引入学校，为强化学科实践提供资源保障。当然就教学而言，终归还是需要每位老师去“实践”，那我们就不能等待这种资源的落地，而应该从我做起，从今天做起。可以从议题选择、方案拟定、情境构建和反思践行四个方面为学科实践的落地搭建良好路径。在议题选择方面，要对标核心素养并关联相关学科，挖掘主题资源；在方案拟定层面，强调师生共研共审；在情境建构方面，要链接真实问题，将活动接入社会，让学生主动参与；最后，在反思践行方面，要基于循证理念，以评价反馈促进学生自我反思。④

再次，要为教师提供专业培训，增强教师设计、实施学科实践的能力和意愿；并且善用制度手段推动学科实践的实施与评价。对于教师而言，要加强自我学习、自我培训，重视人工智能等技术的学习，并将之主动运用于学科实践中。

在教师的具体实践中，学科实践可以采用多种方式施行，与新课程改革提倡的诸多教学方式结合起来，譬如大单元教学、项目化专题教学和综合实践活动等。以大单元教学为例，学科实践的学习方式变革离不开大单元教学，以大单元教学作为课程教学的基本设计单位，这是对传统的知识授受式学习和浅表化、虚假性

---

④ 曾颖，杨其勇 . 新课标学科实践的内涵理解、思维指向和行动路径 [J]. 中国教育学刊，2023(10)：63-68.

探究学习的超越。[①] 学科实践和深度学习、情境学习、项目化学习、跨学科学习是互为方法的关系，它们是彼此内嵌的，指向核心素养这一完整的目标。

整合性、一致性在具体实践中应被作为重要的原则。学科实践的实现策略第一在于注重知识、实践、观念、素养的内在联系，构建一体化的课程指导框架；第二要明确学科实践在学科课程标准中的要求，细化学科实践的学习进程；第三在于注重将学科实践贯穿于课堂教学，强调“目标—学习—评价”的一致性。[②]

实施路径的“最后一公里”必然发生在学生的具体学习层面。需要让学科学习在实践中真实且深刻地发生，学科学习需要构建意义。学科实践以知识理解为基础，逐步向科学探究、文化体验、审美实践、社会应用与生命体悟的实践层次展开。[③] 伴随着个体“感受性—思维力—适应性”提升的学习过程，学科实践以大概念、大问题、大任务为学习路径，通过知识理解、知识运用与问题解决，实现学生学科的素养的培育与实践能力的提升。具体实施的终点与目标一致，必须回到育人的目标上来。

（二）创新学习场景

“学科实践”必须抓住“学科”特性，落实于具体的学科中进行研究与实践。首先，需要对学科的本质进行凝练，把握学科的基本脉络与特征，这也是对学科核心素养的把握。但是，我们需要警惕“本质主义”的倾向，即以为学科的本质亘古不变，只要掌握了它就掌握了整个学科的精髓。诸多人文学科，譬如语文学科，本身的形成就是介于传统与现代之间，其间有着深深的裂痕，无法用旧的观点来看待当下的语文，也无法完全用现代的语文视角来解读传统。我们甚至在回答“语文是什么？”这个问题时，都无法找到一致的答案。所以，我们采取的立场更应

① 伍雪辉 . 大单元教学的内生逻辑与实践立场 [J]. 教育研究与实验，2022(4)：91-96.

② 陆卓涛，安桂清 . 学科实践的内涵、价值与实现路径 [J]. 课程・教材・教法，2022，42(9)：73-78.

③ 刘艳 . 学科实践：作为一种学科学习方式 [J]. 教育研究与实验，2022(1)：57-63.

该立足于当下的教育现场，厘清学科的重要特征，指向学生的全面发展。

其次，需要采用符合学科特征的实施方式，用学科典型的实践活动方式进行学习。不同的学科在培育学生核心素养方面承担着各自的使命，这就是有些教师所强调的，地理要着“地”，物理要及“物”，语文要姓“语”，等等。学科特质体现在学科内部的知识内容与展现逻辑上，要根据具体知识类型，采用与之匹配的实践方式。如语文“文学阅读与创意表达”任务群，课标就明确要用“整体感知、联想想象”的方式。再以历史学科实践为例，同样需要立足学科特性，聚焦于具体情境，以实践为载体，最终提升历史学科的核心素养。因为历史学科实践的内涵包括搜集史料、分析研究和成果表达三个环节，应当聚焦于“发现历史”，创设“发现”的情境，并提供给学生相应的指导和展示环节。①

核心素养，归根到底需要通过学生的学习来实现，是通过学生在真实情境中“做中学”培育出来的。在把握学科本质和特征的前提下，学习场景非常重要，且可以作为课堂落地的突破口。从学校和教师的创造来看，学习场景的优化主要体现在以下方面：

第一，为知识学习建构相对稳定的物态空间。“闹腾腾”的学习环境配上“先进”的信息技术在一些“条件不错”的学校并不鲜见。但是，学习需要稳定和安静下来，才能促进学生思维的发展。“目眩神迷”不是教育的好手段，过犹不及。固定的实验室、专用教室都有稳定学习心态与行为的功能。譬如，江苏近些年普遍建立学科和跨学科的课程基地，有的学校已经实现全基地教学，使场景式学习成为常态。有的学校在义务教育阶段数学学科推进“做数学”，学校普遍建立了数学实验室，以“做”为学习支架，引导学生在体悟的基础上建构知识，成效非常明显。②

① 刘凝．发现历史——初中历史学科实践的内涵与策略 [J]. 历史教学问题，2023(5)：143-148+96.

② 董林伟．走向学科育人：“做数学”的时代建构与实践创新 [J]. 教育发展研究，2021(8)：7-17.

第二，为具体教学内容进行适切的场景匹配。比如采用问题解决、知识应用的真实生活情境。值得注意的是，一些客观上“办学条件不好”的学校，在这一点上恰恰可以做得很好。斯霞老师的母校斯民小学是一所乡村小学，随着城市化的进程，面临办学条件差、生源流失等困境，但是学校进行的课程改革使得“乡村生活”成为学习的重要情境，反而吸引很多城里孩子来此入学。[①]可见，本土化的实践要“因地制宜”。需要强调的是，情境不是生活场景的复制，而是依据学习目标与内容，以及预期产生的教学意义与效果，进行精心设计所得。李吉林老师为具体课文的教学自己先行到大自然和社会上“踩点”，选取真实适切的教学场景。[②]曹勇军老师十数年来，每年都会在玄武湖举办“月光诗会”，让孩子们在真实的学习场景中徜徉。在这些优秀老师的“课堂”上，学科实践固然是在真实情境中自然生发的，但无不有着“设计”的理念。需要注意的是，这种“设计”意识在低年级学段的教学中尤为重要，因为儿童有效观察世界的自觉与相应的学科能力还不足，更需要教师具有针对性的启发与引导。

第三，改进教室的空间形式。空间结构以及教师所处的位置代表了一种固定的权力结构。如果我们秉承新课改的基本理念，为了学生的“成人”，那么学生主体的凸显必然会促使课堂空间结构发生改变。新课改以后，教师们为改变“秧田式”的课堂空间做出了许多努力，但也存在形式大于内容的问题。怎么做到形式与内容的浑然一体；怎么能既让课堂环境稳定，使得学生有思考的空间与余地，又能不使其觉得枯燥；怎么样又有“设计”的理念，又能自然而然，是需要不断研究的课题。

第四，注重日常教室里教学情境的创设。这是学生学习“一日三餐”的事情。日常情境可以“是”，如前文所列真实场景一样，将真实的情景引入课堂。一次斯霞老师在教课文时，发现课文中的一个词“格外鲜艳”对儿童来说有些难度，

---

① 王晨辉，干婧．百年村小何以弦歌不辍？[N]. 浙江日报，2022-3-22(7).

② 李吉林．情境教育的诗篇 [M]. 北京：高等教育出版社，2004.

儿童很难理解“格外”的意思。于是在上课那天，她拿出准备好的红绸蝴蝶结让学生看：这多鲜艳！接着走到有阳光射进来的窗户旁边，把蝴蝶结往衣襟上一别，在阳光下，学生们一下子明白了什么是“格外鲜艳”。[①] 日常情境也可以“似”，可以是模拟性的，“似是而非”的，因为教学情境追求的“真实”并非事实真实，而是由此引发的教学任务的“真切”。

（三）优化实践活动

学科实践以触发和发展学习经验的活动展现出来，而非过去常见的应试训练。课程需要有“设计”思维，在设计学科实践活动时，应当关注以下方面：

第一，以引导思维为主轴，注重认知与非认知的统一。知识学习主要是围绕发展思维展开的，新课改强调挑战性，主要是指“思维的爬坡”。综观各个学科的核心素养，思维能力和品质都不可或缺。但认知这种“经验”的过程，一定是伴随着情感活动，甚至伴随着审美的高峰体验。很多优秀老师的教学，都会给人丰富“经验”的震撼感。这一方面是经验的深度，教师首先得成为一名学科专家，要能够与学生的经验产生共情；另一方面也是经验的广度，“对人而言，一切出于兴趣获得的知识都是重要的，而对于一名基础教育阶段的教师来说，知识越丰富越好，只熟悉一套教科书并只会机械教学，不可能满足学生的求知欲”。实践活动的设计与布置必须能够平衡思维、知识、情感三者之间的关系。

借用接受美学的观点，实践任务要“召唤”学生主动投入，“做中学”。比如说在贾斯珀系列课程中，学生数学知识的学习就是在一个又一个有趣的探险性任务的完成中进行的。[②] 上世纪 30 年代的国立中央大学实验学校的小学低年级，按照课程理论专家克伯屈（W. H. Kilpatrick）的设计，实验“设计教学法”[③]，学

① 斯霞 . 斯霞文集：第五卷 [M]. 南京：江苏教育出版社，2010.

② 王文静，郑秋贤 . 贾斯珀系列——基于情境认知的美国数学学习案例研究 [J]. 教育发展研究，2001(6)：39-42.

③ 斯霞 . 斯霞文集：第五卷 [M]. 南京：江苏教育出版社，2010.

生自发决定学习目的和内容，教师则需要由此设计特定的学习情境。

为了能够“召唤”学生的“入场”，实践活动必须注重打造开放式的结构。任务的设计者可以是教师，也可以是学生，或者师生共同完成；不同知识板块的学习，甚至不同学科的学习，相互开放；实践活动的设计关注学生的差异性，给予选择性学习必要的空间。开放式的实践更具有召唤力，能够帮助学生全身心投入到学习中，使认知与非认知达到和谐的统一。

第二，以教育的普遍性规律为底色，注重知识学习的共性与学科特质的个性相结合。教育实践是共性大于个性的，不管什么样的学科学习都要遵循共同的规律。要在核心知识的学习方面发力，不要在外围绕圈子。教学中存在不少为情境而情境、为任务而任务的教学行为，常常让人心里不踏实的活动设计都是不可取的。所以，要认真继承众多优秀的教育传统，总结推广新课改以来已见成效的先进的教学模式与经验。

譬如，可以把一课、一个单元的学习活动，作为一个整体来设计，努力用一个任务贯通学习过程。学科知识的理论化过程就是结构化的过程，也是从个人体验到社会经验的过程。“一个任务”意味着我们需要克服知识在文本中可能呈现的琐碎，人的经验是完整、整合的，这正恰如杜威提倡的“一个经验”①，所以整体设计将更有助于学生素养的培育。

当前，还要高度重视信息化对教育教学带来的深刻影响。随着人工智能领域研究的不断深入，包括ChatGPT（预训练生成聊天模型）的推出，在可预见的将来，信息技术这门课程的学科本质，甚至一部分课程的学科本质、学习方式，都会发生根本性的改变。如何取舍新兴技术将摆在实践面前，这需要我们不断回到学科实践的意义中，即其是为了学生的“成人”。新技术、新学科必须接受这样的审视。

① 杜威．艺术即经验[M]．高建平，译．北京：商务印书馆，2005.

第三，以独立学习为基础，注重个人性与社会性的统一。一方面，要认识到学习是非常个人化的一件事情，一定要以独立学习为基础，在自我探究的基础上进行合作探究。有的教师以思维导图作为一个基本的学习支架，先让学生自主学习后，再组织分组或全班进行交流。另一方面，又要注意到学习的社会性因素，即使是独立的学习，在学校教育情境中也是具有社会性意义的。这一方面的经验，在我国之前的实践活动设计方面提炼得并不多。

教育人类学家莱夫（J. Lave）和温格（E. Wenger）在其著作中提出了“学习是实践共同体中合法的边缘性参与”这一著名论断，“合法”指随着时间的推移与学习者经验的增加，学习者合法地具有活动中的真实身份，并使用共同体资源；“边缘性”意味着多样性，指或多或少地参与其中，以及在实践共同体中，参与过程中所包含的方式方法。[①] 学习本身就是一种社会行为，学习共同体的产生具有身份认同意识，共同体成员的变迁有着丰富而微妙的社会学含义。在独立学习的基础上，要高度重视合作与交流，重视相互启迪、相互激励对学生的成长意义，并且时刻关心个人性与社会性之间微妙的互动。需要关注“边缘性”的发生，那里既产生知识，又排斥知识，既接纳个人，又排斥他者。

第四，以反省性经验为旨归，注重原初体验与实验性经验的统一。学科实践形成的经验是一种反省性经验。学生的学习是以原初体验为起点的，在“做中学”的过程中，经过反思，形成了知识意义上的“经验”，又应当回到“原初”，在知识的具体化应用中进行检验，从而促进反思和内化。这种过程体现了经验的完整性和完满性，形成了“一个经验”。

经验的产生离不开具身性，要引导学生“做中学”。比如基于实验的任务设计引导学生亲历、动脑动手，具身体验；有机地融入游戏化元素，组织学生“玩中学”；引导学生知行结合，学用一体；等等。将感性与理性、体验与建构融通，都会产生很好的效果。注重具身性，意味着重视“体验”的价值。体验与“经

① 王文静．人类学视野中的情境学习 [J]. 外国中小学教育，2004(4)：20-23.

验”同源，伽达默尔（H. G. Gadamer）在《真理与方法》一书中指出其来源于“经历”这个词。何为“经历”？它是指“发生的事情还持续生存着”。[①] 在伽达默尔那里，可以看到体验的直接性，这种直接性先于所有解释、处理或传达而存在，并且由直接性中获得收获。体验是鲜活、具身的，知识的生成过程是由个体的无数体验所构成并慢慢转换成一种经验性的呈现。任务设计一定要能够促发学生的体验，而非仅仅进行经验性的传授。

（四）推进学习组织变革

教学是一群人的活动，这群人怎么组织直接体现了科学实践的基本样态。学生的主动学习必然带来和要求不一样的学习组织形态。我国新课改以来，为落实自主、合作、探究的学习方式，突破传统班级授课制的局限，教师们在组织变革方面做出了许多具有成效的努力。组织形态改变的原因不尽相同，具体的推进方式也就不能一概而论。教师可以在实践中，更多地创造性发挥。

第一，可创建与具体课程类型相匹配的学习组织。比如综合实践活动课程、校本课程等，大都是基于班级、年级组建的项目小组。另外，在国家课程框架内进行校本化创造形成的综合主题实践课程，催生了跨班级、跨年级的组织形态。如江苏省天一中学基于“三高”合作实验室的社团式学习[②]；南京拉萨路小学每学期一次的“学程周”，在真实生活空间分小组进行主题探究[③]。随着各种跨班级、年级的学习组织成立，成员之间的交叉、新成员的加入使得学习的样态更加多元，学习的边缘性与社会性得以加强，这不仅有助于具体课程内容的学习，更有助于学生自身的成长。

① 伽达默尔．真理与方法 [M]. 洪汉鼎，译．北京：商务印书馆，2010.

② 朱卓君．让每一个孩子卓越成长——江苏省天一中学“三高协同”育人模式探索 [J]. 江苏教育研究，2020(13)：3-7.

③ 杨亚东．综合实践活动课程资源的开发与管理——以南京市拉萨路小学“学程周”为例 [J]. 江苏教育，2020(42)：44-46.

第二，可因教学模式创新推行组织变革。比如李庾南老师的“自学、议论、引导”初中数学教学，为形式独立、分组、全班有机整合的组织形态。[①]陈家梅老师的“领学制”小学数学教学，是以制度化的形式，按照一定的规则（轮流制、报名制、竞争制等），由小组群体带领班级其他同学学习的一种组织形式，课堂学习中领学组与挑战组（其他同学分成多个挑战组）相互激励。[②]教学模式的改进，不仅能够提高学生的学科能力，还变革了学习组织的形式，使得学生的学习共同体的边界更加多元，学生的身份也在产生变动，如在领导者和挑战者之间跳跃，这使得学生得以全面发展。

第三，可按具体学习任务影响进行组织变革。高质量实践活动的任务设计，包含了组织变革的要求，如果梳理一下新近教科书中的任务设计，可以看出任务的完成要求组织形态有所创新。譬如部编版语文教科书必修中就有“家乡文化生活”“信息时代的语文生活”单元，这些单元的学习活动显然需要学生走入社会，而原本的课堂学习组织方式则无法胜任；就是在“整本书阅读”这样的学习任务群中，传统的学习组织方式也需要改变，分组学习、合作学习的组织需要得到更有效的创建。

新课程的推进必然要求组织结构具备更多的灵活性与多元化，反之，学习组织的更新也有助于新课程的推进。这其中，可以是学科教师个人教学智慧的产物，也可以是学校层面学习方式的观念更新带来的主动求变，还可能是学科层面对学科知识、跨学科知识有了新的认识所致，亦会有政策层面对课程形态的规定和引导。综观这几类，有主动求变，也有客观要求。课程实践呼唤适切与多元的教学组织形态，教师与学校要有创造新的学习组织形式的勇气与自觉。

综上所述，学科实践是在知识层面与实践层面展开的一场学习方式的迭代。

---

① 金海清，祁国斌．培育助推师生成长的孵化器——南通市推广“自学·议论·引导”教学成果的示范意义 [J]. 江苏教育研究，2018(Z4)：16-19.

② 陈家梅．“领学制”的内涵、操作范式与意义 [J]. 江苏教育，2021(86)：7-9.

所以，实践活动最终还是要落实在学生的主动学习上。学习场景的重建、实践活动的优化也是为了能够促进学生的主动学习，并最终使得学科实践可以在课堂中落地生根。

10

怎样理解、落实跨学科主题学习?

跨学科主题学习是一种课程形态，镶嵌在学科知识体系内部，有主题统摄的特点，形成整合性的知识形态，还有“做事情”的实践方式。

进入大数据时代，知识形态呈现出无边界等特点，跨学科学习很有必要；教育已形成配套的动态机制，保持知识与能力的内在平衡，使跨学科学习有了可能。

跨学科在于跨起来，进行主题的提炼和内容的整合，跨出去，体现实践性、结构化、进阶式，跨回来，落实学科素养，形成多学科视角分析和解决问题的能力，领悟主题意义。

《义务教育课程方案（2022 年版）》明确提出："设立跨学科主题学习活动，加强学科间相互关联，带动课程综合化实施，强化实践性要求。"方案还具体要求：要用 10% 的课时开展跨学科主题学习。对于这样一个"硬"任务，我们必须有准确的理解和有效的落实。

一、是什么

为了说清楚跨学科主题学习，我们不妨转换几个视角。

1. 从综合学习的视角看

"综合学习"是新课程的一个关键词，综合学习包括学科内整合、跨学科主题学习和综合课程三类。**不管是哪一类，它都应该体现两个基本特征：一是整合的知识形态，二是用实践的方式学习。**显然，跨学科主题学习是综合学习的一条路径，"自然"地带有综合学习的这两个特征。

2. 从学科（课程）"天然的"视角看

不少学科（课程）的内容"天然"具有跨学科的特点，只要按照学科（课程）本身的要求教学，自然就有跨学科的意义。具体说来，又有几种基本的形态。一是综合课程。如劳动课程，本身就是跨学科的；"道德与法治""体育与健康""艺术""科学"，顾名思义就"跨"了不同学科。二是学科课程的某些课程模块。以高中语文为例，有多个学习任务群，如"当代文化参与""跨媒介阅读与交流""科学与文化论著研习""中华传统文化专题研讨""跨文化专题研讨"等，都是"跨"在其中。三是学科课程内的综合实践活动。义务教育学科课程中，有多个学科设立综合实践活动，似乎在学科学习与跨学科主题学习中间过渡了一下，而"综合"则必然地"跨"了。在"综合与实践"领域，设置了主题活动和项目学习内容，也是跨学科主题学习的体现。四是学科知识的综合性特征。相对而言，“文史哲不分家”，数理知识也具有相融性特点。竺可桢先生《物候学》一书中有专文探讨唐、宋诗人诗中的物候。蔡天新先生是数学家，也是诗人，曾有文探讨数学与诗歌的联系。学科教学只要不关上瞭望别的学科的窗口，总是会打破学科壁垒的。

3. 从若干相邻概念的区别看

大致分以下几种情况：**第一是学科渗透类**。在学科教学中，根据需要适当引进一点别的学科的元素，起到调味品的作用，是辅助性食材，不应叫作跨学科学习，只要想想我们烧菜总要加一些调味品即可。**第二是多学科的拼凑**。如“春天”，不同学科都以“春天”为情境开展各自的学科实践，**这大致相当于餐桌上的拼盘**。它虽有主题，但没有在各个部分之间建立内在的连接，不能说对于学生学习没有意义，因为这样的学习能够引导学生从不同学科认识同一事物，相信会有助于学生在内化时“跨学科”的，但它离跨学科主题学习还是有距离的。**第三是跨学科主题学习**。打个不恰当的比喻，**它由多种食材作原料，烹饪成如“蛋炒饭”“腌笃鲜”这样的新菜**。这中间又分两种情况：一是“学科 +”，即基于某种学科的“跨学科学习”；二是超越某一两个学科的，多个学科组合在一起，根据实践活动的需要，相机融入有关学科的学习要求。**第四是超学科主题学习**。不考虑特定学科的背景，强调以某一学习经验或者自然、社会问题为主题组织课程内容和学习活动。样态上是以主题为导向的“东北乱炖”。

4. 新课改语境中的跨学科主题学习

在做过以上讨论后，我们可以说清楚《义务教育课程方案（2022 年版）》“跨学科主题学习”的意思了。①一种课程形态。**跨学科学习可以是一种学习方法，但首先是一种课程形态**。如同研究性学习曾经是整个课程体系的一个“特区”，跨学科主题学习，包括某些学科课程标准明确的综合实践活动，是学科内综合学习的一个“特区”。②一种镶嵌在学科知识体系内部的课程模块。新方案语境中的跨学科主题学习，是基于学科的，属于“学科 +”，有着鲜明的学科基本立场。③一种主题统摄的课程。《义务教育语文课程标准（2022 年版）》指出，课程内容要突出中华优秀传统文化、革命文化、社会主义先进文化，指出“在突出上述主题的同时，还应选择反映世界文明优秀成果、科技进步，日常生活特别是儿童生活等方面的主题”。尽管不能简单硬套，但我们可以从这种表述中揣摩出主题的意义性。**主题的价值导向，正是跨学科主题学习课程育人的聚焦所在。**④一种整合性的知识形态。跨学科主题学习不是碎片化的，而是整体性的，是多种学科养料合成的“一个”课程模块。“**跨学科教育的核心是知识的整合，**其过程需要多学科跨越知识边界主动作用，其目标是培养学生不仅能够从不同视角看待事物，而且能够形成鉴别、比较、联系、综合等解决复杂问题的能力。”[①] ⑤一种“做事情”的实践方式。跨学科主题学习往往以情境任务为载体，其情境的特点在于激发“做”的热情，“做”指向问题的解决，且常常以某个成果为标志。所以，知识的应用是其重要特征。**对主学科来说，是学用结合，“用中学”；对辅学科来说，侧重在“用”，在应用相关学科视角去解决主学科的问题。**而这种“做事情”往往以相对完整的一个时间段为界线，所以常常以一个单元为基本单位。

二、为什么

跨学科主题学习的提出，有着深刻的原因。

1. 知识形态的变化

第一，从立体走向平面。学习基本上是一种认知行为，知识形态在变化，认知行为当然也要发生改变。戴维·温伯格（D. Weinberger）在《知识的边界》一书中曾经引用知名组织理论家罗素·艾可夫（R. L. Ackoff）1988 年阐述的观点，认为知识的形态是金字塔形的，是由数据、信息、知识、理解、智慧从下往上建构的。[②] 戴维·温伯格认为，进入大数据时代，知识开始呈现新的样子：宽度、无边

① 李佳敏 . 跨界与融合：基于学科交叉的大学人才培养研究 [D]. 上海：华东师范大学，2014.

② 温伯格 . 知识的边界 [M]. 胡泳，高美，译 . 太原：山西人民出版社，2014.

界、平民主义、"他人"授证、悬而未决。[①] 知识结构因而正在彻底改变。金字塔形的知识是逐级简化、提炼的，**而网络的知识是将人和观点积聚而成，连接（链接）成为知识生产的一种形态**。第二，从个体知识论走向群体知识观。传统的知识观是个体知识论，在笛卡尔（R. Descartes）、康德（I. Kant）那里，知识的确证是建立在个体意识之上的。而罗蒂（R. Rorty）等人提出群体知识观：知识不是一个自我封闭的单子，恰恰相反，**它是那种因为自己能够不断地敞开自身……建立在宽容、多样性基础之上的**。[②] **这也是与网络时代的科技进步相互呼应的**。第三，学科分化、综合的演变趋势。知识的源头大都是综合化的，随着科学和技术的进步，学科不断分化，这使得人们对科学和世界的认识不断深化。当代科学技术的发展出现了一个新的特点，一方面分化还在继续，另一方面又朝着高度综合化发展。看看大学近二三十年来新兴专业的命名，有的专业名称用了"和""与""及其"，明显是"学科 +"的样子；看看大型工程、项目，都是多学科在共同作用；**即使是分科的学习，进入"用"的阶段，又大多是基于综合的**。总体上看，知识的生产、传播、应用都出现综合化趋势，跨学科的学习显得越来越重要了。

2. 以学科为中心积弊很深

朱慕菊同志作为第八次基础教育课程改革重要的设计者、组织者，在谈及顶层设计基本理念时一再强调，课程改革就是要超越学科中心。于是，我们看到在课程开发与实践层面，课程的综合性明显增加，审视和改进学科课程，丰富、激活地方和学校课程，构建选修课程，倡导探究性教学，推进多元化评价方法，[③] 以期突破学科中心。经过 20 多年努力，基础教育课程与教学的情况有很大改观，但与设想还有很大差距。比如综合课程只要与中考科目挂上钩，就难以推进；研究

① 温伯格 . 知识的边界 [M]. 胡泳，高美，译 . 太原：山西人民出版社，2014.

② 鲁玛纳 . 罗蒂 [M] 刘清平，译 . 北京：中华书局，2003.

③ 杨九俊 . 我国基础教育课程改革顶层设计的基本思想 [J]. 江苏教育研究，2009(25): 3-9.

性学习、综合实践活动等，常常在实施时受到挤压，时间都难以保证；更普遍的，学科教学以知识点为中心，学生获得的是一考即忘的惰性知识；学科内部瞭望别的学科美丽风景的窗口，总是有意无意地被关闭。新的课改要求显然期望在这些方面有所突破。在培养目标的阐述中，“增强综合素质”成为“下功夫”的要点之一；“加强课程综合，注重关联”，成为新课程的一条基本原则；课程实施明确提出“推进综合学习”，并要求“积极开展主题化、项目式学习等综合性教学活动”，等等。

3. 新人培养的内在要求

新课改综合性的增强，既体现了问题意识，更是时代的要求。问题也是对标时代新人素养要求而受到重视的。时代新人的培养有必要加强跨学科学习。有学者认为：“在以不确定性和不断变革为本质特征的知识社会，拥有能够使自己在新情境中学习和解决问题的知识，比掌握已有的事实性知识、程序和技能更有价值。”① 新情境中“活”的知识，必然超越学科中心，带有知识跨界的特点。“学科领域与素养之间的关系不是一一对应的，所有领域与学科都有助于多种素养的发展，没有一种素养的发展专门依赖于一个学科。”② 只要对学科（课程）核心素养做一个梳理，就可以看到相当多的素养都具有跨学科的特点。据说，高中新课标修订时，地理学科“人地协调”这一核心素养的提炼得到普遍认可，就是因为它既是学科的，又是跨学科的，许多学科的教学都可以培育“人地协调”的素养。同时，人们还欣喜地看到，**跨学科学习不仅有必要，而且有可能。**联合国教科文组织委托国际委员会起草的《一起重新构想我们的未来：为教育打造新的社会契约》报告中指出：“教育可以自然而然地实现知其然和知其所以然……基础知识和技

---

① 王美．什么知识最有价值：从常规专长到适应性专长——知识社会背景下对知识价值与学习目标的反思 [J]. 远程教育杂志，2010，28(6)：62-69.

② 安桂清．基于核心素养的课程整合：特征、形态与维度 [J]. 课程·教材·教法，2018，38(9)：48-54.

能可以相互交织、相互补充。近几十年来，关于课程的讨论一直在知识与能力之间不断摇摆。现在时机已经成熟，我们可以配置一套新的动态机制，既可以为承载大量知识的教学方式提供支撑，也不放弃基于项目和基于问题的教育方式所带来的成果。例如，通过密切关注当代问题，使课程学习与学生自身息息相关。”① **拿出 10% 的课时实施跨学科主题学习，可以看作是一个积极稳妥地平衡知识与能力的解决方案。**

三、怎么做

跨学科主题学习怎么落实呢？

1. 跨起来

跨起来关键在主题的提炼和内容的整合。先说主题。主题的提炼首先要明确主题范畴，在这方面应该以课标为主要依据。以语文来说，新课标已经明确了主题范畴，包括日常生活、学科学习、社会考察、社会热点、文化参与、文化专题。前三个学段，课标分别有完整的一段话对应相关主题；第四个学段共五段话，第一、二段对应第一类，第三段对应第二类，第四、五段对应第三类。其二，应该充分考虑各地各校的具体实际。教育部在新方案中提出：“统筹各门课程跨学科主题学习与综合实践活动安排，注重统一规范与因校制宜相结合，统筹校内外教育教学资源，将理念、原则要求转化为具体育人实践活动。”这就要求我们在落实课标要求时，将跨学科主题学习置放在具体的学校、家庭、社区的情境中。这样做，因为贴近，因而可行，也有助于形成多姿多彩的实践样态。以南京市建邺区张蓉老师先期探索的跨学科主题学习来说，他们依据课标精神，以“创新儿童的语文生活”为核心主张，结合本区域特点，从“日常生活”“文化活动参与”“社会热点问题”三个类别展开设计，研制了八大主题的区域语文跨学科学习课程框架，

① 联合国教科文组织．一起重新构想我们的未来：为教育打造新的社会契约 [M]. 北京：教育科学出版社，2022.

包括习惯规则、触摸自然、社会实践、成长脚印、文化之旅、乡音乡情、校园生活、奇思妙想。在实施时，又鼓励各校有自己的理解和表达。其三，给具体活动命名。具体活动的命名大致有四个维度，包括谁来做、做什么、怎样做、为什么做，以某一个为侧重点即可。比如以下都是一些好的主题："我带弟弟妹妹参观校园"基本涵盖了这四个维度；"我到敬老院送月饼"涵盖面也较宽，其中"语文 + 数学"的月饼购买（"怎么做"中的一个环节），没有也不需要在命名中表达；"家乡的昨天和今天"，让人一看，就明白是用调查、比较的方法来"做"；"中华一家亲"则以"为什么做"的价值意蕴命名，突出了意义性；等等。

再说整合。有学者认为，整合是"跨学科的石蕊测试"①。换言之，是不是真正的跨学科主题学习，最关键是看有没有有效整合。真正意义上的整合，第一，有机性。"综合并不意味着把各部分拼凑在一起，像一个人做蛋糕时把各种原料放在一起那样。而是运用各部分之间的联系，并使部分服从于普遍真理。"②每一个课程模块都是"一个"整体，不同的学科元素有机地融入了这个整体，而不是陈列在这个地方。第二，进程性。学者们"一再认为跨学科整合称为进程而不是活动"，"进程表达的概念是朝向特定（但往往是意料之外的）结果的逐渐变化"③。跨学科主题学习的整合不仅仅是设计阶段的事，而且是过程性的，是预设与生成双向接纳、双向生成的过程。第三，创造性。"整合进程的本质是创造性组合和合并"，"该进程的目的是创造性地形成新的且大于（也不同于）其组成部分总和之物——更全面的认识"④。这个特征与开放性、生成性直接关联。笔者听过"我是小小气象员"跨学科主题学习课，老师引导学生整合诗作中对物候的描写，引导学生从说明性和文学性两种语言的表达特点方面去体会，分别领略其精确和生动。当有学生提出，"为什么有些诗句违背了自然规律？"并列举出"白日依山尽，

---

①③④ 雷普克. 如何进行跨学科研究 [M]. 傅存良，译. 北京：北京大学出版社，2016.

② 坦纳 D，坦纳 L. 学校课程史 [M]. 崔允漷，主译. 北京：教育科学出版社，2006.

黄河入海流”“黄河之水天上来”等例子，老师对这样的“意外”持接纳、欢迎的态度，通过探讨，孩子们也对文学语言形成了更全面的认识。这显然就是在“创中学”。

2. 跨出去

是否真正跨出去呢？第一，实践性。新方案谈及设立跨学科主题学习活动时，明确要求“强化实践性要求”。因此，跨学科主题学习就是要用实践的方式学，就是要具体落实“做中学”“用中学”“创中学”。新课标提出的实践的具体内容和方式则要落实到位，以语文第三学段来说，要求“参加”“参与”相关活动，在体验感知基础上运用多种形式分享经验和感受，通过小组研讨、集体策划、设计参观考察活动方案，运用跨媒介形式分享研学成果，选取有关主题，设计人工智能的未来生活，等等。现在网上传播的跨学科主题学习，都以“做事情”为载体，是应该值得肯定的。**第二，结构化。**跨出去不能东一榔头西一棒槌，应该围绕特定的素养目标，做结构化的安排。**结构化的重要标志之一，是单元整体考量，**也就是跨学科主题学习应该以单元为基本单位，进行整体考虑，把每一节课都看成单元整体的有机组成，都是朝着单元整体目标前进的。**结构化的重要标志之二，是教学评一致性。**以“大单元”视角考虑教学评一致性，内在的关联才能打通。**结构化的重要标志之三，是内容与活动的一体化。**“结构化，并不止于课程内容的结构化，而是将学生及其活动纳入结构之中，使静态的内容动起来、活起来。”①**第三，升阶式。**跨出去不是平面的展开，而是学习的拾级而上。是否升阶，一是看问题的解决。跨学科主题学习是综合运用多学科知识发现问题、分析问题、解决问题，这样一个问题解决的过程就是素养升阶的过程。二是看思维的发展。跨学科主题学习不能只见热闹而不见实效，见实效的重要表征是思维能力的培养。有专家在报告中选取北京市中关村中学徐军老师指导的一个案例，徐老师引导学

① 郭华．落实学生发展核心素养突显学生主体地位——2022 年版义务教育课程标准解读 [J]. 四川师范大学学报（社会科学版），2022，49(4)：107-115.

生的这一次学习活动，就紧紧扣住了思维的发展。

《宣纸的古法制作和现代工艺的比较研究》

（指导教师：北京市中关村中学徐军）

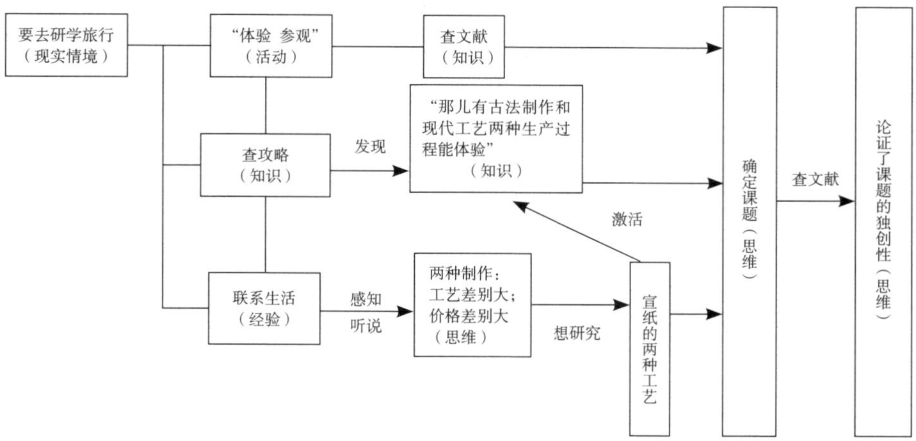

图 10.1 《宣纸的古法制作和现代工艺的比较研究》

3. 跨回来

跨学科主题学习要有“回家”的意识，“回家”就是回到学习目标。学习目标大致包括三个方面：**一是学科素养的落实。**现在我们讨论的跨学科主题学习是在学科范畴内的课程模块，“学科 +”是用激活其他学科的知识和方法解决“这个”学科的复杂问题，旨在提高“这个”学科的素养。如语文课标关于跨学科主题学习的落脚点是“提高语言文字运用能力”。“我是小小气象员”紧紧扣住“怎么说得明”，“诗行某地”落脚诗歌的欣赏和创作尝试，都让人看到“跨出去”且并没有迷失方向。**二是多学科视角分析和解决问题能力的形成。**这是跨学科主题学习的 10% 课时不同于 90% 课时的地方。方法论的知识也是重要的知识，世界本身是整体的、复杂的，只是我们习惯用分割、孤立的方式来认识它，所以我们对这个世界常常感到不适应，尤其是不适应它的变化。现在用 10% 的课时培养学生复杂思维的能力，应该“种瓜得瓜”。“复杂性”这个词意味着“被连接”“编织在一起”。复杂性思想揭示了“一个怪异的词——涌现”[①]。埃德加·莫兰（E. Morin）关于“整体性思维”的思想，对于我们理解跨学科主题学习是有意义的。复杂性思维的重点是采用“连接”的方式，使多学科聚焦于同一问题，也就是在用“连接”的方式解决问题的过程中，培养整体性、复杂性思维。**三是主题意义的领悟。**主题都是有价值意蕴的，仅从语文课标表述来看，一些主题范畴指向“养成爱书、爱文具的好习惯”“感受和学习生活中的中华优秀传统文化”，等等，都包含了明确的育人要求。因为是在“做事情”过程中体会到的，所以其价值不只是在“知道”，更是在“领悟”。怎么证明学习目标落地了呢？其主要的方式是表现性评价。崔允漷教授等提出：“评价表现化，即以表现评价作为‘支架’引领并考量学生在跨学科主题学习中的实践，让核心素养培育过程‘可视化’。”[②]从我们看到的案例看，跨学科主题学习的评价，基本围绕事情（东西）做得怎样、怎样做成这个事情（东西）进行，正如崔允漷教授等在同一篇文章中倡导的“作为学习的评价”“为了学习的评价”。

---

① 莫兰．整体性思维：人类及其世界 [M]. 陈一壮，译．北京：中国人民大学出版社，2020.

② 崔允漷，郭洪瑞．跨学科主题学习：课程话语自主建构的一种尝试 [J]. 教育研究，2023，44(10)：44-53.

11

如何确立大作业观?

大作业观是一种以生为本、朝向探索创造、关注完整知识构建的作业观。在大作业观视域下进行作业的创新与改革，需要从以练为圭臬的“死题海”走向以思为取向的“再发现”，建构学生能动发展的创造型作业，从以教为追求的“小环节”走向以学为中心的“大任务”，建构知识内容结构化的大单元作业，从“同一化”的判断走向“适切性”的发展，建构开放分层、因材施教的选择性作业，从单一的应试训练走向多元的学科素养习得，建构“教—学—评”统整的一体化作业。

近年来，为了从根本上解决长期以来中小学学生课业负担过重的问题，中共中央办公厅、国务院办公厅印发了《关于进一步减轻义务教育阶段学生作业负担和校外培训负担的意见》（以下简称“‘双减’政策”），之后各地又相继出台了加强义务教育学校作业管理的相关文件。[①] 落实“双减”政策相关要求，深化中小学学生作业改革，已经成为改进当下中小学教育教学的重要课题。然而，当前作业存在着内容同一化、形式简单化和价值狭隘化的问题，弱化了作业作为学习活动的育人属性。在此基础上，有些专家、学者提出了“大作业观”的理念，旨在帮助学生提升学习质量，最终走出学生学业负担过重的困境。但是，何谓大作业观？为什么要确立大作业观？如何在大作业观视域下实施作业的创新与改革？本章将围绕这些问题展开论述。

一、何谓大作业观

（一）大作业观内涵的厘清

1. 作业是什么

要弄清楚大作业观是什么，首先就要了解“作业”是什么。《说文解字》一书中对“作”的解释是：“起也。从人从乍。”可见，“作”从人，其原意蕴含着“人的创造”之意。《学记》有言：“时教必有正业，退息必有居学。”其中的“业”即“学业、课业”之意。《现代汉语词典》将“作业”解释为“为完成生产、学

① 中共中央办公厅，中华人民共和国国务院办公厅．关于进一步减轻义务教育阶段学生作业负担和校外培训负担的意见 [J]. 中华人民共和国教育部公报，2021(10)：3-8.

习等方面的既定任务而进行的活动”。顾明远把作业定义为：“根据教师要求，学生在课外时间独立进行的学习活动。”胡杨洋则把作业的概念重新界定为“是学生有产出的、专门的学习活动，是学生自我建构良好知识观、能力观、品德观、学习观的活动，是学生认同学习者身份的文化过程”。而本文所要探讨的“作业”是教育范畴之内的，因此我们可以把“作业”理解为“一种基于学习任务完成的创造性课业活动，它可以帮助学生建构良好的知识观、能力观、品德观、学习观，并在此基础上认同自己学习者的身份”。

2. 作业观是什么

从笔者目前查阅的书籍和文献来看，学术界还未能对作业观做出科学权威的解释。关于作业观的认识，一部分散见于学者关于作业的论述中，往往不成体系，更多的内嵌于作者对课程教学和作业问题的认识中。

在国外的作业观研究中，目前比较常见的是凯洛夫（I. A. Kairov）的文本性作业观和杜威的活动作业观。凯洛夫的文本性作业观发端于理性主义教学知识观和行为主义心理学，他把作业放在与教师教学同等的地位上，认为作业是教学的组成部分。作业的根本价值在于巩固教师要求学生必须掌握的系统性的间接知识。作业是学习获得知识和经验的途径和方法。这种传统的作业观将知识习得看作是简单的训练强化过程，知识是固化的、静止的，是有关事物规律的集合体。

以杜威为代表的活动作业观则从课程论范畴出发，指出活动作业是在教师的指导下，儿童在各种探究体验式的活动中，丰富儿童的直观体验，形成儿童系统化知识经验的过程。他将课程本身等同于作业，换言之，学生完成校内外的课程也意味着完成了家庭作业。

目前，国内学界对作业观的理解有：张济洲认为“作业观反映对作业性质和活动方式的认识”，“作业观变革立足于不同的教学知识观和学习观”。孙启民把人们对作业问题的一种本能、习惯和大致的看法和意见统称为作业观。高晓清和李姗姗将作业观定义为：“对作业的目标与结果、内容与形式、结构与功能等的价值判断。”王文明则认为中小学作业观念主要体现在作业目标观、功能观、过程观、价值观。

纵观国内外学者对“作业观”的界定，在分歧中仍有联系与统一，这些联系与统一为我们提供了有益的启示和思考方向。作业观即是对作业的性质、目标、功能及方式的判断性认识。当前，在新课程改革的背景下，教学方式和学生学习方式正在经历一场深刻的变革。这也意味着传统的作业观念已经不能满足现代教育的需求，因此，以体验、合作、探究为导向，旨在培养学生的综合素养和创新能力的新的作业观应运而生。

3. 大作业观是什么

“大作业观”的提出源于“双减”政策。与传统作业观相比，大作业观是一种先进的教育理念。在“双减”政策下，作业被视为教学巩固或补充的一环，但这种观念忽视了作业作为学习活动的独立育人价值。因此，单纯通过减少作业量来减轻学生的作业负担是不够的。更重要的是，我们需要改变作业行为背后的深层次观念，以释放作业在教育中的潜力，充分发挥其育人价值。学者谢翌和杨志平提出的大作业观“旨在彰显‘学生—学习—学会’为中心的教学理念，统整课前、课中、课后作业，关注课程、教学、评价的连接，促进‘学—教—评’的一致性”。[①]学者孙杰的大作业观“就是基于学生立场，通过导向学习的大任务，统摄课前、课中、课后，连接课程、教学、评价，通过大作业体系的设计、实施与评价，在学生的学业锻炼、课业实践等过程中，彰显作业化人、成人等精神实质的一种学习化系统”。学者们的研究与讨论，无不把对“大作业观”的焦点汇聚在以下几个方面：

（1）**大作业观是创造性作业观。**作业观不再局限于传统的作业布置和完成，而是以一种全新的视角去看待学生的学习过程。它鼓励学生发挥自己的创造性，将所学知识应用于实际，创造出具有个人特色的作品。这种创造性不仅体现在作业的内容上，更体现在完成作业的过程中。[②]

---

① 谢翌，杨志平．大作业观：主要内涵与实践路径 [J]. 课程·教材·教法，2022, 42(1): 10-17.

② 刘玮．大作业观下小学数学作业系统建构的实践探索 [J]. 江苏教育，2022(57)：49-54.

（2）**大作业观是整体作业观。**传统的作业设计往往只是针对某一知识点或技能点进行训练，缺乏整体性和系统性。而大作业观视域下的作业设计则围绕一个“大”字展开，强调大视域、大取向、大设计、大实践与大评价，此时作业成了强有力的粘合剂，使得教学中的每一个环节与因素都成了不可分割的整体，从而帮助学生搭建起系统而完整的知识结构。

（3）**大作业观更是人本作业观。**每个学生都有自己的特点和需求，传统的作业设计往往难以满足每个学生的需求。而大作业观则关注因材施教，强调在作业设计中要充分考虑每个学生的特点和需求，从而建立起和谐、互动的教学关系，以实现学生的自我提升和成长。①

综上所述，大作业观的概念也呼之欲出，即是一种以生为本、导向学习任务、朝向探索创造、关注完整知识构建，从而培养学生核心素养的作业理解与价值认识。

（二）大作业观的特征

为更好洞悉何为大作业观，结合大作业观的概念，我们进一步挖掘其所蕴含的特性。

1. 创造性

创造性是大作业观的核心特征。与传统的作业观相比，大作业观更加注重培养学生的创新思维和创新能力。教师需要引导学生跳出传统的思维定式，激发学生的好奇心和求知欲，鼓励学生提出新颖的观点和独特的见解。同时，教师还需要提供足够的空间，让学生在实践中发现问题、解决问题，从而培养学生的实践能力和创新精神。

2. 人本性

苏霍姆林斯基曾经用一个质朴而深刻的比喻来阐述教育真谛：“若将知识比作一座宏伟的大厦，教师的角色便是提供构建这座建筑的材料——砖块、砂浆等。然而，真正的建造工作——砌墙与搭梁，必须由学生亲手完成。”这段箴言不仅

① 王月芬. 课程视域下的作业设计研究 [D]. 上海：华东师范大学，2015.

揭示了学生在教育过程中的主体地位，而且强调了作业设计应当围绕以学生为中心的原则进行。

大作业观把人的全面发展作为评价标准的核心，它倡导激发学习者的学习潜能，培养其积极性和创造力。在这一理念的指导下，教师的职责不仅是引导学生提升自觉性，还要深入挖掘他们的潜力，训练他们自我教育的能力，引导他们实现从被动接受到主动探索的转变。

3. 实践性

大作业观的第三个特征在于实践性原则。知识的获取不是被动接受的过程，而是需要学生主动探索、体验和应用的过程。在这一过程中，学生不仅能够将课堂上学到的理论知识转化为实际能力，还能够在实践中发现问题、解决问题，从而获得更深刻的理解和更广泛的知识。而这正是基于对学生能力全面发展的深刻认识，单纯的书本知识已经无法满足现代社会对人才的需求，学生需要在实践中学习，通过实际操作来掌握知识，通过解决实际问题来提升能力，为他们未来的学习和工作打下坚实的基础。

4. 整体性

大作业观强调作业的整体性，将不同的知识点和技能点有机地结合起来，让学生在完成作业的过程中，能够全面、系统地掌握所学知识，形成完整的知识结构。大作业观更强调教学的整体性，以作业为桥梁连接课前、课中、课后所有的教学环节，打通课程、教学、评价之间的壁垒，使得整个教学过程形成一个完整的体系。这样的作业不仅能够提高学生的学习效率，还能够培养他们的综合能力和综合素质。

二、为什么要确立大作业观

（一）重塑学科育人的价值定位

大作业观与传统作业观的本质区别在于对作业功能与价值的定位，传统的作业观视作业为学生课堂学习之后对已学知识的巩固练习，大作业观则认为作业是一种兼具探究与创造功能的学习化活动。传统作业观视域下的作业是对旧知识的

“反刍”，大作业观下的作业则是学生运用已有知识经验进行新的建构。大作业观把作业当成教学整体的有机组成部分，秉持以学生为中心的教学观，以作业为材料或载体，促进学生从“探学”“学会”走向“会学”“爱学”，在课程、教学、评价等与人的连接互动中生成学科完整育人的价值意义。大作业观探究性与创造性的本质属性清晰地呈现出学生面对真实而复杂的问题情境时，唤醒已有的知识经验，尝试与新知识进行结构化重组，创造性解决问题的过程。在这个过程中，作业不单单指向固化知识的拥有，还指向学生学科素养的养成，从而超越传统作业观“正课之补”的片面认知，体现出学科育人完整的实践取向。

（二）打通教学评价的固有壁垒

教学视域下的作业观片面强调从教师的“授”出发，意在通过作业来达成某一课时或学程的教学目标；课程视域下的作业观则过分偏重从学生的“受”出发，主张依据学生作业练习的正确程度及结果对教学目标和内容进行反思与审视。由此可见，教学视域下的作业观关注某一节课教学目标的实现，课程视域下的作业观则偏向学生现实学习成效与课程目标差距的补全。究其实质，教学视域下的作业观与课程视域下的作业观都充斥着“教”的主导思维，而忽视学生在作业过程中主体创造与知识建构。大作业观以学习者为中心，旨在以系统学习的作业改进来弥合教学视域与课程视域的认识分野，以期作业回归学生主体创造的本质特征，力求通过作业这一纽带整体建构“教—学—评”一体化的学习过程，促进“授受化”课堂范式向“学习化”课堂范式转型。[①] 大作业观下的作业已经不是单一为了检测“教”的训练，而成为学习、教学和评价系统中的有机组成部分。

（三）丰富学生作业的表现形式

大作业观一个重要的外在表征是作业方式的多样化。从完成作业的时间长短来看，作业有指向课时学习的短程作业，也有延续一周、一个月或一个学期的长

① 许可雄，李良．“三单”设计：大作业观视域下数学作业的“三化”驱动——以《合并同类项》为例 [J]. 福建基础教育研究，2023(4)：42-45.

程作业。从作业完成的时间与课堂教学的关联来看，有指向新知预习的前置式作业，有促进自主学习的引导式作业，也有指向知识延伸的拓展式作业。从作业的内容来看，有认知类作业，也有实践型作业。从知识结构化和学科整合的角度来看，又可细分为项目化作业、跨学科综合作业和大单元作业等。当作业成为基于任务的一种主体创造性活动时，它就会从学习任务出发呈现出多元而丰富的实践样态，学生就会对多样化的学习任务充满主体探索的冲动，并在大作业系统中经历有意义建构知识的深度学习过程，体会自主学习的主体价值，感受主体认知从理解到变式再到迁移的学会学习的积极暗示，进而构建出以学生“深学—会学—乐学—爱学”为特征的具身学习模式。

三、如何在大作业观视域下实施作业的创新与改革

《义务教育课程方案（2022 年版）》指出，教育必须确立核心素养导向的课程目标，呈现结构化的教学内容，实施促进学生发展的教学活动，建立激励学习和改进教学的评价机制。作业的系统改进与建构不但要应“双减”政策顺势而为，更应成为一项深化课程建设、培育学生核心素养的实践探索。如何培养学生的学科素养呢？我们亟需基于大作业观的理念去建构朝向素养生长的作业体系。

（一）从以练为圭臬的“死题海”走向以思为取向的“再发现”，建构学生能动发展的创造型作业

在传统的作业体系中，我们一直以“练”为圭臬，大量零碎、割裂、机械的练习禁锢了学生的积极思维，削弱了学生对未知知识的好奇与兴趣。波利亚（G. Polya）曾指出：“学习任何知识的最佳途径是由学生自己去发现，因为这种发现，其理解最深，也最容易掌握其中的内在规律和联系。”大作业观认为，作业是学生学习的创造性活动。从以“练”为圭臬转变为以“思”为取向，是作业回归学科本质的应然要求，也是作业强化创造属性的实然趋势。①

① 夏冬杰 . 知识观转型及其对学生作业改革的启示 [D]. 上海：华东师范大学，2009.

例如，在小学低年级的语文教学中，识字教学无疑是一项挑战重重的工作，尤其是对那些形态相似的汉字进行辨识，这对于学生们来说更是一大难题。传统的作业设计往往采取让学生反复、机械地在生字本上抄写新学的汉字的方式，然而这种做法不仅加重了孩子们的家庭作业负担，而且对于他们的身心健康成长并不利，极易引发学生对学习汉字的畏难情绪。为了解决这一问题，教师可以采用更具创意和互动性的作业设计策略，将枯燥的学习过程转化为一种更有创造性的活动。通过引导学生制作“识字玩具”，我们可以将被动的记忆转变为主动的创造，从而点燃孩子们对汉字学习的热情。一个具体而富有成效的实践是，在周末家长与孩子共同动手制作一个“汉字大转盘”。在这个转盘上，指针部分标有各式各样的偏旁部首，而转盘的边缘则分布着不同的独体字。当指针的偏旁与边缘的独体字相遇时，孩子们需要动脑筋，思考并讲述它们组合后能够形成哪些新的汉字。这样的作业设计不仅大大提高了孩子们的认字能力，而且在轻松愉悦的氛围中提升了他们书写汉字的兴趣。这种“汉字大转盘”作业的设计，不仅丰富了学生的课余生活，还有效地辅助了他们在课堂上的学习。孩子们不断积累汉字知识，同时，他们的创造力、思维能力和协作精神也得到了显著的提升。通过这种方式，我们既减轻了学生的学习压力，又为他们的全面成长提供了坚实的基础，真正做到了让学习成为一种享受，而非负担。

（二）从以教为追求的“小环节”走向以学为中心的“大任务”，建构知识内容结构化的大单元作业

在传统的作业观中，作业的价值在于巩固课堂教学中已学的知识，它的地位只是课堂教学的补充与后缀，其育人的作用与功能渐渐弱化、式微。大作业观下的作业是整个教学过程中的重要环节，它连接着课程、教学和评价，其外在的表征是综合性，内蕴的其实是知识的结构化。大单元作业即是以“大概念”、综合性为“知识之锚”的结构化作业。它以培育学生的核心素养为旨归，强调对课程内容的统合、组织和整体探索。

例如在教学统编版《道德与法治》的“我们神圣的国土”单元时，我们的目标是从社会空间的视角出发，通过设计贴近公共生活的实际事件，培养学生作为

现代公民所应具备的思想觉悟和得体的社交行为。为了实现这一目标，我们可以依托具体社会环境来布置富有启发性的作业任务。本单元的核心教学内容旨在让学生了解我国不同地区之间自然环境的多样性，并深刻认识这些差异如何塑造着人们的日常生产和生活习惯。为此，在作业设计中我们可以巧妙地融合学生对苏州丝绸博物馆展览的参观体验。苏州的传统服饰不仅彰显了地域特色，也体现了该地区深厚的文化底蕴，这与课程中提到的“一方水土养一方人”的理念不谋而合。在本次课程的作业设计中，执教者创设了一个虚拟场景，引导学生进行一场“云上游览苏州服饰·多彩江南”的体验。学生们需要根据苏州的地理形态和气候条件，设计出一套具有地方特色的服装，并阐述其设计理念。这种方式不仅使学生深入了解家乡的自然风貌，还帮助他们理解自然环境和气候是如何影响当地居民的饮食、住宅以及服饰选择的。除了设计服装，作业的形式还可以多样化，如参与劳动实践、开展调研探究、实地考察、志愿服务、访谈交流、参观学习等。通过亲身体验和情境模拟，学生能够在实践中不断提升自己的生活技能，从而全面提高自身的综合素养。

综上所述，在“我们神圣的国土”这一教学单元中，我们通过巧妙设计作业，不仅丰富了学生的学习体验，还让他们在探索和实践中深刻理解了自然环境与地域文化之间的紧密联系，为培养具有现代公民意识的完整的人打下了坚实的基础。

（三）从“同一化”的判断走向“适切性”的发展，建构开放分层、因材施教的选择性作业

根据学生现实的发展水平因材施教地布置作业，是对学生差异的尊重。当作业的内容难度基于学生的现实水平而又略高于其现实水平时，学生就会对其可能完成的学习任务充满探索的兴趣，并在任务完成后获得积极的心理暗示。这样的分层分类作业就不是过重的学习负担，而是学生通过知识学习发展素养的载体。为了更加真实地促进分层作业的有效落地，苏州市沧浪新城第二实验小学曾就选择性作业资源库建设、班级内异质构成“合作学习组”等展开研究。所谓班级内“合作学习组”，即在班级中根据学生的学业发展水平实行异质分组，每组中都有一定量的优秀、良好和发展中的学生。教师根据教学内容设计有梯度的三个层次作业，

即将选择性作业资源库中的作业题分发至各组。根据不同发展水平，各组成员先是自主选择作业内容，此为基础性作业；然后，组内良好层次成员在优秀层次成员的辅导下，发展中层次成员在良好层次成员的帮助下，完成略高于自己发展水平的进阶性练习，此为挑战性作业。

例如，教学苏教版五上“小数与单位换算”单元后，笔者设计了如下三个层次的作业：

（1）基础性作业。小区物业帮助业主采购蔬菜。请你给下面的蔬菜（每500克）制作价格标签，以元为单位，精确到分。

5元4角3分	3元9角	4元8分	3元3角8分
标签 名称：西红柿 单价：	标签 名称：黄瓜 单价：	标签 名称：莲藕 单价：	标签 名称：茄子 单价：

（2）挑战性作业。小明、小红、小伟、小芳4位小朋友分别住在两个不同的小区。小明说：“我的小区占地面积是0.28平方千米。”小红说：“我的小区占地面积是2 800 000平方分米。”小伟说：“我的小区占地面积是28公顷。”小芳说：“我的小区占地面积是280 000平方米。”以上的4位同学中，（　　）与其他3人不住在一个小区。

A. 小明　　B. 小红　　C. 小伟　　D. 小芳

（3）拓展性作业。这是两道特殊的算式，请大家在括号里填上合适的单位名称，并保持等式成立。你如何填呢？你有几种填法？

1（　　）－9（　　）＝1（　　）

1（　　）－9（　　）＝0.1（　　）

在这组作业中，基础性作业要求学生应用已学的单位换算知识解决生活中的问题，此题比较容易，学业水平一般的学生可在问题解决过程中巩固所学的知识。

挑战性作业则需要学生对题目中的面积单位进行换算后再加以区分，此题适合基本掌握小数与单位换算相关知识的学生。拓展性作业的题目是一组开放题，学生可以根据单位换算进制自由填空，在等式成立的配平中深化对小数数位进率和单位换算意义的理解，适合发展水平优异的学生。如此，作业的设计真正从知识掌握的视角转向了人的素养发展视角，“人人都能获得良好的数学教育，不同的人在数学上得到不同的发展”的课程要求就有了实现的可能。

（四）从单一的应试训练走向多元的学科素养习得，建构“教—学—评”统整的一体化作业

传统的作业观视作业是教学过程中的一个补充环节，而大作业观视作业为贯穿整个教学过程的脉线。从教学内容来看，作业是教学过程中学生的学习任务，是教学目标的具体化，也是学生实现学习目标的学习材料。在解构学科的基础上，我们以大单元、任务群等方式，形成了实现课时具象化学习目标的作业体系。从教学评价来看，我们将作为结果的教学目标作为教学设计的出发点，从而使教学过程自然地转变成教学目标实现与监测的过程。由此看来，作为一种学生主体的创造性活动，作业的进行与教学、评价是一个整体融合的过程。在以大概念为取向的单元整体设计成为培育学生核心素养重要途径的大背景下，我们需要明晰作业存在的意义功能，精心设计基础性认知类作业，适度增加实践性、探究性作业，以培育学生核心素养作为作业设计的“锚点”，进行“教—学—评”一体化的作业改革，从而实现作业促进学生自我元认知发展、学习过程优化、教学目标与效果评测的三重功能。

12

怎样才是“可见的学习”？

“可见的学习”的核心就是要让学习目标、学习过程、学习结果对师生可见。人类的认知规律：感性与具身性；知识学习的过程：从理解到运用；智能时代的学习特点：读图时代、人机协同、泛在体验。

让学习可见需要进行结构化教学设计，包括关联性目标、驱动型任务、一体化评价；需要运用可视化的思维工具，包括思维导图等各种图式；需要聚焦真实问题解决，关注源于生活、经验与体验的问题。

基础教育课程改革以来，多样的学习方式层出不穷，比如：启发式学习、小组合作学习、个性化学习、自主学习、探究学习、混合学习等。探索学习方式变革是改进教学的重要手段。但长期以来，教与学分离，所谓“平行线不相交”，教师不知道学生的真实学习情况和个性化的学习需要，也难以准确判断学习目标的达成度；学生也不能准确知道教师教什么，为什么教，需要自己学习什么。二者在相互琢磨中前行，教学效果可想而知。“可见的学习”是新西兰教育专家约翰·哈蒂（J. Hattie）提出的教育理念，从某种程度上，可以解决目前的一些教育问题。

一、是什么：理解可见

按照约翰·哈蒂的观点，“所谓可见，简言之，就是教学者及学习者要知道自己的影响。”“教师要看得见自己的教对学生的学所产生的影响。”“当学习有明确清晰的目标，具有适当的挑战，教师和学生都（以他们自己不同的方式）致力于确定所追求的目标是否实现以及实现的程度如何时，可见的教和学就会发生。”[①] 他把可见理解为一种影响力，强调教师的影响力即教师的教对学生学的影响力。此观点见仁见智，但从学习活动本身来说，我们认为**“可见的学习”的核心就是要让学习目标、学习过程、学习结果对师生可见。**

（一）学习目标可见

按照布卢姆（B. Bloom）的目标教学理论，只要建立良好的目标，给学生充足的时间，多数学生会取得较好的学习效果。目标驱动教学、逆向教学设计也是

---

① 哈蒂．可见的学习 [M]. 金莺莲，洪超，裴新宁，译．北京：教育科学出版社，2015.

2022 版义务教育课程标准提出的理念。那么，如何让学习目标可见？

1. 学习目标要清晰

目标的清晰性是指不要用含混的、模糊的、宏大的语言表述目标，要具体、可测量、能达到。具体与抽象对应，从目标来说，具体目标就是能够看明白的目标，简单说就是"说人话"，以学生的视角表述目标，在实际学习中可操作性比较强；可测量是指能够以数量来量化，强调了客观性，去除主观性，对于是否达到目标有一个明确的量化标准，来测量目标的达成程度；能达到是指没有超出学生的学习能力范围，学生通过学习能够在一定的时间内达到目标的要求，也就是目标要求落在学生的最近发展区。这样的目标，使得在学习发生之前，师生双方都知道了目标在哪里，学习或教学的方向就在哪里，使教与学形成合力。

2. 学习目标要关联

目标的关联性是指目标的表述要与学生的基础相联系、与实践生活相联系，同时，目标之间也要相联系，即有逻辑性和层次性。"学习从教师（最好还有学生）了解期望的结果（对应于学习目的的成功标准）开始，然后逆向运行到学生开始上课的状态——既包括他们的先前知识，也包括他们在整个学习过程中所处的位置"[①]，前期的知识基础、心理状态、学习风格、学习心向等构成了学生学习的基础，这是在确定目标时必须考虑的因素。与实践生活相联系是指目标来源于生活并指向生活，生活是真实的，也是学生能够体验的，指向生活的目标会把抽象的知识演化为具体的行为，让学生用真切的生活经验明确目标的方向，使得目标实现的过程直观化、形象化。目标之间的逻辑性和层次性是指目标之间不是割裂的，而是层层递进的，目标一是目标二的基础，目标三是目标二的方向。这样的目标表达使得实现目标的路线清晰可见，实现目标的顺序逐步展开，层次清晰，逻辑明确，不会出现目标使学生茫然不知所措的现象。

---

① 哈蒂 . 可见的学习 [M]. 金莺莲，洪超，裴新宁，译 . 北京：教育科学出版社，2015.

3. 学习目标要有挑战

挑战性的目标能够激发学习的渴望，有渴望就会有动机，有动机的学习才是激发内驱力的积极主动的学习。挑战性目标一方面要求高于学生的基础，但这个高度是有限度的，不是一味拔高；高度还要有层级，实现步步为营。另一方面，挑战性目标要合理，这里的合理是指与学科学习要求相适应，体现学科核心素养的旨归；同时，还要与学生思维发展特点相适应，体现学习的阶段性特征。此外，挑战性目标还体现在有规定的时间，即目标的实现要求在规定的时间内完成，规定的时间是一种激励性的表达，让学生在目标实现过程中获得成就感。

（二）学习过程可见

学习过程可见是指把学习的过程、方法、思维展示出来，使学习者能够清晰地理解学习内容、重难点，寻求最优学习方法提高学习效率，体现学习的自主性和主动性。这个过程就是“让学习者成为教学者，让教学者成为学习者”的过程。其内涵主要包括以下几个方面。

1. 有效的课堂管理

包括两个方面：**一是积极的课堂氛围。**课堂氛围“润泽”，是课堂学习有效性的保证。营造积极的课堂氛围需要师生关系的融洽、学习主体的合作、教学关系的重构、积极的文化构建等。也只有在这样宽松的氛围中，学生才能充分展示学习的过程。**二是资源的整合与利用。**无论是学习资源还是各种设施、各种课程等，都应该整合到学习中来，使所有的资源都能够对学习是支持性的。这样的管理才是基于学习的管理，去除了简单化和功利化。

2. 任务驱动的活动

学习过程可见需要以活动为载体，这样的活动是以任务为驱动的。学生活动设计是教学设计中必备的内容，但长期以来，为了活动而活动的现象比较多，活动的简单化倾向比较明显，有活动无展示的现象也比较常见，凡此种种，均为无意义的活动。活动的目的是促进学习，活动内容必须与学习内容密切相关；活动需要吸引学生积极参与，因此，活动要求必须体现任务要求；活动需要体现过程性；活动形式必须是多样的，有个体的自主参与，也有小组合作学习；活动结果必须有评价；活动反馈必须真实且具有建设性，才能激发学生的反思。

3. 学习过程的留痕

留痕就是展现学习过程中各种思维的运用、各种方法的尝试、各种学习载体的效果等。留痕不是为了“有图有真相”，而是以可见的方式反思学习。留痕的形式有很多，学习单、任务单、记录手册、板书等。这需要：**一是注重各种支架工具的应用**，比如学习单，这种学习单由预习单、任务单、活动单、检测单等组成，贯穿学习的整个过程，让每一个过程都留下痕迹；**二是注重可视化呈现**，比如运用思维导图、思维地图、语义图、鱼骨图、气泡图等可视化工具呈现知识及其习得的过程，建立知识结构，呈现思维过程；**三是记录学习过程**，这种记录可以是板书设计（不是简单的纲要摘抄，而是根据知识结构的设计），可以是错误集，也可以是活动记录等。

（三）学习结果可见

学习结果是指学生通过学习发生的持久而深刻的、内在的、可迁移的并影响行为的变化，这种变化有三个特点：**持久性**，即不是学完就忘，而是影响很长时间甚至一生；**可迁移性**，即能够学以致用解决实际问题，而不是只会解决课本上的问题；**内在性**，即变化是内隐的、不可见的，影响心理、思维等。学习结果可见的内涵包括三个方面：

1. 目标与结果的一致性

学习目标是学习结果的具体化，学习结果是学习目标的综合化呈现。在《义务教育课程标准（2022 年版）》中明确提出了教学评一致性的原则，这个原则是以目标为核心的，怎么教、怎么学、怎么评都以目标为导向。目标来源于课程标准，是对课程标准要求的分解和细化，所以，目标承载的是核心素养的培育要求，必须准确。如果通过评价判定学习结果和学习目标吻合，就说明目标和结果是一致的，这样的学习结果就是可见的。因此，**学习结果可见的关键在于学习目标**。但现实中，最大的问题之一就是目标的随意性，这就致使学习结果与学习目标不一致，学习过程对师生双方都不可见。

2. 评价任务的真实性

评价任务是为了评价学习结果而设计的任务。这种评价任务可以是作业、习题、提问、活动、问题解决等。评价任务是学习目标与学习结果直接的桥梁，为学习表现提供框架。**而真实的评价任务是基于学习目标设计的，是联系学习经验并指向生活实践的**，这与简单的做题完全不同。做题可以检测是否学了，真实的评价任务可以检测是否真正学会。所以，**真实的评价任务一般以生活问题为主体，以复杂性、不良结构性呈现，让学生在实践体验中解决问题**。评价任务的设计除了关照学习目标之外，还要注意与学科特性和学生发展特性相联系，强调过程性和发展性、表现性等，也可以以增值性、协商性、证据性为评价原则。当然，评价任务不能即时评价所有的学习结果，情感态度价值观类的目标具有长期性的特点，需要在后期的社会生活中检验。

3. 学习表现的成长性

学习表现是学习结果的外显，是学习所带来的对个体身心影响的呈现；而成长性是指这种变化的发展性、持续性、积极性。发展性，即基于学生基础的不断丰富与发展，包括知识的不断丰厚、解决问题能力的不断提升等；持续性，即这种变化是持续不断的、连贯的，学习形成的能力与素养已经内化为学生的思想，进而影响其外显的行为；注重培养成长型思维，即积极乐观的心态、勇于挑战、充满好奇和反思能力，以及积极解决问题并接受批评等。

二、为什么：溯源与转向

可见学习的提出其实是教育观念的转向，即“教为中心”向“学为中心”的转变。在“教为中心”的教学中，教师忙于研究教什么和如何教，教学评价也多评价教得如何。这样的教学以教师为中心，学生学什么、学多少、学得如何全依靠教师的水平，就像“嗷嗷待哺的小鸟”，不知道明天会不会还有吃的。**“学为中心”是以学生为中心，关注学生的主体地位，以学科为中心，强调学科性，以学习为中心，强调对学习本身的关注，淡化了主体之争，指向教学的本质**。

（一）人类的认知规律

认知是人类判断是非对错的标准，也是人类对外界信息感知、加工、组织、存储、应用和推理的过程，决定了我们的价值观和判断能力。人类的认知规律按照皮亚杰（J. Piaget）的观点分四个阶段：感知运动阶段、前运算阶段、具体运算阶段、形式运算阶段。皮亚杰以此来展现个体成长过程中，不同阶段的认知能力、认知偏好等。随着认知心理学的发展，具身认知成为认知前沿科学。具身认知强调认知由身体的物理属性决定，强调认知由个体在环境中产生，即认知的情境化，所以认知过程依赖于身体与环境。从人类认知规律来理解可见的学习，需要从以下三个方面理解：

1. 学习是从感性到理性的过程

毛泽东在《实践论》中说，“理性认识依赖于感性认识，感性认识有待于发展到理性认识，这就是辩证唯物论的认识论”。这个论断说明了人类的认知是从感性开始的，而且感性认识只是初级阶段，发展到理性认识才能形成对事物完整准确的认知。如果说有一种学习是不经过感性认知的，直接从理性认知开始，那就是欧洲中世纪的神学教育，强调经文的死记硬背，不求甚解。从学生学习来说，如果没有感性认知，学习就变成抽象符号的记忆，即使能有所理解也是以文字解读文字，难以与现实生活相联系，更不用说学以致用，解决真实生活中的具体问题。同时，没有感性认知的学习还因为符号的枯燥性扼杀了学生的学习兴趣和学习动机，学习低效甚至无效，厌学情绪自然产生。因此，学习需要从感性认知开始，让学生接触真实，体验真实，建立直观理念，激发探索欲和求知心，使学习可见。

2. 学生学习具有具身性的特质

学习是一种变化，这种变化引起的身心及行为的改变是可见的。但在“离身”思维方式的影响下，教学被定义为思维的发展和客观知识的习得，成了纯粹的观念和理念的传递，致使拒绝身体参与的学习方式占据主导地位，学习成了记忆和思考，与身体动作无关。同时，这样的观点还脱离了经验与情感，学习不仅冰冷，而且成了无源之水。按照杜威的观点，“教育即经验的改造或改组”，学生在生活中积累的经验是学习的起点和基础，同时，学习还要回归生活，到生活实践中去检验并形成新的经验。这样的学习是螺旋式的不断发展变化的过程。学习的具身性是指学习需要身体各部位的参与，不仅仅是听。“纸上得来终觉浅，绝知此事要躬行”就是说的这个道理，“实践出真知”也在强调实践体验的重要性。具身性的学习适应学生的成长特点，符合知识的认知特征，而只有学习者亲身的经历和体验才能称得上是学习，即在与经验建立联系的过程中，实现深度学习。而在这一过程中，也将通过认知、情感、行为、意志的统一，最终改变行为和促进心智的发展。

3. 学习是认知能力培养的过程

知识总量与取得的成就是否成正比？未必。学习知识很容易，改变行为则比较难，只有把知识变为我们的认知，才会带来确切的改变。《认知的觉醒》这本书中提出一种观点：**真正的学习是把知识变为认知的过程，真正有效的学习一定会改变一个人的行为**。一般来说，**学习有两个阶段：一是变未知为已知**，这是一个从 0 到 1 的过程，在这个过程中首先需要发现未知，而发现的前提是动机与兴趣，再通过探究学习达到已知的状态；**二是变已知为认知**，知道了某些知识后，还需要知道为什么是这样，以及怎么运用或者能够解决什么问题，这样就达到了认知的阶段，形成能力。所以，学习不仅仅是知识学习，而且是认知能力的培养过程。

（二）知识学习的目的与要求

学习是人类不断进步和发展的重要手段和途径。无论是在个人发展、职业发展中，还是国家和社会发展方面，学习都具有重要的意义和作用。之所以让学习可见，与知识学习的目的和要求密切相关。

1. 理解与掌握

这是知识学习最直接的目标。就是希望通过学习，学生能够理解知识的内涵进而掌握知识技能。但在目前的学习中，“不求甚解”的现象比较多，有些知识学生不理解，难以真正学会，但老师的要求有时候只是“记住就行”。死记硬背、题海战术在某种程度上虽然可以提高考试成绩，但从学习来说，离最终目标还很远。**知识理解是知识掌握的中心环节，是新知与旧知建立联系的过程，是抽象的符号**

与具体的事物之间建立联系的过程，是以思维活动揭示联系与规律的过程。理解的基础是个体的经验，关键是唤起旧知并与之建立联系。如何唤起？可以是直观的方式，即具体事物的呈现；也可以以知识可视化工具与经验建立连接，加深对知识的理解。

2. 体验与感悟

抽象的符号是冰冷的、僵死的，**如何让知识鲜活起来，激发学习的动机与兴趣？其路径就是让学习在体验中发生。**深入理解感悟的手段就是体验，但现实教学中，存在一些虚假体验的现象，例如：教师通过视频等手段营造一种情境让学生体验，这样的情境往往离学生的生活或经验较远，学生看到的只是热闹。体验就是“做中学”，就是动手操作与实践，就是让抽象的知识“动起来”，以真实的生活情境呈现，学习者是情境中的一部分。通过体验，学习者真正理解一个词代表的真实含义，了解一个符号背后的真实故事。

3. 应用与解决

如何知道真正学会了？要能够学以致用解决实际问题。所以，确定学习是否真正发生了，不仅需要学习的过程和结果可见，还需要以实际问题来检验学习成果。这种应用不是数学中简单的解题，也不是背诵等文本的重现，更不是用语言描绘一个问题的解决方法，而是在解决实际问题中的运用，即通过对真实问题的分析，准确提炼关键信息，能够正确运用所学的知识，提出解决问题的办法。应用的过程中，学习者通过分析和解构自己的知识结构，综合并灵活运用，指向问题解决。

4. 生命与生活

学习可见是因为生命可见和生活真实。学习就是一种变化，这种变化体现在个体身上就表现为生命样态的多姿多彩。“书呆子”曾经是我们对读书人的一种称谓，无所谓褒贬，只是表达了对死读书、读死书、读书死的不满。为什么“呆”？就是因为知识在这样的人身上没有体现出丰富的色彩，难以“腹有诗书气自华”。生活具有复杂性，任何问题的呈现和解决没有也不可能标明需要用到哪一个学科的知识，需要主体利用所学知识进行综合判断、分析和解决。所以，生活的真实性提醒我们，个体的学习不能脱离生活，需要从生活中来（学习的起点与资源），也需要到生活中去（学习的归宿与意义）。

（三）智能时代的知识呈现

当前社会处于急剧变化的转型期，社会信息化水平不断提高，互联网渗透到每个角落，改变着人们获取信息的途径：从单一到无限，从确定到无穷变化。技术驱动的智能化时代已经来临，这个时代知识的特点也使得学习越来越可见、越来越生动、越来越真实。

1. 读图时代来临

在现代社会中，无尽的网络文化资源充斥其中，虚拟图像、大场面视觉、可看性的音乐等构成了“读图时代”。“看”已经生活化、日常化，成为人们的一种生活方式。图像式的文化填满了当今人类的日常生活，成为人们经意或不经意间最常接触的信息形式，视觉文化和图像识别是数字化时代的特征之一，它以图像符号为视觉媒介，让人们通过对图形的认知去认识世界。人们对世界的理解和把握越来越依赖图像信息，视觉文化改变着人们的思维逻辑与认识世界的方式，也在改变着文化。图像是直观的、感性的，在相同的阅读时间内，图像能够比文字传递更多的信息。

随着知识爆炸和海量信息的涌入，读图成为最快捷、方便、直观的接收信息的方式，“眼见为实”正在向“图见为实”转变。在这样的时代，学习如果还停留在过去的通过听讲和抽象符号习得的阶段，学习兴趣和学习效率将大打折扣。吸引力、直观性、美感、全方位应该成为数字化时代的学习特质。这也预示着除了让目标、过程、结果可见之外，还要利用各种可视化工具，以各种图像来呈现学习的内容和学习的过程，改变学生的思维逻辑和学习方式。

2. 人机协同学习

随着人工智能技术的发展，特别是 ChatGPT 和最新的 Sora 的发布，人机互动性增强、人机协同学习慢慢成为新常态。这种学习有一个显著的特点，即**多模态的学习，这是指通过视听觉、嗅觉、味觉、触觉等来感知文字、图片等信息，再通过大脑综合处理进行学习的方式**。人机协同学习的特征是：海量信息，资源丰富，即具有比常态学习更为丰富的学习资源，这些资源通过搜索引擎随时可得，有助于知识的理解，直观形象，冲击力强。如果说对于知识的想象受制于一个人发散思维水平的话，那么，网络展现了超乎人类想象的直观和生动，以形式丰富的图像、视频全方位立体式展现知识，既可以细致入微，也可以宏大叙事；学习可见，因人而异，学习内容、进度、方法等均可见，而且根据个体的学习风格、学习能力等量身订制学习过程，这样的学习不仅仅能看到学习的进度，也能看到学习的错误和不足，并且可以适时纠正，有力地推进了学习；即时评价，结果可见，人机协同学习真正可以做到评价贯彻始终，不仅可以对是否学会的结果进行评价，也可以对学习过程进行评价，甚至可以一步一评，根据学习者的需要进行，打造“私人订制”的学习。人机协同学习充分发挥了人工智能的优势，让学习变得可见、快乐。

3. 泛在体验情境

“泛在”的意思是广泛存在，表现为无所不在、无所不包、无所不能，在任何时间、任何地点，任何人、任何物都存在。信息技术的高速发展，使得学习方式和学习体验与以往相比具有很大的不同，这种不同主要体现在无处不在、无时不在的学习情境和唾手可得的过程体验。情境学习理论认为，学习行为最容易发生在外在信息与具体情境紧密相关且能立即付诸实际应用的情境中。**泛在学习将学习者置于真实的问题情境和语言环境中，达到情境中体验、体验中学习、学习中创新的目标。**情境中体验，即所有的学习均需要营造各种各样的情境，包括真实的与增强/虚拟现实的，给予学习者真实的感知与体验，获得对知识的初步认识；体验中学习，即通过初步感知产生动机，通过操作与体验获得知识，形成经验；学习中创新，就是在学以致用的过程中产生新知或者产生新的问题，不断更新认识与经验。

三、怎么办：让学习可见的策略

可见的学习是学习者创造的，是学习者的学习，只有学习者才能炼制出与自身相融的特有意义。换句话说，学习者不是单纯的学习“参与者”，而是其所学东西的“创造者”，别人永远不可能替代他去学。[1]那么，如何在教学中创造可见的学习呢？

（一）结构化的教学设计

结构化的教学设计就是改变教学设计的线性，让目标、过程与评价之间建立系统联系，即教学评一体化或者一致性。这里主要要求：

教学目标结构化。即系列教学目标必须“清晰、可测量、能达到、规定时间、有关联”。改变目标的笼统、宽泛、大而空等现象，使得指向性更加明确，更能够实现而且体现逻辑性。

教学过程结构化。即教学的组成部分之间具有逻辑性和层级性。

教学情境结构化。即创设的情境不仅真实，而且具有系列化和序列化的特质，就像连续剧一样，让学生能够真正置身其中。

知识结构化。不仅本节课、本单元的知识结构化，而且要关注这一学科知识，使其能够打开一扇窗，建立体系化的知识。

活动结构化。即设计的学习活动具有结构性，彼此之间不是割裂的，而是联系的。做到活动中知识学习的连续性。

（二）可视化的思维工具

思维可视化是指运用系列的图示工具，比如思维导图、思维地图、语义图、脉络图、鱼骨图、气泡图，还有各种模型图、概念图等，把不可视的思维清晰可见，以建立直观的思维过程。工具的运用根据不同知识的特征进行，其目的就是呈现思维过程，培养思维能力，使得理解的过程更加深入、彻底、系统。

（三）真实性的问题解决

学习就在于意识到已掌握的知识不太适合或者完全不适合处理当下的情境，因而要超越这些原初的、先有的概念，从一个认知层面跳到另一个认知层面。如

① 焦尔当．学习的本质 [M]. 杭零，译．上海：华东师范大学出版社，2015.

何认知，需要在真实的情境中进行。所以，情境必须是真实的，即来源于生活、来源于经验、来源于体验，这就成为学习真实发生和学生真正学会的标准。因此，教学中必须设计真实问题，并提供可能的可视工具促进问题解决。

案 例

思辨性阅读与表达任务群：《西门豹治邺》第二课时教学设计

【学习目标】

聚焦“中华智慧故事”，学习西门豹的智慧之举。

1. 学会借助思维导图简要复述故事；

2. 学会通过比较分析、假设讨论辨析真与假、善与恶，体会西门豹将计就计、假戏真做等智慧；

3. 能够借助阅读材料有理有据地发表自己的观点，学习西门豹实事求是的科学精神。

【学习任务与活动设计】

任务	活动	思维工具 / 支架
一、复述“调查民情”	活动 1: 根据气泡图简要复述“调查民情”	气泡图
二、分析“惩治恶人”	活动 2: 完成鱼骨图，简要复述故事	鱼骨图
	活动 3: 比较分析，辨真假	对比分析
	活动 4: 假设讨论，悟巧妙	情境创设：公示
三、理解“兴修水利”	活动 5: 追究原因，理解科学治水	补充阅读材料

【学习过程设计】

任务一：复述“调查民情”

活动 1：根据气泡图简要复述“调查民情”

1.《西门豹治邺》是一个“中华智慧故事”，这节课，就让我们再次走进故事，开启智慧之旅。【板书：智慧】

我们先来回顾一下故事内容。故事主要讲了三件事，还记得吗？【板贴：调查民情　惩治恶人　兴修水利】

2. 上节课我们学习了“调查民情”这件事，课后同学们用气泡图整理了主要内容，我们来欣赏一下（出示气泡图）。

谁来借助气泡图简要复述西门豹“调查民情”这件事？（西门豹看到田地荒芜，人烟稀少，就找老大爷调查原因，原来……）

评价：复述得条理清晰，内容完整，真棒！

任务二：分析“惩治恶人”

活动 2：完成鱼骨图，简要复述故事

1. 巫婆和官绅们以“河神娶媳妇”为借口骗钱害人，真是太可恶了！那么西门豹是怎么惩治他们的呢？先来看看西门豹怎么惩治巫婆的？（出示课文第 11 自然段）——请你读一读，找一找。

交流指导：你们一下子找到了关键句子。这是西门豹说的（画线）。这是西门豹做的（画线）。

谁来读读西门豹说的。——西门豹的话是什么意思？——圈一圈。

谁来读读西门豹做的。——圈一圈。

我们可以把关键词语圈出来。

看，这叫“鱼骨图”，和气泡图一样，是思维导图的一种。现在我们把西门豹说的填在上面，做的填在下面。

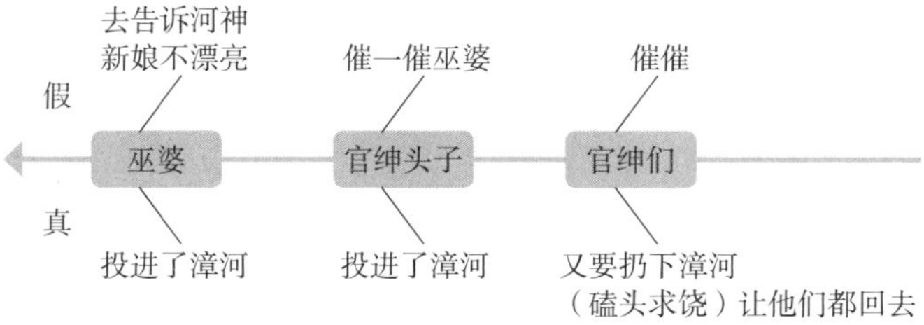

请你用同样的方法自学第 12—14 自然段（读一读，画一画，圈一圈，填一填），接着完成鱼骨图。

交流鱼骨图填写。

2. 你能借助鱼骨图简要复述“惩治恶人”这件事吗？

到了河神娶媳妇的日子，西门豹带着卫士，真的来了……

评价：你把西门豹如何惩治巫婆和官绅的过程复述清楚了，真好！

活动 3：比较分析，辨真假

1. 同学们，你们觉得漳河里到底有没有河神？——没有。西门豹知道漳河里没有河神吗？——知道。那他为什么还要这么说？

原来，西门豹说的是假话，真正的目的是惩治恶人。这就叫——【板书：将计就计、假戏真做】

想一想，该怎么读好西门豹说的话（话是假的，说得要特别真）。自己练一练。

2. 巫婆说，不给河神娶媳妇，漳河就要发大水，是假话；西门豹也在说假话，他们一样吗？——不一样。巫婆以“河伯娶媳妇”为借口骗钱害人，西门豹以“河神娶媳妇”为借口惩治恶人，帮助老百姓，目的不同。

3. 既然要惩治恶人，为什么最后还是把官绅们留下了？

罪魁祸首是巫婆和官绅头子，擒贼先擒王，给官绅们改过自新的机会，一起管理好邺县。并且已经破除了迷信。

活动 4：假设讨论，悟巧妙

如果西门豹在调查民情后，直接出了这样一个告示：

巫婆和官绅们利用河神娶媳妇骗钱害人，现立马逮捕巫婆和官绅头子，押入大牢，秋后问斩！

你觉得这样做好吗？我们来讨论一下。（巫婆：可以通鬼神，为人祈福消灾、占卜未来的女子。官绅：古代有权有势的官。）

指导要点：

1. 耳听为虚，眼见为实，要用事实来说话，才能让老百姓相信。

2. 巫婆和官绅身份不一般，要对付他们一定不能硬碰硬，要用巧妙的办法。

小结：看来，惩治恶人要有理有据，用事实说话，还要讲究方法，这样才能惩恶扬善。

任务三：理解“兴修水利”

活动 5：追究原因，理解科学治水

1. 最后我们来看看“兴修水利”这件事。课文就用两句话来写，我们来读一读。尽管只有两句话，却告诉我们西门豹怎么做的？——开凿了十二条渠道。结果怎样？——年年都获得好收成。

2. 看来，要解决“田地荒芜，人烟稀少”的问题，关键是要治好漳河。这究竟是一条怎样的河呢？我们来了解一下。

介绍：漳河素有“小黄河”之称，水流湍急，洪流夹带大量泥沙，穿峡谷，越断崖，奔腾而下。历史上，漳河上游十年九旱，下游经常发大水。（出示图片、视频）

西门豹开凿了十二条渠道，干旱时可以把漳河的水引到田里，灌溉庄稼；发大水时又可以快速排水，避免田地被淹。这一做法使当时粮食产量提高 8 倍以上。

听了介绍，你觉得西门豹治理漳河的方法怎么样？

是啊，根据实地情况，采取科学的方法治水，才能从根本上解决问题。

【板书：科学治水】

【总结】：今天的智慧之旅结束了，同学们，通过这节课的学习，你收获了什么智慧呢？

其实，像《西门豹治邺》这样的中华智慧故事有很多，比如《大禹治水》《卧薪尝胆》《毛遂自荐》等等。课后，希望同学们多读中华智慧故事，学习更多的智慧。

【板书设计】

西门豹治邺	智慧
调查民情	将计就计
惩治恶人	假戏真做
兴修水利	科学治水

（此案例提供者：王凤芳，昆山金城实验小学校长）

13

深度学习怎样实现?

深度学习的“深”，在于从旁观者学习到参与者学习，从浅层知识的记忆到知识的深度加工，从单向度的认知到包括滋养精神成长的完整知识。

深度学习要生成思维的连续性，这种连续性可能是触类旁通，有效迁移；可能是学习的情境带来积极暗示，引发新的问题；也可能是灵光闪现，思接万载。

深度学习是个热词，但众声喧哗，有时也使人莫衷一是，需要大家多花些气力，以求准确地理解和有效地落实。

一、深度学习兴起的必然性

1. 消解认知教学积弊的要求

传统的知识教学，以应试为中心，而考试则以知识点考查为主要特征。这就造成学知识点、教知识点、练知识点、考知识点的学教考的恶性循环，造成学生认知学习出现一系列突出问题。比如：**浅，学习大都浅尝辄止**，只到符号层面，而不能往思维层面、价值层面走；**碎**，教的是一个一个的知识“点”，**“点”与“点”之间没有勾联**，知识是散点式而不是结构化；**单**，单向度的，即只是知的向度，**知识内在情意和文化的意蕴被忽略或丢失；惰**，因为只是浅表的、零碎的、单向度的知识，因此**知识缺乏生气与活力，**考完了，常常就还给老师和书本了，因为这种知识是惰性的，是没法迁移和应用的。要改变这些积弊，学习就要向深度打开。

2. 多学科突破性研究的推动

大家都知道，深度学习有多学科的话语维度。首先在机器学习领域，是通过数据特征的提取，发现并表达样本数据的转换层级。在这个基础上，不少具有人工智能特征的深度学习模型在诸多领域发挥着广泛影响。长期以来，人们认为学习是一个“黑箱”。教育领域在学习科学的研究方面，一直在进行揭示“黑箱”的探索。学习怎样由“浅层”走向“深层”，认知心理学界的研究处于不断进展之中，计算机领域深度学习概念的引入大大推动了学习科学的研究，进而形成教育语境特别是课程教学论语境的深度学习理论。应该看到，多学科关于深度学习的研究，是相互影响、互为推力的。比如，《深层学习——心智如何超越经验》的作者斯特兰·奥尔松（S. Ohlsson）本身是心理学教授，也是计算机科学兼职教授，而研究的合作者涉及物理、数学、计算机等多个领域，其跨学科研究的特点可见一斑。[①] 教育领域和计算机领域，都是对人或者模拟人神经网络活动的研究，多学科研究的相互影响，大大提高了深度学习理论的成熟度。从学习科学看，由浅入深的路径会得到更好的揭示。

3. 培育核心素养的呼唤

从世界各国的教育改革看，可以说已进入了核心素养的时代。我国 2014 年提出立德树人、培养核心素养的时代使命，继而研究学生发展核心素养，然后 2017 年高中率先启动，到 2022 年义务教育整体布局到位，新一轮课程改革学科教学都是在聚焦核心素养的培养。核心素养在空间维度具有完整性特征，在时间维度具有未来性特征，无论对于个人还是社会，都意义重大。怎样才能培育核心素养呢？最为关键的就是深化课堂教学改革，推动深度学习。正因如此，自 2014 年开始，教育部课程教材发展中心组织专家在实验区开展深度学习的研究与实践，各地学校和老师也多有自发地开展深度学习的探索。初步的研究成果让人们对深度学习更加增加了期待感。

二、深度学习“深”在哪里

1. 从旁观者学习到参与者学习

按照旁观者学习观，知识的学习是主客两分的，知识是“他者”，所以考完试就“还”给课本和老师了。新课程倡导参与者知识观，学生在老师的引导下主动参与知识的建构，在“做事情”的实践中领悟知识，将知识内化，使知识成为自身的一部分。所以，深度学习最重要的是学习的姿态，是学习者主体性的确立，激活学生的内在活力，引导学生以积极的情感投入学习，在学习过程中获得自我

① 奥尔松．深层学习：心智如何超越经验 [M]. 赵庆柏，唐云，陈石，译．北京：机械工业出版社，2017.

满足，这是前提性的，也是决定性的。诚如有学者这样形容自我促进的学生，“他们泰然自若并且乐于学习，他们追求课程要求以外的知识……他们主动而非被动地获取知识。他们的惊奇远多于忧虑，而且他们甚至说学习给予他们热切与振奋的感觉”。[①]

2. 从“浅层”到“深层”

这是深度学习最显明的意思。什么叫浅层？什么叫深层？浅层与深层是什么关系呢？笔者以为新西兰学者约翰·哈蒂在《可见的学习——最大程度地促进学习》中说得比较清楚。他认为**理解有四个层次，分别是“单点结构层次”“多点结构层次”“关联结构层次”“抽象拓展层次”，它们分别指“一个观点”“许多观点”“相关观点”和“拓展性观点”。前两个层次是表层学习，后两个层次属深层加工。**[②] 仅仅到表层是不够的，仅仅为了表层更是错误的，但处理得好，表层、浅层与深层是一个连续体，深层学习可以在浅层学习基础上进行。从哈蒂的阐释看，深度学习重要的是思维的进阶，是从“点”到结构化，从事实性到抽象性，从领会到应用。我国学者近些年来有大同小异的表述，一般认为知识有符号层（概念）、逻辑层（思维）、意义层（价值、情感等）。综合这些表述，笔者以为，**“深度”（深层）有如下表征：①知识图式化、结构化，新知纳入了已知，知识体系得到更新、优化，此时，知识已经内化。②知识可以迁移、应用。这一方面是因为知识的结构化使之具有迁移的可能，另一方面学习者有运用知识的兴趣和习惯。③形成洞察力。这是基于知识的关联性又超越关联性的能力，知识已经转化为思想的武器。在具体情境中看得准、看得透。**爱因斯坦说，对表面现象之后隐藏的规律的感觉，使我们形成直觉。庞加莱说，逻辑用于证明，直觉用于发明。洞察力应该是一种创新的素质。④**共鸣性的产生。**学习者对情感、价值和学科本质有所领悟，高度认可，

① 詹森，尼克森．深度学习的 7 种有力策略 [M]. 上海：华东师范大学出版社，2010.
② 哈蒂．可见的学习：最大程度地促进学习（教师版）[M]. 金莺莲，洪超，裴新宁，译．北京：教育科学出版社，2015.

有的还发生强烈共鸣，在认知的同时，也实现了价值认同。

3. 从单向度到完整

浅层的学习、讲授和记忆的都是知识点，只是符号意义上的知识，只能是单向度的。如前论及，知识本身是完整的，深度学习就是完整的学习。同时，**更要看到，深度学习不仅仅是“深”到知识里，还要“深”到人的成长里，“深”到获得滋养精神成长的完整知识。**“儿童正是作为一种精神上的存在而不仅是肉体上的存在，才给人类的发展提供了原动力。也正是儿童的精神，决定了人类发展的进程，并有可能把人类引向更高级的文明。”[①] 深度学习要关注高阶思维，要关注知识的深度，更要关注儿童精神的成长。**所以，要引导学生像专家一样思考，“重返”知识生产的现场，学会专家的思考而不是记住专家的结论，并在经历过程中体会专家生产的激情和智慧；**要以挑战性学习贯穿学习始终，锤炼自己解决问题的意志，培养自己有效解决问题的能力；要倡导“做中学”“用中学”“创中学”，在主动学习中提高自己的实践智慧；要在教师管理的“公共世界”、同伴互动的“半私人世界”、学生个体的“私人世界”（哈蒂语）这三个世界的有所区别又相互融通中建构积极成长的社会情境，使个体性和社会性达到更高水平的平衡。如是，学生的完整成长才是可能的；许多学者期盼的，深度学习促进学生作为具体的社会历史实践主体的成长和发展，也才有可能。

走笔至此，抄几段对学习、深度学习下定义或做阐释的话，相信会有助于我们对深度学习的理解。

“学不可以已。”（《劝学》）这一句不是说具体的学习行为不可以停止，而是说学习是对生命意义的超越，所以不可以停止。这对于我们理解完整人的培养是有意义的。

“学习是通过学习或亲身经历而获取知识、技艺、态度、心理、概念或价值

① 蒙台梭利．童年的秘密 [M]. 金晶，孔伟，译．北京：中国发展出版社，2006.

观的过程，还是促进脑记忆的可测变化的训练过程。”① 这是在深度学习语境中学者的一句话，包含了从浅层到深层、从单一知识维度到知识完整性的思想。

“所谓深度学习，就是指在教师引领下，学生围绕着具有挑战性的学习主题，全身心积极参与、体验成功、获得发展的有意义的学习过程。在这个过程中，学生掌握学科的核心知识，理解学习的过程，把握学科的本质及思想方法，形成积极的内在学习动机、高级的社会性情感、积极的态度、正确的价值观；成为既具独立性、批判性、创造性，又有合作精神、基础扎实的优秀学习者，成为未来社会历史实践的主人。”② 这是郭华教授对深度学习概念的解释。相对而言，在教育学语境中，这是我们见到的比较全面的、准确的阐说。

三、怎么具体实施深度学习

1. 教师的引导

深度学习是在教师引导下实现的，切记“您课堂中最重要的因素是：您，对这一点我们怎么强调都不过分”。③

第一，要研究学生。诚如有作家所言：“如果我们写得不够好，是因为我们与生活贴得不够紧。”如果我们教得不够好，是因为与学生走得不够近。要了解学生的“前拥知识”，这是教学的起点所在；要了解教学真实情境中的学生，分析在某种物理环境和社会环境中他的潜能被激活的可能性，以促进其“跳一跳、摘得到”；要研究学生的个体差异，把“面向全体”落实到每一个鲜活的个体身上。

第二，要研究知识。刘玮认为，首先，教师要从学科的本质属性出发，呈现学习材料的纵向发展，通过知识的承继与演进，揭示已有经验与新学知识之间的内在联系。其次，教师要从单一学科知识教学的窠臼中解放出来，实现与其他学

①③ 詹森，尼克森. 深度学习的 7 种有力策略 [M]. 上海：华东师范大学出版社，2010.

② 郭华. 深度学习及其意义 [J]. 课程·教材·教法，2016，36(11)：25-32.

科知识之间的有效连接，形成跨学科知识的重组与再构。可以通过不同学科知识的跨界关联，以主题学习、研究性学习和实践应用等方式建构横向知识群，形成活化的整体性的知识体系。再次，教师要对学习材料进行多元连接，呈现结构化、模式化的知识体系，这样才能促进学生从碎片化学习、浅表化学习走向系统性学习和深层次学习。由此，学习不再是点状知识彼此孤立的堆砌，而是结构化关联的掌握与应用。学习不再是知识单向度的延展，而是学习者个体对知识多向多维的结合与建构。①

第三，要进行专业化的设计和规划，要以核心学习任务为中心，围绕引导学生触摸、理解核心知识，组织学习活动。比如，怎么构建一个学习情境？最好是与现实生活密切关联，可以是真实生活的情境，也可以是有真实感的模拟情境。怎么设计挑战性的学习活动？问题（任务）驱动、自主（包括自己主导的合作）探究，学习或项目完成后，进行学习结果的交流分享和内化反思，等等。总之，要有一个心中有底的谋划。在学习过程中，怎么选择学习方式？怎么使用学习工具？这也是要未雨绸缪的。学习方式有通用的，也有与学科、与学习风格相匹配的，教学的针对性往往与学习方式的适配度有关。学习工具应当有系统开发的意识，有能够满足学习需要的工具箱。在教学设计中，要有机地融入评价设计。崔允漷教授等提出“教、学、评一致性”，按照他们的建议，学习目标明确之后就要设计评价任务，评价设计要先于教学设计，即明确我们要到哪里（学习目标），怎样才能表明我们到了那里（评价任务），我们怎么到那里（学习过程）。这是一个完整的过程，必须作为一个整体来设计。

第四，在学习过程中要为学生提供有效的帮助，这种帮助可以是预设的。教师在教学设计时预估学生会在某个知识爬坡的过程中有困难，在教学现场也确实出现了这种情况，教师有备而来，及时提供了学习支架，帮助学生跨越了障碍。这种帮助也可能是随机生成的。课堂脉络的走向充满不确定性，无论怎么精心设计，

① 刘玮．为素养而教：深度学习的三重向度与实践建构 [J]. 江苏教育，2020(22)：7-11.

都不能穷尽教学现场的千变万化，教师及时的点拨、引导就变得非常重要。这需要教师“短备课”和“长备课”统一。“短备课”是针对具体教学内容的，要有通透感，不能“夹生”；“长备课”是教师长期的知识积累和素养储备——所谓“教学机智”，考验的就是教师的素养和功力。

2. 学生的亲历

教学的关键，在于学生真正地学，在于所有的学生都在学，在于都能有深度地学。

第一，经历深度学习路线。《深度学习的 7 种有力策略》描绘了深度学习路线，分为 7 个步骤：设计目标与内容；预评估；营造积极学习文化；预备与激活先期知识；获取新知识；深度加工知识；评价学习。这是教的路线，也是学的路线。著者认为，走完这 7 个步骤，才能激发学生达到深层水平的学习。① 在阐说这个路线图产生的理由时，著者提到：“为了在稍高于其能力水平的层次上激发所有学生，让他们可以体验成功；为了展示学习前、学习中、学习后的加工步骤；为了恰当地采取步骤以使所有学生在其当前水平上实现深度学习。”② 我们认为，这个路线图是有很大参考价值的，老师们可以在此基础上调整优化，引导学生经历其历程，以获得杜威所说的完整经历的“一个经验”。

第二，让经历成为积极的主体参与。学习应当是主体行为，**有主动的意愿，有自主的规划**，能够自己参与调控学习过程的走向；主体参与的形式是“做”，**通过任务的完成和问题的解决，进行学科和跨学科的实践**；主体参与**指向挑战性任务的完成**，这个过程主要是思维的爬坡；主体参与**倡导具身性**，具身指的是人的心理和生理相互结合，身体与环境相互作用，具身学习克服了主客分离，如有的教育家所言，“知识就是舞蹈”，人与知识可以相拥起舞；这种主体参与**应当是连续的、多维的**，连续指时间上的系统性，多维指空间上体现集体性学习的优势，在相互启迪、意义协商的过程中“生产”知识；这种主体参与应当走向审美，

①② 詹森，尼克森. 深度学习的 7 种有力策略 [M]. 上海：华东师范大学出版社，2010.

一方面情感与认知相伴而行，学习过程充满愉悦感，另一方面学习过程和学习成就达到理想状态，形成审美的高峰体现。

第三，以思维发展构建经历的主线。**思维发展不是深度学习的全部，但这是一条明线，一些意蕴性的内容，如情感、道德、审美，都是隐含其后、融于其中的。**所以，还是有必要拎出来加以阐说，一是让学生享有思想的自由，倡导深度学习的积极文化，重点是打开学生的心灵，在惬意的情境中启迪灵慧，不仅要鼓励学生放飞思想，还有对学习中出现错误时相机采取的保护、鼓励，真正让学生知无不言，畅所欲言。二是创设问题情境。好的学习情境不应是把学生的已知具体、直观地表现出来，而是隐含着与学生已知的差异，包孕着内在的素质。学生进入情境后受到一种暗示，思维就会被激活，心智就会启动，积极寻找可能的解决办法。于是，就会进入杜威描述的“思维五步”的第二步：“使感觉到的（由直觉经验得到的）疑难或困惑理智化，成为有待解决的难题和必须寻找答案的问题。”① 三是引导学生科学、得体地运用思维方式。注意对应性，考虑学段、学科思维的特点，体现综合性、思维能力培养与一般能力、学科特殊能力培养应当综合考虑，比如思维与观察、思维与记忆是紧密联系的，数学、地理等学科的空间想象力本身就是这些学科特殊能力的一种。倡导整合性，首先要关注思维方式内部的整合，如逻辑思维中演绎与归纳就是思维这把刀的刀刃的两面；逻辑思维与形象思维也常常交融在一起，创造性思维则更多运用到形象思维、直觉思维、灵感思维，但人们关注到瓦特发明蒸汽机是在类比基础上进行推导的。② 四是关注对知识的深度加工。深度学习很重要的表征是深度加工知识，并在加工中实现思维进阶。深度学习路线图在这个步骤中提出四个领域：为感知而加工，为分析而加工，为应用而加工，为同化而加工。③ 显然，这为我们提供了打开深度学习之门的钥匙。五是

① 杜威．我们怎样思维、经验和教育 [M]. 北京：人民教育出版社，2005.

② 杨九俊．打开思维之门 [J]. 江苏教育研究，2008(2)：13-17.

③ 詹森，尼克森．深度学习的 7 种有力策略 [M]. 上海：华东师范大学出版社，2010.

生成思维的连续性。怎样使教学不是句号，而是会产生新的问号，关键在于思维的连续性。这种连续性可能是知识已经产生迁移的动能，学会触类旁通，实现有效迁移；可能是新的相关情境得以呈现，新的暗示引发新的问题；可能是思维的篱笆已经拆除，学生不再徘徊在逼仄的思维通道而有了广阔的思维空间；可能是直觉、灵感等思维方式已经掌握，灵光闪亮，思接千载，呈现一片新的天地。如是，这样的主体参与，是思维在发展，更是完整的生命在升腾。

3. 效能的达成

学习有没有充实感，是检验教学是否成功的关键。教与学的效能是否达成，主要体现在四个方面：第一，学生对知识是否真正理解，其关键主要是内化和应用，做到位就是“学会”了。第二，学习方法和学习策略是否形成。教学总是想授之以渔，“教是为了不教”，关键在于学生是否掌握学习方法和学习策略。所谓“会学”，正是对这方面的要求。第三，学习动力值有没有增强。“兴趣是最好的老师”，“想学”最重要，内驱力有了，学习动力就形成了。第四，是否有情感的共鸣和价值观的领悟。所谓“以情激情”，其中的“情”包括知识、教师、学生三方面的；而从认知走向认同，表明价值观正在生根，“教书育人”大抵指向这个方面。当然，除了上述从学生角度讨论的四个方面外，还有教师的角度。“教学相长”，好的教学本身也是教师专业进步的过程。[①] 笔者经常说，名师的高度是一节一节高质量的课垫就的，这应该也是教学效能的重要表征。

① 杨九俊.深度学习的实现[J].教育研究与评论，2021(6)：4-6.

14

如何创造“一个经验”的学习?

“一个经验”是指学习者在与新知识遭遇的过程中获得的关于客观事物的现象和外部联系能动的认识，以及其具身接触客观事物、认识客观事物的完整过程。培育学生的“一个经验”，可以帮助其克服知识学习的碎片化倾向，消弭学习过程的旁观者意识，淡化学习过程的功利性追求。在重构指向“一个经验”的学科教学时，需要从“离身授受”到“具身经历”，在“做中学”中生长主体性经验，从“课时主义”到“主题单元”，在“用中学”中丰富连续性经验，从“散点习得”到“整体关联”，在“创中学”中培育交互性经验。

《义务教育课程方案（2022 年版）》指出，课程改革要着力变革育人方式，突出学科思想方法和探究方式的学习，加强知行合一、学思结合，倡导“做中学”“用中学”“创中学”。如何建构这样高品质的学习生活呢？杨九俊先生曾深入地做过这样的研究，他认为，杜威关于“一个经验”的美学思想既是一种优化的教学方式，也是一种高品质的学习生活。但是，相关“一个经验”的研究者不多，在学校课程改革的过程中付诸具体实践的更少。一线的中小学教师对如何开展基于“一个经验”的学习感到非常迷茫。什么是“经验”？什么是“一个经验”？“一个经验”的教学有什么样的特征？如何培育“一个经验”？这些都是必须厘清的问题。本章将沿着海德格尔（M. Heidegger）对教育现象“去蔽、澄明、敞亮”这一研究脉线，对这几个问题展开论述。

一、去蔽：何谓“一个经验”

1. 关于“经验”

长期以来，一论及“经验”，人们常常将其理解为个人的主观感觉，因其主观性、不可靠性以及无理性特征而贬低它的价值。教育学中关于“经验”的认识其实不然，很多学者都有论述，比较典型的理解有：

经验是有机体与环境的交互作用、做与受的统一。在杜威的经验自然主义哲学中，经验是“一个生物与它的自然以及社会的环境交互作用的事情”。正是有机体与环境交互作用的“做”与“受”的统一构成了经验最本真的样态。有机体在环境中生成与生存，一方面受环境的影响与制约，必须根据环境的变化不断调整自己，另一方面也通过对环境的积极改造，使环境朝着适合自己生存的方向改变和发展。在杜威看来，正是人们对环境积极改造的行动，“使经验变成了首先是‘做’的事情”，“动作和体验或经历形式的密切联系就是我们所称的经验”。①

经验是具有内在时间结构的流变的整体。罗森塔尔（A. M. Rosenthal）认为，“经验是时间性的，它乃是一连绵不断的经验流，其过去内容持存于现时并决定着未来的可能状况……现时在其连绵不断的延伸过程中既包容了过去，也包容了未来。”②

经验是反思前的原初经验和理性化的反省经验的统一。在杜威看来，经验分为两种，一种称为“非认知的经验”，另一种称为“认知的经验”。所谓“非认知的经验”是我们所直接“占有的”和“欣赏的”“现实的直接对象”，是未经反省的混沌未分的原初经验。这种原初经验如同我们“粗糙的日常经验”，它是混乱的、零碎的、偶然的、未受人的意志调整的，充满了挫折和障碍。而当“反省思考把混乱、模糊和矛盾转变为明朗、确切和一致”时，“被经验到的事物被转变为对象”，原初经验则转变为反省经验。

综上所述，经验即是指作为个体的人在与客观事物接触的过程中，通过感觉器官获得的关于客观事物的现象和外部联系的认识；经验亦包括作为个体的人接触客观事物、认识客观事物的过程。

2. “一个经验”的内涵意蕴

杜威多次强调“一个经验”，甚至常常在“一个”下面加上着重号。在以上讨论经验时，其实已见杜威所说的“经验”已有“一个”的内涵。这里从完整性上再加以阐述。

内容的整合性。杜威认为经验有认知的、智力的，也有非认知的、非智力的。杜威把经验与生活联系在一起，主张应该从“生活即教育”的视角认识经验，从

---

① 杜威 . 学校与社会：明日之学校 [M]. 赵祥麟，任钟印，吴志宏，译 . 北京：人民教育出版社，2005.

② 罗森塔尔 . 从现代背景看美国古典实用主义 [M]. 陈维刚，译 . 北京：开明出版社，1992.

存在论的视角认识经验。经验包括了全部的生活和历史。如现代教育普遍存在的割断学习与生活的联系、把学习仅仅看作是智力活动，那是与杜威所说的经验大相径庭的，与学习的本质也是相距甚远的。“一个经验”的建构，要从生活方式、生存状态、生命表现的广阔视角去认识。学习本身也是一种情感生活、审美生活。“经验关于它自身所提示的是一个真正的客观世界，这个世界进入人们的行动和遭受的苦难之中，并且通过反应而经历种种变异。”经验的建构是学习者的生存状态、生活方式、生命表现，它是一种认知活动，也是一种情感活动、审美活动，是生活的全部所在，只有这样，“一个”才真正存在，而不仅仅是似有实无的“一个”。①

过程的完满性。“我们在所经验到的物质走完其历程而达到完满时，就拥有一个经验。”在杜威那里，“一个经验具有一个整体”。为什么杜威要给“一个”加着重号呢？是因为他所观察到的常常是不完整的残缺的经验。比如教学论要求学习从直观感知进入抽象、概括知识，再到知识的具体化应用，而实际上最后一个阶段常常是缺失的，或以几道练习题代替。现在强调大观念、大主题、大任务教学则需要跳出知识点去建构“一个经验”，给学生的学习以完整的时间，从而实现真正的学习。

境界的审美性。杜威把审美性当作“一个”的重要表征。这种审美性通常是以思维活动为内轴的，“一个思维的经验具有它自身的审美性质”，就是基于思维的心灵活动讨论的；“使一个经验变得完满和整一的审美性质是情感性的”，正是认知与情感统一，具有了“运动和变化中的复杂经验的性质”；“一个经验”具有内在的和谐美，“每个相继的部分都自由地流动到后续的部分”，就像呼吸一样，是一个摄入和输出的节奏性运动；它又往往将有机物带入审美的高峰体验，“其结果是一个高潮”，“其中带有它自身的个性化的性质以及自我满足”。杜

① 杨九俊．一个经验：培育核心素养的路径选择 [J]. 教育发展研究，2022(24)：17-21.

威接着确认：“这是一个经验。”

为了更加形象地说明“一个经验”，杜威曾经打过一个这样的比方。“如果我们想象一块向山下滚动的石头拥有一个经验，我们也许会得到一个一般化的描述。石头从山上开始持续地向山下滚动，直到停止。我们可以想象，石头获得了到达山下的最终结果；它对途中所遇到的事物，对推动和阻碍其运动，从而影响其结果的条件充满兴趣；它会根据运行过程中阻滞和促进其滚动的功能与感受去做事；以及最后的终止与所有此前作为一种连续运动的积累联系在一起。于是，这块石头就拥有了一个经验，一个带有审美性质的经验。”[①] 由“石头下山”的比喻来看“一个经验”的学习，我们知道，这里的“一个”不仅是指知识学习一个完整的时间单位，它还指知识学习一个完整的经历。“一个经验”，即是指作为学习者的人在与新知识遭遇的过程中通过感觉器官获得的关于客观事物的现象和外部联系能动的认识，以及其具身接触客观事物、认识客观事物的完整过程。它的形成具有三个特征，即经验过程的完整性、经验主体的具身性和价值取向的审美性。

二、澄明：为何要培育学生的“一个经验”

之所以需要培育“一个经验”，乃是因为“一个经验”的学习有利于学习者完整地经历知识形成的过程，有利于学习者于学习过程中主体能动作用的发挥，有利于学习者在认知与情感统一的过程中实现知识学习的有意义建构。而所有这些都将促进学科核心素养的培育。

1. 以“一个经验”过程的完整性克服知识学习的碎片化倾向

以小学数学为例，现行的小学数学教材中作为教学内容的知识多采用分散的方式编排，并分布于多个学期。因为教学质量的评价与监测多是指向评价前某一阶段时间的教学内容，于是在现实的数学教学中，很多教师功利地让儿童着力于

① 杜威．艺术即经验 [M]. 高建平，译．北京：商务印书馆，2010.

眼前学习内容孤立的“知”，而不去探索对教学内容整体的“识”。教学往往表征为相互割裂的“点状”知识的简单累积，缺乏对数学知识形成、层递与发展整体性的了解和经历。以“小数的初步认识”的教学为例，常见的教学过程是借助米尺、人民币等，引导学生从生活中的数量相等过渡到分数与小数的相等关系，形成对小数意义的理解。但教师往往会忽视数与形的有机结合，割裂整数、分数与小数相同计数单位的内在联系。缺少了学科知识学习的广度、深度和关联度的结构化过程，学生关于新知识的学习没有在已有的经验、知识本身的基础上建立起新的认知经验。

而“一个经验”的学习，则是学习者已有的经验与新的经验之间不断地融合、相继与统整。这里的“一个”表明经验的形成是一个时间上连续的事件，知识学习是以关联、持续和递进的样态生长的。杜威认为，只有这些经验实现内部融合以后，我们所经验到的事物走完其历程而达到圆满时，才会形成“一个经验”。由此可见，“一个经验”的学习不仅有利于学生克服学习方式固有的碎片化思维，还有利于建构一个连续、立体、迭代的“知识之网”。

2. 以“一个经验”主体的具身性消弭学习过程的旁观者意识

《义务教育课程方案（2022 年版）》指出，要加强课程内容与学生经验、社会生活的联系，强化学科内的知识整合，突出学科思想方法和探究方式的学习，加强知行合一、学思结合，在“做中学”“用中学”“创中学”的真实情境中培养学生综合运用知识解决问题的能力。然而，在实际的学科教学中依然存在着教对学的遮蔽、知与识的割裂、体和用的疏离等现象。在这样的教学中，学习者没有经历知识有意义建构的过程，或者说此时的他只是一个“旁观者”，其所见的只是作为结果的“知识”。如何走出传统教学中知识学习与素养培育分离脱节的窠臼，建构基于学业质量标准的教学过程，是学科教学实践的应然方向，也是学科教学培育核心素养、实现学科育人的必然追求。

给儿童学习完整的“一个经验”，即是承认知识学习是一个积极的经验过程，人与新的事物相遇时，不是单向的主体遇到客体的过程，而是作为学习者的主体与环境及事物的相互作用。在这一相互作用的过程中，既包含着环境及其事物作用于学习主体所产生的“受”，也包括学习主体作用于环境及事物的“做”的过程。在“受”与“做”统一的过程中，学习者具身参与其间，经历着知识的发生、发展与应用。此时的学习者已经不再是那个旁观的看客，他在“做中学”，他在“用中学”，他在“创中学”，他在主体能动的学习中丰富并再构着自己的知识系统，他在经验事物的过程中也获得了一个完整的经验，即“一个经验”。

3. 以“一个经验”的审美性淡化学习过程的功利性追求

“一个经验”具有情感性。正是因为情感性的存在，教学才有了审美性，它就如一条串起珍珠的绳线一样，把学习过程中各种性质不同的经验连接在一起，并使之统一为“一个经验”。情感之于经验的作用，仿佛就是一种聚合的力量，其对于“一个经验”的形成有着关键且无可替代的作用，它使那些散乱而无序的经验逐渐臻于完满。在“一个经验”形成的过程中，与情感相伴相生的感受是审美的。杜威认为，审美的经验只不过是一种强化而集中的“一个经验”。二者恰如河流的上游和下游，审美经验是“一个经验”的巅峰状态。

回到教学中来，“一个经验”的教学既包含着知识本身完整的结构之美，也包含着伴随或催生知识发生所形成的学习兴趣、学习意志及学习情感产生所带来的意义之美。我们可以以学习中的问题解决为例，当一个学习者面对一道深奥的数学难题时，他去分析、思索，穷尽一切思路去寻找解决问题的路径，历经多次的失败与探索，最后，他恍然大悟，终于解出了这道题。此时从知识学习的角度，他获得了新经验及旧经验融合的完整的“一个经验”的过程，同时他也拥有了寻找答案过程中迷茫、执着、困顿以及问题解决时的欣喜等感受。这种感受即是审美经验，或者说是“一个经验”审美性的重要组成部分。由此，我们也可以看出，“一个经验”是“做”与“受”的完美统一。正是这种“做”与“受”的完美统一，使我们的教学不再以功利性、碎片化的知识结果作为学习的惟一追求，我们既要给学生整体性结构化的知识，或者说基于知识内容完满的经验，还要关注学习本体在学习过程中所获得的积极心理倾向及意义感。从知识本位到素养本位，这其实亦是新课程标准视域下课堂教学的新取向。

三、敞亮：如何创造“一个经验”的学习

杜威认为，经验究其本身意义来说是一个具有双重性质的词，是“作为名词的经验”和“作为动词的经验”的统一。名词的经验是指学习者主体经验到的事物，动词的经验指的是学习者主体经验事物的过程。认识并理解一个事物，我们既需要知晓其内在意义，也需要观察其与外在事物的关联，深刻知晓其存在与发展及在具体情境中的应用。之于“碎片经验”的零散化与孤立状，“一个经验”呈现出一个时间单位里完整的、连续的存在样态，具有鲜明的主体创造性、时间连续性和人与情境的交互性。如何在教学中创设情境与问题，引领学生协作与对话，催生知识的创造与应用，从而获得完整而深刻的意义与经验，是知识教学需要解决的问题。重构指向“一个经验”的学科教学，需要我们在“做中学”的教学中形成主体性经验，在“用中学”的教学中生长连续性经验，在“创中学”的教学中培育交互性经验。

1. 从“离身授受”到“具身经历”，在“做中学”中生长主体性经验

《义务教育课程方案（2022 年版）》指出，学科教学要强化学科实践，注重“做中学”。引导学生参与学科探究活动，经历发现问题、解决问题、建构知识、运用知识的过程。以小学数学为例，数学教学要发挥学科育人的导向作用，就需要我们在学业质量标准的观照下，立足学习方式变革，加强知识学习与学生经验、现实生活、社会实践之间的联系，注重真实情境的创设，增强学生认识真实世界、解决真实问题的能力。荷兰数学教育家弗赖登塔尔（H. Freudenthal）在《作为教育任务的数学》一书中曾说过，数学学习最正确的方法是“再创造”。[①]“再创造”意味着学生具身经历了知识探究、发现与迁移的过程，并经由这一路径生成、丰富了数学学习的主体性经验。

在教学苏教版小学数学五年级下册《圆的认识》一课时，执教者就设置了一

① 弗赖登塔尔.作为教育任务的教学[M].陈昌平，唐瑞芬，译.上海：上海教育出版社，1995.

个回到知识最初发生与发展的实验情境。课前，先将学生分成两组，分别发给不同的实验材料，一组是有弹性的橡皮筋，另一组是没有弹性的棉绳。实验的任务是让学生使用自己的实验材料来画圆。学生在画圆过程中，产生了真实而具体的认识。有画不出圆的经历，也有画出圆的经验，更有了二者之间观照与比较后的结论。其中，“老师，用橡皮筋没办法画圆。因为橡皮筋的长度总是变。”“老师，用棉绳是可以画圆的。”“棉绳画圆时必须要先固定一个端点，然后再移动另一个点。”“老师，我们用棉绳是可以画出圆的。但是我们组画的圆不一样大，因为我们的棉绳不一样长。”有了这些亲历创造的过程，学生在认识圆的半径和直径有无数条时,就自然而然地关联起已有的探究经验。“我发现,棉绳就是半径。”“棉绳动的点旋转一周有无数个点，所以半径有无数条。”“圆上有无数个点，所以圆的半径和直径有无数条。”因为有了一个具身探索的情境，学生经历了知识再发现的过程。学生在关于圆的碎片化认识探究过程中，渐趋获得了对圆的各部分名称的认识以及它们之间的关系的整体认知。

在真实的问题情境中，唯有用任务驱动学习者去亲身经历、具身探索，作为学习者的个人才有可能获得主体性学习经验。于此，学习者以“在之中”的角色，在“做中学”的过程中，经历着知识的发生、发展与创造，学习者主体学习经验得以不断地增长、融合和建构。

2. 从“课时主义”到“主题单元”，在“用中学”中丰富连续性经验

“课时主义”的教学忽视知识本身内在的逻辑与外在的关联，只关注支离破碎的即时性知识。而基于“主题单元”的教学，以“大观念”为主线，统整目标体系，整合教材资源，串联课时内容，创设真实情境，在任务驱动与问题解决的教学活动中不断丰富并完善学习者的连续性经验。张华认为，基于课程创生的教学必须走向“新三维目标”，即大观念、新能力与新知识。学科思维惟有建立在丰富而持续的学科实践经验之上，学习者才有获得整体性新知识的可能。在整体而连续的“用中学”过程中，一个核心概念统领着多个生成性主题、表现性任务和系列探究活动。由此，对某一知识的学习，学习者不再局限于碎片化的“课时”，

而是投入到连续、关联与生成的“主题单元”中。[①]

以人教版数学教材的百分数知识内容教学为例，这一内容分布在六年级数学（上）和六年级数学（下）两册教材中，原有的教学设计意图是典型的“课时主义”。基于单元整体教学设计的教学取向，我们以让学生感受百分数的统计意义为大观念，对分布在两个学期的教材内容进行了单元整合，其内容包括创设生活情境感悟百分数意义、刻画随机现象突出百分数统计意义、强化问题解决提高百分数应用意识等。在提高百分数应用意识的教学子单元中，我们适度开放学习过程，以学科实践拓宽学生的知识视野。教学中，我们会让学生去记录一个星期的天气变化情况，并计算出每一种情况在一周中所占的百分比；或者让学生调查本班同学上学所乘坐交通工具情况，并计算每一种交通工具所占的百分比。在教学利率、成数、税率、折扣等知识后，我们又安排学生走进商场，实地调查商场某些物品的促销方案，让学生深入理解“直接打九折”“满 200 元送 20 元”“买五送一”等促销方案的“百分数意义”，并让学生去分析判断不同方案的促销力度。在这样的“用数学”的过程中，学生经历了比较分数与百分数意义的异同、从百分数意义到百分数统计意义的延展等经验连续生长的过程。在这样一个长程的教学时间里，面对真实情境中的问题，学习者提取并运用已有经验朝向新的问题解决，在新旧经验连续性的发展与融通中产生新的知识经验。“用中学”是数学学科实践的一种方式，它以数学学科素养为导向，指向问题解决的动态经验过程，是实践探究的学习方式与数学学科特质的深度耦合，具有实践过程的开放性、实践经验的连续性、实践工具的特殊性和实践形式的多样性等特征。

3. 从“散点习得”到“整体关联”，在“创中学”中培育交互性经验

弗赖登塔尔认为，数学教学方法的核心是学生的“再创造”，其包含着学习主体对教学内容的“再组织”，也包含着学习主体对学习内容的“再发现”。波

① 刘玮，吴晶．完整经验：小学数学“教—学—评”一致性的实践路径 [J]. 小学教学研究，2023(7)：18-20.

利亚曾对“再创造”作过生动的描绘：“一个突然产生的、展示了惊人的新因素的想法，具有一种令人难忘的重要气氛，并给人以强烈的信念。”

在“小数的认识”这一课的教学中，我们设计了这样一个“再创造”的过程。首先，从米尺、人民币和正方形这三个儿童已有的经验出发，引领儿童去认识多种真实生活情境中的小数。从已有经验中长度、金额、面积的单位进率入手，以数量间的等值迁移深化儿童对分数与小数的关联性认识，从而形成对小数意义的深刻理解。接着，通过比较、概括、抽象及变式，从真实情境中具象的量到符号形式中抽象的数，从作为量的带单位名称的小数到作为数的不带单位名称的小数，从图形中的分数到生活中的小数，逐步渗透数形结合思想，引领学生在生活化与数学化的知识丛林中多向关联，打通分数与小数的认识壁垒。人、知识与实践情境深度融入，作为学习主体的人亲身经历着知识形成过程的“横向广度”“纵向深度”和“交互关联度”，学习者在原初经验不断拓展与结构化的“再创造”过程中建构起关于小数新知识的完整经验。

“创中学”意味着“在创造中学”“有创见地学”“为创新而学”。① 如何实现让儿童“在创造中长大”？首先，我们需要将点状知识“嵌入”主题单元之中，厘清相关数学本质的核心问题，建构基于大观念的“水平数学化”和“垂直数学化”的知识结构网。其次，我们需要让儿童在情境中学习，经历直观操作、抽象推理与模型应用等数学知识发生与发展的过程，深化理解知识内在的结构系统。第三，我们还需要将一个时间单元中的知识与学生的已有经验结合起来，设计朝向新知识学习的探究活动与主题任务，描摹具备目标综合性、主体多元性和过程活动性，且立足于学科知识结构与学生认知结构相遇的“创中学”教学图景。

“做中学”“用中学”“创中学”是儿童知识学习建构完整的“一个经验”的学习方式，也是一种知行合一的学科实践教学样态。从“离身授受”到“具身经历”，在“做中学”中生长主体性经验；从“课时主义”到“主题单元”，在“用中学”

① 张华．论课程核心素养：走向“新三维目标”[J]．教育研究，2023(9)：76-85．

中丰富连续性经验；从“散点习得”到“整体关联”，在“创中学”中培育交互性经验。这承载着儿童知识学习从“碎片经验”到“一个经验”知识生长的真实发生，也诠释了时间延展、空间创生与素养培育从而重构教学新样态的无限可能。

15

怎样让教学具有美的意味?

在将教学视为关于美的艺术之前,人们难免会产生“什么是美”这样一个对美的本质的追问。“美”的定义是个难题。不妨将本体论暂且搁置,从美的动词义出发,即从审美行为出发来考察美的意味。审美从字源学上来说,是和感性相关,而非仅仅和美丽相关的行为。

学生高质量的学习需要在教学中体现美的意味,在教学情境中,需要有可以触发审美活动的资源和条件;更为重要的是,需要学生和教师情感的投入,实现情感与思维的轮动,促进学生的学习。

课程理论家艾斯纳（E. Eisner）从“课堂充满美学经验；教师运用定性而非定量的评价；教学行为具有不可预测性，好的教学可以在规则和创造力中找到平衡；教学和艺术一样，过程更重要”四个方面确定了教学可以被看成一门艺术。[①] 艺术，充满了美的意味。教师对于教学艺术性的追求无可厚非，特别是在科学技术大行其道的今天，在探求教学科学化越走越远的当下，尤其具有重要的意义。

一、什么是美的意味

在将教学视为关于美的艺术之前，人们难免会产生“什么是美”这样一个对美的本质的追问。“美”的定义是个难题。无论我们耳熟能详的“美是有意义的形式”还是“美是理性的感性显现”，几乎没有一个大家都认同的论断，究其原因，大致有二。其一，美伴随着一种主观感受，虽然如康德一直强调一种“人类普遍的共通感”，美学家也一再强调美的客观性，但回到每个个体，正所谓“人类的悲喜并不相通”“子非鱼安知鱼之乐”，对美的追求也总是发自自身，追问“吾与城北徐公孰美”。人们很难对美作出放之四海而皆准的定义。其二，美的观念是不断变化的。随着波德莱尔（C. P. Baudelaire）《恶之花》的诞生，文学家、艺术家经由现代性的反思，将笔触接近原本“丑”的事物，甚至赞颂之，我们很难说孰美孰丑了。**现代美学早就摆脱了美一定和美好相关的观念，但我们的想法却还停留在“美一定是好看的”这个层面。**

① EISNER E. The educational imagination: on the design of school programs[M]. New York: Macmilan, 1994.

所以，我们不妨将本体论暂且搁置，从美的动词义出发，即从审美行为出发来考察美的意味。**审美从字源学上来说，是和感性相关，而非仅仅和美丽相关的行为。**之所以翻译成“审美”，是因为中译来自最初的日译，故而常常造成与“美丽”相关的误会。审美这一行为，是和感性相关的行为。换言之，它包含了对美好之物的欣赏与创造，但并不局限于欣赏美。现代美学将审美行为扩充至对审美本身的反思，也就是反思审美机制本身。是什么塑造了美和艺术？艺术品的品质还是否重要？又是什么给艺术品背书？是艺术家、观众、美术馆、策展人还是批评家？这对于我们的教学同样具有启示意义，美的意味并不限于一种愉悦情绪的生成，其实也包含创造力的反思精神。

感性的发生是审美得以发生的前提，这是一种真实的体验。经由真实的体验，审美对象必须被当作有生命力的、有存在意识的、免受常识和科学假定影响的对象。[①] 换言之，必须是“活生生的”。学生和教师互为审美客体，他们之间的交流必然带来感性的波动。

故而，如果我们很难判断一堂课的教学是否有美的意味——“美”毕竟是一种奇妙而难以把握之物——那么我们至少可以从这堂课是否有情感的波动看出一些端倪。情感的波动必然体现在学生的身体层面，从表情和动作都容易观察到。如果一堂课需要呈现出美，那么一定需要学生的主动体验。如果一堂课雕琢得如同艺术品一般完美，但学生无法进入，无法欣赏，甚至无法破坏，那么我们是否可以冠之为“精致利己”的课堂呢？

尽管还存在不同意见，但康德所谓审美是“无目的的合目的性”行为还是被大部分人认同的，“无目的”意味着其是非功利的行为，具有超越的维度，“合目的性”又表明某种规律性的存在。课程必然有目的、目标，教学行为也一定是有的放矢，但这与“无目的性”并不冲突。如果在某一瞬间，学生沉浸在审美行

① 格林．蓝色吉他变奏曲：美的教育 [M]. 赵婷，张华军，译．北京：北京师范大学出版社，2021.

为中，譬如欣赏一幅画、一篇文学作品、教师动人的吟诵与表达，甚至忘却了这是一门课的形式，那么这无疑具有美的意味。

审美行为会创造意义。故而如果一堂课具有美的意味，那么这堂课一定是具有意义的课堂。意义的缺失是时代病，不能将症结归于教育，但教学中的一些行为也确实起到了推波助澜的作用，譬如陈词滥调的文本解读，一成不变的评价形式，功利主义的教育观念。如果学生从课堂中都获得不了意义，那么他又怎么面对可能更是碎片化的外部世界？意义的诞生意味着对学生圆满性的维持与辩护，在审美行为中，我们或多或少都能看到一种完满，恰如杜威所谓的“一个经验”，这指向了人的完整性。当然，当代审美会质疑这种完美性，质疑意义，但我们认为这种对意义的反思，同样会带来新的意义，而不是陷入无意义的虚无。

二、教学为什么需要有美的意味

学界对教学中美学的研究大多集中于探讨如何在教学中创造出教学美。如强调教学中教师与学生双方的互动，从教师、学生分别作为主体的“自由人”参与教学活动的前提出发，应用美学理论于教学，以教、学以及师生互动过程中的审美问题为研究对象，着力从教学过程内部探寻教学自身美的规律以及审美化教学的实现条件，使师生双方在接受知识、人格尊重的基础上达到审美的理想境界，在教师的“教美”、学生的“学美”和师生互动过程中实现“美的创造”[①]；有学者则认为“教学中的美学更重视的是学生的美感感受，需要在教学中培养学生的美感，并以此激发其内在的学习动机”。[②]综览之，如何让“教学达到审美境地的种种条件”是之前教育理论界的着力所在，以学生为主体的立场尚未明确显现出来，新课程改革的精神与要求也需要我们进一步研讨：如何从教学要求转向学生的学习。

① 尹力 . 教学美学的基本理论问题探讨 [J]. 教育评论，1997(2)：25-27.

② 吴开朗 . 教学美学的内在美与形式美 [J]. 教育理论与实践，1989(2)：48-51.

1. 核心素养的培育需要教学中体现美的意味

从课程标准的要求来看，可以直观而明显地发现，不少学科都将美、审美放在了重要位置。综观课程标准的表述，能够得出以下结论：

（1）语言学科对美的素养的着墨相比于其他学科为多。这也是学科特征所致，以语文为例，“语文”的“文”天然具有“纹”的意义，即一种审美性的装饰。文学、文字、文化之美贯穿古今，也自然是现代语文学科的重要底色。因为美贯穿、融汇于语文的内容与形式，语文教师的语言本身就是语文内容，所以在语文学科的教学中，“以语文的方式教语文”，天然要求教师的语言与行为具有美的特征。

（2）审美教育是整体性的。这体现在课程标准的方方面面，不仅体现了全学科性，也体现在单一学科的从课程目标到课程评价中。除了语言类学科的“文科”对美具有高要求之外，“理科”如数学、通用技术都展现出了对美的素养的全面要求。如果我们把握审美活动关乎感性、感知变化这一特征，就能明白何以如此。理科与工科对学生的知觉、感性同样具有要求，这些领域同样会带来学生感知的强烈变化，而且在细微处可能有别于文科。

（3）大致来看，比较同一学科的义务教育和高中阶段的课程标准，义务教育课标中更强调与美相关的素养，着墨要比高中课标更多。这也符合学生的心理特征和学科特征，普遍来说，美的浸润在中低学段对学生成长的影响更大，而随着学段的提高，学科本身更具有关键学科知识和能力的方面会愈发加强，具有弥散性的审美意识则渐渐成为学科特征中的一个特定的方面。当然，这同样给教学提出了挑战。首先是审美教育必须契合学生的年龄，如同语言学习，具有敏感期；其次，需要把握立足于学科和审美整体性、弥散性之间微妙的关系，核心素养是整体性的、跨学科的，审美教育恰恰能够成为其中的重要手段和学科间的桥梁。

2. 学生高质量的学习需要教学中体现美的意味

在教学实践中，美是通过审美行为产生的。这意味着教学这个场域下，需要有可以触发审美活动的资源和条件，更为重要的是，需要学生和教师情感的投入，实现情感与思维的轮动。

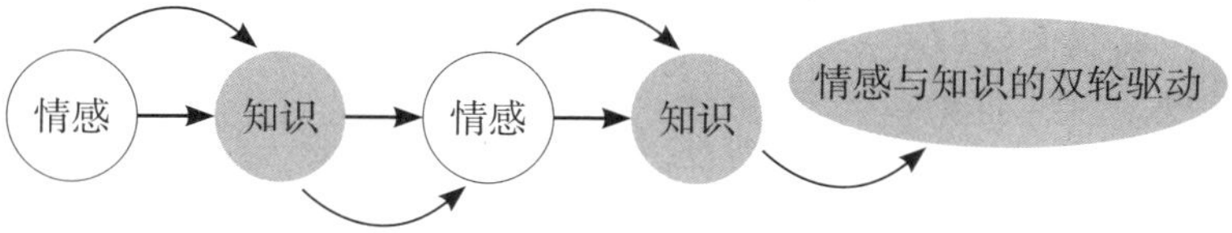

在情感与知识的轮动中，学习才会向深入进展。可以想见，枯燥的学习、没有情感的学习是难以为继的。现实中，学生不正陷入这样的苦闷之中吗？李吉林老师在情境教学理念萌芽之初，就发现学生在学习“小马过河”这堂课时，分角色表演对于学生学习这篇文章有很大的帮助。其实，学生情感投入的浓度对于理解文本在相当程度上是成正比的，对于《小马过河》这篇小学作文来说，学生的情感投入从低到高依此为：朗读课文、分角色朗读课文、分角色扮演。在小学阶段，采用扮演角色的方式可以更有效地促进学生的学习。

3. 学生的主体性和存在感需要教学中体现美的意味

主体性的缺失、存在感的淡漠，已经深深影响到不少学生的生活，这直接导致学生学习缺乏内驱力，学习意志品质低下，并且有可能导致对生命的淡漠，造成致命的后果。美的意味，可以让学生品尝到久违的“甜味”，学习是愉悦的，是发自内心的，对教师与同学、学校与课程产生认同感。美的意味，还能使学生感受到非功利性的超越维度，这甚至是超越知识、能力、学习，甚至美的自身。比斯塔（G. Biesta）认为，当我们悬置学习，并悬置我们去理解的欲望时，世界能够开始对我们说话，能够开始教我们。[①] 唯有感受到美，并学会审美地看，才能感受到人的超越性与主体性。教学的重要任务在于引导学生以成熟的方式在这个世界上存在，并与这个世界共在。[②] 审美能力恰恰可以帮助学生以主体性成熟地存在于世，欣赏与认可他者的完整性。“艺术的真正问题是一个本体论问题……艺术家是要使某种东西存在，不是要使某种东西美。”[③] 从美的意味走向对美的意味的反思，同样秉持着高扬的主体要求，是一种审美必然性。

①② 比斯塔. 重新发现教学 [M]. 赵康，译. 北京：北京师范大学出版社，2022.

③ 杜夫海纳. 审美经验现象学 [M]. 韩树站，译. 北京：文化艺术出版社，1996.

三、如何让教学具有美的意味

美的教学应当有四重境界。

第一重，有如春风拂面。学生能够感受到教学的美，这种美是教师的言语谈吐、教学姿态和自身风格所造就，让学生愿意听讲、乐于听讲。李吉林老师在学校只穿暖色调的衣服，这一行为持续了一辈子，因为她觉得小朋友看到暖色调会不由自主地开心起来。

第二重，有如夏夜繁星。教学开启了无边的想象和可能性。夏夜是喧闹的，各种虫鸣与花香，但夜空又是静谧肃穆的，这正如学生的思维，当可从喧闹的概念中寻求真理的肃穆。很多时候，随着新观念的引入，学生成为主体，教师也勇于尝试“放手”，课堂呈现出热闹状，各种活动纷至沓来，但学生的思维却是繁杂的，甚至有个别学生会是“热闹是他们的，我什么也没有”。所以，美的教学应该有“寂静之声”的精神，学生的思维是开放的，但也会是集中的。教师可以用一个大的概念或观念统摄整节课，这正是“大单元教学”的理念，一个经过凝练的核心概念，可以将一些纷繁的概念和念头束拢。

第三重，有如秋之满月。教师的教学艺术达到了很高的层次。美的意蕴充满了教室，学生的脸上都不禁洋溢着笑意。不少优秀的教师都可以让学生沉浸入课堂中，沉浸在学科领域，沉浸在教师开创的教学情境之中。这种圆满性，首先是精神的圆满性，教师的精神立在了学生的心上。无数人回忆难忘的学生生涯，所学的知识点几乎都忘记了，但都对某些教师的课堂风采难以忘怀，他们记住的其实是一种“传道授业解惑”的师道精神。圆满性也包括知识层面的，优秀的教师总能够“删繁就简”地传授精要的学科知识，对知识的把握趋于“圆满”。

第四重，有如银装素裹。在某一时刻，教学需要这样的境界，即教师自己意识到自己是某一学科的“中介”，经由自己的身体力行，将学科介绍给学生。学生喜欢的不应该是自己，而是这门学科或背后的知识。这正如雪后盛景，教师的身影隐藏起来，甚至某些琐碎的学科知识也不见踪影，留下的是带不走、遮不住的素养。王栋生老师曾说：“我突然意识到自己的教学出问题了，是从学生家长赞誉我开始的。”[①] 这样的学科自觉、教师意识自觉，或许才是教学之美的最高境界。

再具体而论，我们可以在教学现场发现下面几个维度美的意味。

1. 环境之美

毋庸置疑，舒适的教室环境是创造学习环境首先要考虑的。这不仅是一个学习心理问题，而且是一个道德伦理问题。王栋生老师在他的书中说过这么一件事，教室中有间卫生室，里面有一个水槽。学生经常将垃圾、吃食倒入水槽，导致下水管堵塞，污水横流。王老师在多次告诫无果后，严厉训斥了学生，并说出这样的话：“我不会原谅你们，因为这不是一个人的事情，而是公德，我无法想象这样的你们，以后走入社会将带来怎样的后果。”话说得很重，但其实是苦口婆心，也揭示了一个道理：教室这个场域，不是属于几个学生的私域，而是公共地域。既然是公共的，那么共同参与布置与维护就不是锦上添花之举，而是必要之事。教师正是需要担负引导者的职责。

黑板报是这一公共领域的集中之处。一份图示优美、文字典雅、内容有趣的黑板报会给教室增添不少生趣。现实中常见的情况却是黑板报常年不变，上面写着“振奋人心”的“口号”，无不与“高考”或“学习”有关。教师有义务组织黑板报小组，而非仅仅交由一两位同学完成，也要给予必要的指导和全部的信任，允许内容的多元化。

2. 情境之美

教师创设的情境必须是亲切的，学生乐于亲近的。这意味着，情境本身包含着学生熟悉的一面，能够看到已有的知识。另外，也需要有陌生感，学生才愿意探寻。所以情境之美需要能够调动入境者的情感，产生共鸣。

情境之美还在于持续性。有的教学情境的引入是一眼看到头的，仅仅起到吸引学生注意力的作用，好的情境充满了创造力和思维的潜力。比如，唐江澎老师曾说过，他看到一位老师上《沁园春·长沙》课的情境引入，是呈现毛泽东主席

① 吴非．不跪着教书 [M]. 北京：中国人民大学出版社，2015.

的几幅字，问学生：“同学们，你们看这几幅字美不美？”同学回答美，老师继续道：“毛主席不仅是伟大的书法家，还是伟大的诗人，请同学们打开课本……”唐江澎说这是糟糕的情境设置，如果他来做，会呈现出毛主席青年、中年、老年的几幅字，之后让学生思考其中哪幅字更符合《沁园春·长沙》的诗境。

情境之美更在于意义的生发。之所以能够产生意义，需要回到学生的主体，满足两个条件：其一，有产生意义的行为，能够把握意义。换言之，学生必须有所感怀，并且不是稍纵即逝的感触。这种感怀是即时的、片刻式的，但也会是洞明的、具有启示性的，甚至是恒久的。其二，有意义的内容，有材料构成意义。换言之，意义不是空洞的、形式的，而是实在的、“及物”的。“虚”和“假”的内容都不能构成意义的内容，正所谓“虚情假意”，我们在学生的作文中可以见到不少这样空洞的言说和虚假的意义。情境亦然，随着情境学习被大力提倡，任何教学环节中，“创设一个情境”似乎成了必备步骤。譬如，有教师会在让学生分析一篇文本时加上一个“情境”：“想象一下你穿越千年，有什么想问作者的呢？”在做一道物理实验题时也是如此：“想象一下你成为一名科学家，你会怎么操作呢？”这些情境的创设殊无必要，因为学生没有穿越千年和成为科学家的体验，自然无法触发产生意义的行为，也不会产生意义。

3. 身体力行之美

能够使用简洁有效的教学语言本身就是在构建美。有的老师语言简洁，有的老师喜欢铺陈，有的老师呈现出和生活中不一样的语言风格，有的老师在课堂上的语言和生活中高度一致，这些都是可以理解并接受的。但大家也都承认，日常语言的一些问题如果发生在课堂上，比如絮絮叨叨、词不达意、矫揉造作，那肯定是不当的。当从学科特性出发使用语言，譬如，语文教师的言语应规范准确。形容词、副词、成语有利于准确表达，灵活使用，可以增进学生的感受与理解。

斯霞老师之所以被誉为“小学语文界的梅兰芳”，就是因为她在课堂上的一举一动都经得起琢磨。整堂课就像一件艺术品一样。斯霞老师有一次上课时为教学生新词“格外美丽”，衣领上特意别了一个漂亮的领结，问学生：“老师今天这个领结美丽吗？”学生们回答“美丽”。但什么是“格外美丽”呢？斯霞老师也有点愣神了，突然她看到一束阳光透过窗户照进了教室里，立刻走近，让阳光洒在自己的身上，再次指着自己的领结，问："同学们，这就叫——"大家齐声回应："格外美丽。"[①]

这正是身体力行之美，让学生感受到美，之后便能跟随老师，主动践行，成为美。更难能可贵的是，斯霞老师回到了语言文本，即是站在学科立场上考量自己的行为，让学生充分意识到语文的"格外美丽"。

4. 对话之美

教学过程中，师生的对话占据了重要的分量。首先需要形成有效的对话，而不是语言的空转。这就需要对话能够调动学生的有效思维，如苏格拉底的"助产术"一般，使学生获得新知。其次，对话意味着批判与交锋，是师生思维的碰撞，学生可以质疑教师，质疑文本，质疑教师创设的情境。最后，对话意味着一种反思精神的生成。这种反思不仅是对当前之物的反思，更可能是对对话话语本身的反思。换言之，当教师向学生提问时，就要做好学生对这个问题合理性产生质疑的准备，甚至是对提问背后的机制产生的质疑。当然，这种对话的勇气，不仅在于学生，更在于引导他们发问且鼓励和接受他们质疑的教师。

美不仅是一个名词和形容词，更是一个动词。鼓励对话，就是鼓励学生发声，鼓励学生行动，鼓励学生提出不同意见，这是一种教学伦理与勇气。

5. 观念之美

教学智慧也是一种美，甚至可以成为教师一直努力的方向。倘若一位老师能够充分地体现学科之美，甚至创造性地引导出学科观念，让学生的思维活跃起来，那肯定是具有美的意味的教学。这不仅需要教师掌握好学科知识，也需要具有纯熟、高超，甚至灵光一现的教学设计。

美的观念性还意味着教学具有前瞻性。这种前瞻性是对于感知变化的敏感。马克斯·舍勒（M. Scheler）在论述生活世界的问题时指出，人们不能仅从社会的

---

① 斯霞．斯霞文集：第五卷 [M]. 南京：江苏教育出版社，2010.

经济结构来把握，也必须通过人的体验结构来把握，现代现象是一场“总体转变”（Gesamtwandel），包括社会制度（国家形态、法律制度、经济体制）和精神气质（体验结构）的结构转变。[①] 换言之，体验所感知的转变才是真正的转变，这是社会变革最深层的逻辑。当人工智能时代来临时，教育教学最需要应对的恐怕不是技术革新带来的教学形式的表面改变，而是学生感知结构、感知能力的深刻变化。人工智能带来了新的感知刺激，改变了以往的审美观念，美所意味的内涵会发生改变，形成新的可能。如何看见、把握感知的变化，并在教学中做出回应是巨大的挑战。

美的观念性更意味着教学具有反思性。现代美学的一个重要思考维度正是对美本身的反思，反思艺术何以成为艺术，是艺术自身的价值还是种种权威制度的背书所致。后现代主义的美学已经告别了对纯粹美学的想象、对历史线性发展的相信、对宏大叙事的关注，它更注意到琐碎、撕裂、杂多乃至丑陋之物，它的历史与文化批判价值正在得以体现。[②] 这也是人主体性树立的必由之路，如果秉持这样的观念脉络，教学中美的意味也同样会引向思维的深入，引向反思与批判精神。

提倡美育，在中国现代教育史上并不鲜见。蔡元培在五四运动发生前的 1917 年，首先提出了艺术代替宗教说。[③] 他认为在中国现代化进程中，文艺应当先行。美学，因其纯粹无功利性，似乎就有了“超越庸常”的可能，在当下尤显意义重大。美学在课程中的落地又是艰难的，常常流光溢彩但浮于表面，所以更需要回到教学，回到学生最基础的感知体验。我们可以在梁颖老师的《致青春》教学实录中看到，她打通了文体，引导学生用四首现代诗的形式创作《哦，香雪》的内容，体现了观念的创造力与美的意味。

---

① 舍勒．资本主义的未来 [M]. 罗悌伦，译．香港：香港牛津大学出版社，1995.

② EFLAND A, FREEDMAN K, STUHR P. Postmodern art education: an approach to curriculum[M]. Virginia：The National Art Education Association，1996.

③ 蔡元培．蔡元培选集 [M]. 北京：中华书局，1959.

案 例

"致"青春

——必修（上）第一单元主题读写学习活动方案设计

【教材分析】

统编教材必修（上）第一单元的人文主题是"青春激扬"，本单元以五首诗歌和两篇小说从各方面表现了作者对"青春的价值"的感受与思考：树立伟大革命抱负，关注国家的命运前途，激发青春的热情，敞开心扉，追寻理想，拥抱未来。现代诗歌与小说，都被现行高考考纲边缘化在功利性阅读之外，此类文本的教学价值无疑更侧重于落实语文素养，可展开学程：1. 体会文学作品的独特魅力；2. 获得审美体验，提升审美能力；3. 尝试诗歌写作，增强语言表现力。

此外，三篇课文视角各不相同：1. 伟人说青春；2. 诗人说青春；3. 女性说青春。由此出发，或可引导学生基于与作者的"了解之同情"，尝试体验真实语境下的诗歌创作与青春感受。

【学生学情分析】

学习主体为高一新生，正青春仍幼稚，有理想却懵懂，课外阅读大多为虚构类作品，喜超现实体验，抗拒现实观照与思考。人文班的学生对"人文"、成长目标尚模糊，而社会的成长期待：强基以成人强国。

人文实验班学生的阅读与写作能力优于同龄人；虽然善于思考，但是羞于表达，且疫情缘故没有军训，学生之间彼此不熟悉；前期学习活动中呈现出"知""情""意"满，"行"动力不足。

故拟采用合作型学习活动。

【教学目标】

1. 通过梳理本单元文学作品中意象的特征及其与作者所要表达的情、志、理之间的关系，总结新诗写作的一般规律和评价标准。

2. 通过诵读、仿写、创作、修改，尝试运用意象和独特的语言表达个性化情感，并能把个人情感与国家前途命运紧密地联系起来。

【教学重点】

通过梳理本单元文学作品中意象的特征及其与作者所要表达的情、志、理之间的关系，总结新诗写作的一般规律和评价标准。

【教学难点】

通过诵读、仿写、创作、修改，尝试运用意象和独特的语言表达个性化情感，并能把个人情感与国家前途命运紧密地联系起来。

【评价任务】

评价内容	检测工具、方法	获得星数
对四首现代诗的青春形象、态度、理想等把握准确	练习、任务驱动	☆☆☆☆☆
诗歌诵读情感饱满，细节处理得当	活动、互评	☆☆☆☆☆
仿写初稿意象鲜明，主旨明确	练习、任务驱动	☆☆☆☆☆
仿写修改稿音韵和谐、节奏错落，有效烘托情感	练习、任务驱动	☆☆☆☆☆
仿写修改稿炼字精当，语言有亮点	练习、任务驱动	☆☆☆☆☆
结合时代，对自我的青春内涵准确定位	活动、任务驱动	☆☆☆☆☆
新诗创作意象鲜明，主旨明确	练习、任务驱动	☆☆☆☆☆
新诗创作音韵和谐、节奏错落，有效表达主旨	练习、任务驱动	☆☆☆☆☆
新诗创作语言精当、有风格	练习、任务驱动	☆☆☆☆☆

【教法和学法】

教法：讨论、练习

学法：探究、合作

【课时安排】

诗歌教学及小说《哦，香雪》完成后，1 课时

【课程资源】

1. 统编版语文教材必修（上）及练习部分

2. 多媒体投影：

“青春”的相关文字资料；学生前期作业

3. 拓展阅读资料：

《傅元峰老师解读四首现代诗》《历史开裂处的个人叙述——城乡间的女性与当代个人意识的悖论》

【教学过程】

一、课前研习任务：

1. 雅人深致——依照示例，给第 2 课四首诗分别制作“青春名片”。

示例：《沁园春》中的青春坐标：忆往昔

青春形象：挥斥方遒

青春态度：粪土当年万户侯

青春理想：万类霜天竞自由

青春内涵：

……

设计说明：本环节是第 2 课课后作业；

旨在从具体诗句中抓取诗人的“青春”形象，把握不同诗人对“青春”的独到理解。

2. 林下风致——精读第 3 课，从小说《哦，香雪》中选择一个人物为其制作“青春名片”。

设计说明：本环节是第3课预习作业；

旨在从小说细节中抓取人物的“青春”形象，把握女性作家对女性人物“青春”的独到理解；打通不同文体中的“青春”主题学习经历。

3. 情深意致——以“站台”或“火车”“铅笔盒”为标题，分别以第二课四首诗的口吻，依托小说《哦，香雪》的内容仿写诗歌。

示例：《立在地球边上放号》——“立在火车边上……”

《红烛》——“火车啊……”

《峨日朵雪峰之侧》——“这是我此刻仅能停留的时长了……”

《致云雀》——“你好啊，闪亮的铁轨……”

要求：学号1–10《立在地球边上放号》

11–20《红烛》

21–30《峨日朵雪峰之侧》

31–40《致云雀》

设计说明：本环节是第3课课后作业；

通过意象、画面创作新诗（教材配套练习），提供新诗创作常规支架。旨在落实单元主题、小说解读与新诗写作的贯通；诗写他人，便于课堂上交流、品评时学生们能不必顾忌，畅所欲言。

二、课堂交流探究：

1. 极情尽致——诗歌诵读

分组诵读，形式由小组自行商定，

内容为原诗+仿诗一首。

设计说明：通过朗读诗人作品打开课堂情绪，进入品诗情境；

通过朗读学生作品，做好鉴诗、改诗、再度作诗的准备；

通过比较、挑选并朗读学生作品，实现第一重来自同伴的表现性评价。

2. 格物致知——交流、指导、打磨

（1）分组交流，形式由小组自行商定，内容包括但不限于：

朗读者谈诵读处理；作者谈创作心得或反思；同伴谈推荐理由……

教师引导梳理四首现代诗实现独到“青春”内涵的独特表达。

例：《立在地球边上放号》“立”字的意象性；

高频反复的力度；

《红烛》开头与结尾两处引用背后的深思；

对话意识；

《峨日朵雪峰之侧》人与山（自然）关系的新思考；

特殊标点与限定语的使用；

《致云雀》音节与韵律实现的激情……

设计说明：提供新诗创作突破常规的思路。

（2）分组点评，形式由小组自行商定，内容包括但不限于：

诵读优化建议；写作修改建议；比较评价……

设计说明：初步修改参考配套练习部分第一单元写作《学写诗歌》的修改方案。

①修改音韵：押韵能增强诗歌的音乐性。不同的韵脚，其抒情特性也有所差异，如押“i”韵显得细腻绵长，押“ang”韵显得悠远铿锵……借助朗读，从诗歌的情感基调出发，调整诗句的韵脚。

②修改节奏：诗行的参差排布，能营造出各种不同的情绪节奏。长的诗行内蕴丰富，短的诗行轻盈生动。借助朗读，调整诗句的长短与排布方式，使之能恰当地表达情绪。

③打磨形象：聚焦关键词语，通过与近义词的比较，从表意的贴切性、内涵的丰富性、表达的独特性等角度做一些调整。适当运用修辞手法（如比拟、比喻、夸张等），使诗歌的表达更加丰富、生动。

④锤炼语言：推敲动词、副词、形容词、数量词的使用，考虑词语的增删，尝试通过词类的活用，增强语言的感染力，力求在表达上形成一到两个亮点。

（3）草拟 3—5 条“最佳原创新诗”的评选标准。

（4）聚焦一首学生诗作共同修改。

设计说明：音韵、节奏等外显性特点易于模仿，形象、物象的借助也易于抓取。

诗歌语言的好与坏却是难以量化评价的，需借助具体作品的改头换面，将课堂生成的学法落实、积淀。

3. 豪情逸致——总结、启思

（1）总结诗歌创作形式与内容的关联。

（2）思考当下的青春表达，定义自己的青春内涵。

三、考核评价

1. 高情远致——评选“最佳朗读者”“最佳原创诗”“今日金句”等。要求：

（1）细化课上总结的“最佳原创新诗”评选标准；

（2）制作量化评分表。

2. 任重致远——“致青春”主题诗歌创作。要求：.

（1）制作“我”的“青春名片”；

（2）思考自己的青春内涵需要怎样的表达；

（3）依据课堂制定的标准为自己的“青春名片”赋诗。

（此案例提供者：梁颖，华东师范大学附属第二中学教师）

16

新课堂怎么评价?

《义务教育课程标准（2022年版）》从对学生基础知识和基本能力的评价转向核心素养导向的系统化评价，提出了综合运用结果评价、过程评价、增值评价、综合评价的原则。评价已经成为教育改革的重点，也是落实新的义务教育课程标准的难点之一。

评什么？评教学设计、教学实施效果、学生素养生成、智能化教与学的水平等。怎么评？评价主体的多元、评价方式的多样、评价路径的多维、评价结果的动态。

2020年10月，中共中央、国务院印发了《深化新时代教育评价改革总体方案》，指出："改进结果评价，强化过程评价，探索增值评价，健全综合评价，充分利用信息技术，提高教育评价的科学性、专业性、客观性。"《义务教育课程标准（2022年版）》则从对学生基础知识和基本能力的评价转向核心素养导向的系统化评价，提出了综合运用结果评价、过程评价、增值评价、综合评价的原则。可见，评价已经成为教育改革的重点，也是落实新的义务教育课程标准的难点之一。在落实各学科课程标准的过程中，如何评价？怎么知道这样的课堂是新的课程标准需要的，是符合要求的？

一、评什么：基于课程标准的思考

"教学评价是对教师的教学工作和学生的学习质量做出客观的衡量和价值判断的过程。"①"教学评价改革紧跟教育评价改革的步伐，在《义务教育课程方案（2022年版）》中落实教育评价改革要求，将综合性评价方式创造性地应用于各学科教学评价改革之中，从文化基础、自主发展、社会参与等维度考查学生的核心素养发展水平，从教学理念、教学能力、教学智慧等维度考查教师的教学水平，动态分析教师教学质量和学生素质的变化，充分发挥教学评价的导向、诊断与反馈功能。"②关键是如何确定价值，标准是什么。

① 李秉德．教学论[M]．北京：人民教育出版社，2001.

② 车丽娜，王晨．教学评价改革的现实成就与未来趋向[J]．课程·教材·教法，2023(9)：75-83.

（一）评教学设计

教学设计是对教学活动如何顺利而高质量进行的规划，关乎教学质量，更关乎学生的成长。一堂好课必须有一个好的教学设计，好的教学设计必须是基于新的课程标准的。如何评价教学设计？主要聚焦以下几个方面。

1. 是否以生为本

“目中有人”应该是教学的应有之义，即要从学生的实际基础和现实需要出发进行教学设计，所有的教学活动进行都必须关照学生的发展。以生为本的教学设计有以下几个特点：

一是基于学生基础。这里的基础包括文化背景、知识基础、心理状态和认知特点等。文化背景和知识基础是对生源质量的判断，外来务工人员与本地市民的孩子，他们文化背景和知识基础是不一样的，教育形式也要不同；从心理状态来说，有的学生已经准备好接收新知识了，或者准备好在新的环境中学习了，有的学生可能完全没有准备好，这样的情况影响教学设计；不同年龄的学生具有不同的认知特点，低段学生的感性认知能力比较发达而理性思维能力不强，这就要求多从直观与体验入手进行教学设计，少一些思辨与抽象。

二是基于学生的经验。从某种角度来说，形成完整的经验是学习的目的。学生也是在经验的不断积累中成长的。但现实教学中存在两种现象：一是教学脱离学生的已有经验，主要表现为知识进度的层级推进，很多孩子跟不上；二是学生只能形成“半个经验”，无法形成完整的经验。所以，有效的教学设计必须时刻关注学生的经验基础情况。

三是基于学生的体验。体验是身临其境，是置身其内，“纸上得来终觉浅”就是因为抽象的学习没有亲身体验，没有留下深刻的印象。体验是一种从生理到心理的变化过程。孟子所说的“天将降大任于是人也，必先苦其心志，劳其筋骨，饿其体肤，空乏其身”就是通过切实体验，磨炼心智，让其成才。教学设计中活动的体验性意味着活动是真实的，过程是有学生参与的。

2. 是否以学习为中心

这既是对“三中心论”的突破，也是践行新的课程标准所倡导的学习理念。

以学习为中心，淡化了教学主体说，强调了学习活动本身的意义和价值。这要求在教学设计中特别是学习活动设计中关注几个方面：

一是具有驱动性。即任务驱动。学习任务的设计一方面具有挑战性，这种挑战是基于学生的知识基础和学生的最近发展区的，其目的是“跳一跳够到果子吃”，基于并高于学生的水平，激发学生学习的积极性与主动性。另一方面注重连续性驱动，任务的体系化与系列化设计，形成任务链，使得驱动层层递进，完成整个学习过程。此外还要注意任务的联系性，即与学生的兴趣与需要相联系，这样的任务才能真正驱动学生的学习，反之，“你以为的”只能是“你以为的”。

二是具有过程性。学习是一个过程，至少包含认知过程、情感过程、行为过程等三个方面（布鲁纳观点）。认知过程就是通过信息的获取与概念建构，以同化和顺应习得新知识，建立新的知识结构的过程。认知过程是知识水平、思维水平、认知能力不断发展的过程。情感过程是价值观念形成的过程。在这样的学习过程中，学生通过理解知识，升华情感并形成价值观。行为过程是具身体验的过程，在这个过程中，通过实验操作获得对知识新的理解，获得新认知。学习的过程性淡化了只要学习结果的目的性，强调从感知到建构的全过程体验。

三是具有生成性。生成性是自主建构的过程，是个体在一定的情境中，通过对信息的主动解释和理解，基于原有的认知结构，对信息进行再加工，从而建构理解，形成新的知识结构的过程。在这个过程中，情境创设与信息呈现是关键要素。因此，生成性的学习一定是具有真实情境的，这种情境与现实生活及学生的经验密切相连；信息呈现方式一定是多元的，满足不同学生的学习偏好。

3. 是否具有学科性

学科性是指在学科教学中，应该体现学科的特质、价值、方法、精神与思想，简单说，就是使这门学科的教学像这一门学科。比如数学被称为“思维的体操”，逻辑与推理是学科特质，数学课程标准中的“三会”也是这种特性的表达，因此，如果数学教学设计中没有理性思维的光芒，不能聚焦逻辑判断与推理建模等能力，那么就难以成为数学课。同样，语文的学科核心素养提出的“语言建构与运用”“思维发展与提升”“审美鉴赏与创造”“文化传承与理解”就是语文学科的特质，丢失了语言学习的语文课难以称为语文课。聚焦学科性应该关注以下几个方面：

一是厘清学科核心素养。要加强对于课程标准的研读与理解，特别是学科核心素养的表达与学科教学中的运用策略，应该成为教研的重点内容。彰显学科性并不是要求每一节课都全方位体现学科核心素养的全部，而是根据不同的学科内容体现学科核心素养的某一方面。这需要文本解读与知识呈现的研究，也需要对学科价值的准确把握。

二是注重学科实践。运用学科典型的方法解决实际生活中的问题就是学科实践，也是彰显学科性的主要表现。问题解决不是简单的知识运用，而是知识融会贯通并成为个体知识结构中的一部分，不同学科的典型方法与价值融通之后就成为个体具有创新性的解决问题的措施。

4. 教学目标的清晰度

《义务教育课程标准（2022 年版）》提出了教学评一致性的原则，而这个原则的核心就是目标导向。教师怎么教看目标，学生怎么学看目标，教学怎么评仍然看目标，三者具有一致性。因此，**确立准确而清晰的教学目标是一堂好课的基础与保证**。清晰准确的教学目标具有以下几个特点：

一是具体。即不用笼统含糊的语言表达目标，而是用具体的语言描述，多为“陈述”“分解”“评判”“设计”等；**二是可测量**，指目标可以量化，多用可观察的行为动词描述；**三是能够达到**，即目标的制定具有现实性和可行性，基于学生的水平和能力基础，能够通过学习达成目标；**四是有关联**，即目标之间的联系性和连续性，层层递进；**五是规定时间**，即目标达到最好有时间限度，这样既是一种量化，也是一种促进。满足这五个方面的目标基本就会成为清晰准确的目标。当然，每一个目标的表达未必全部按照这五个方面，可以取其一二，依需选用。

（二）评教学实施效果

教学效果即教学成效，是教学活动实施之后取得的成绩。如何知道教学是有效的？在新的教育理念下，如何体现与以往不同的教学评价？

1. 评目标的达成度

即：教学设计中的目标是否达成？实现了多少？这取决于以下几个因素：

一是目标准确度。目标是否达成与目标的准确密切相关。准确的目标一定是基于课程标准的，要按照课标的要求设计目标；一定是基于学情的，要按照学生的基础设计目标；一定是基于内容的，要按照教学内容准确解读与呈现。这需要改变以往用含糊概括的语言表述目标的习惯，聚焦课标要求，以 SMART 原则表述目标，保证目标的准确度。

二是设计执行度。教学设计是蓝图，教学过程是施工图，目标是否达成与设计执行程度有关。教学设计是对教学的预设，如果预设是准确的，那么越是准确执行越能够达成目标。与此同时，教学还是生成的，要随着进程不断调整教学活动，但需要说明的是，教学中的生成是基于预设的生成，不是天马行空，肆意妄为。所以准确执行、辩证执行教学设计保证了目标完成的准确度。

三是学习参与度。即学生在多大程度上参与教学过程。再好的教学设计如果没有学生的积极参与，其最终教学效果也会差强人意。当然，学生积极参与教学过程需要很多的条件，比如兴趣、动机、需要等。这种参与是全身心的投入，是愤悱状态，而不是表面的热闹。

四是学生获得度。当学生面露喜色，争先恐后，充满渴望的时候，应该是学生学习过程中获得度较高的时候。教学目标不仅仅是让学生学会某些知识，更主要的是打开一扇窗，让学生在知识的海洋中遨游。学生获得的应该是这门学科的方法、价值与思想，从而形成一种思维方式与成长样态。

2. 评学生的学习状态

教学实施的效果从学生的学习样态中可以清晰地看到。理想的学习样态应该表现在三个方面：

一是让学生更加具有学习兴趣。“不用扬鞭自奋蹄”呈现的是一种主动的状态。国外谚语也说，可以把一匹马牵到河边但不能摁住头让它喝水。兴趣会激发动机，让学习更积极主动。学生不感兴趣的活动，即使参加也是“人在曹营心在汉”的。因此，与学生的需求密切联系，以兴趣激发，让学生更想学，就可以看出学生的学习状态如何。

二是让学生更加具有学习方法。想不想学是兴趣问题，但兴趣只是基础，只有兴趣无法解决学习效果问题。使得学习更加有效的是学习方法，“事半功倍”说的就是方法得当。死记硬背、题海战术是难以高效的，必须找到适合学科的学习方法。不同学科的学习方法不同，需要聚焦学科核心素养，运用适当的方法助力学习，因此，习得必要而恰当的学习方法是教学的应有之义。

三是让学生更加具有学习效率。学习效率基于对学习意义的理解与追寻。对学什么、怎么学貌似关注比较多，但对为什么学却关注不够。从某种角度说，学生学习动力不足就是因为他们认为学习是为家长、为老师学的。因此，要明晰学习的意义和价值，要通过呈现学科独特的魅力发现学习的价值，激发学习的内驱力。

3. 评解决真实问题的能力

在教学过程中，常常存在一种误区：教等于学，学等于学会。如何判断是否真正学会了？不是做题考分，而是考察是否具有解决真实情境中真实问题的能力。**真实情境就是来源于现实生活中的情境、与经验密切联系的情境、能够真实体验的情境**。解决真实问题的能力：信息提取与综合能力、问题转换能力、知识迁移能力等，需要在教学中涵养。

信息提取与综合能力。信息爆炸式增长是这个时代的特征，如何从海量的信息中快速、准确地提取关键信息是现代人必须具备的能力之一，否则会被信息的海洋淹没。包括：筛选信息的能力，即找到有用的信息，剔除无关信息；分析信息的能力，即对信息真实性和可靠性的判断；组合信息的能力，即根据一定的规则组合不同信息构成信息体系，以便更好地理解与运用信息。

问题转换能力。即把问题从初始状态到目标状态转换的过程。从初始到目标不是一条直线，而是充满了曲折。这首先需要准确分析与把握问题，明确要解决的问题所在，然后寻求解决的路径，不断以不同的视角思考问题，不断尝试直至问题解决。问题转换能力是一种发散思维能力，其基点是具有多学科视角与多种问题解决能力。

知识迁移能力。抽象的知识和真实的生活不同，真实生活中的问题没有教材中的问题那么具体明确，而是碎片化的与真实的。这就需要学习者在真实生活的学习过程中（解决问题的过程也是一种新的学习过程）能够善于在新旧知识之间建立联结，实现知识结构和认知规律的同化与顺应，运用所学知识解决新问题。新的课程方案所倡导的学科实践就是学以致用，就是知识迁移。因此，在评价学习效果的时候一定是用真实生活考察真实能力，而不是抽象到抽象的演绎。

（三）评学生的核心素养生成

相比以前，2022 年版的课程方案以及各学科课程标准的变化如果用一句话来概括，就是：核心素养导向。“准确把握课程要培养的学生核心素养，明确教学内容和教学活动的素养要求”“全面推进基于核心素养的考试评价”。这两句话有两层含义：**一是新的课程标准所倡导的教学目标就是落实学科核心素养，使学生能够像学科专家一样思考；二是教学设计和教学实施以学科核心素养为基础。**评价学生的核心素养是否生成，需要关注以下几个方面：

1. 是否形成学科要求的基础知识和基本能力

基础知识和基本能力是核心素养的根基，无论是学生发展核心素养还是学科核心素养的形成均以此为基础。因此，在对学生的核心素养是否生成进行判断的时候，首先看基础知识与基本能力情况，没有二者就没有核心素养。基础知识是学科应知应会的知识，表现为形成学科知识的体系；基本能力是解决问题的能力，表现为用学科方法解决学科问题，进而解决真实问题。这既需要学科学习中的纸笔测验，也需要生活中的问题实测。

2. 是否形成学科专家的品质

学科专家的品质是指掌握学科知识、思想、方法、价值、精神等，能够像学科专家一样思考，能够像学科专家一样解决实际问题。比如小学阶段数学学科核心素养有 11 个关键词：数感、量感、符号意识、运算能力、几何直观、空间观念、推理意识、数据意识、模型意识、应用意识、创新意识。这些还进一步表达为：基础知识、基本技能、基本思想、基本活动经验。形成学科专家的品质就是建立这些素养与能力，并解决实际问题。

3. 是否具有关键能力

不同学科的关键能力不同，但从学生发展来看，借鉴国外和国内的经验，在学习过程中，有一些能力必须具备：**一是意志力**，即坚持与坚毅，不达目的永不罢休；**二是责任感**，即具有担当意识，学习具有使命感；**三是协同力**，即能够与同伴合作，能够协调不同的资源；**四是开放力**，即不保守，不闭锁，开放包容，接受不同的建议和规则；**五是交往力**，即积极交流，团结各种力量解决问题。

（四）评智能化赋能水平

《教育信息化 2.0 行动计划》强调：“要以人工智能、大数据、物联网等新兴技术为基础，依托各类智能设备及网络，积极开展智慧教育创新研究和示范，推动新技术支持下教育的模式变革和生态重构。”教育部 2024 年 1 月最新公布 184 个中小学人工智能教育基地，旨在通过基地试点，进一步探索人工智能教育的新理念、新模式和新方案。因此，教学中运用智能化工具或手段支持学习的程度，应该成为评价一堂好课的标准之一。

1. 赋能教学

智能化技术赋能教学最突出的表现就是使得教学设计更加具有针对性，教学手段更加丰富多样，教学过程更加减负提质。

教学设计的针对性。在传统教学中，教学的针对性来源于教师的访谈、观察、问卷等，通过这些手段获得学生的基础与现实。而在智能化时代，教师可以通过计算机视觉等智能化技术，更好地了解学生的学习状态、知识掌握情况、学习情绪等，为教师掌握学情、制定个性化教学方案提供新途径。智能化的信息采集可以做到动态性和即时性，特别是面部抓拍系统等手段的运用，让教学节奏的调整更加及时有效。

教学手段的丰富性。这种丰富性已经不仅仅是改变以往的粉笔与黑板，而是基于电子交互白板之后的智能化升级，比如利用生成式人工智能进行知识搜索、课堂情景模拟，或者使用 AR 技术，丰富课堂的呈现手段等。特别是一些 AR 穿戴设备的运用，使得增强虚拟现实进入学习中，让枯燥的知识鲜活起来。

教学过程减负提质。智能化技术的信息采集，可以为教师的教学和学生的学习进行全息画像。通过教与学的数据挖掘与深度分析、特征抽取等流程，抽象出学生学习的信息全貌，从而构建立体化的学习全息图，帮助教师高效地“读懂”每个学生，从而改善教师的教。同时，精准的信息分析，使得对于教学中的重点与难点问题的解决也更加精确。

2. 赋能学习

在信息化的社会中，知识的表征结构趋于媒体化、非线性化，不仅对学生的认知能力，更对学生的情感与行为能力提出要求。智能化技术可以为学生的学习提供支架与平台，提供个性化的辅导。通过自动批改、错题分析等，智能测评系统不仅能让学生了解自己的学习薄弱点，还能基于分析结果为学生智能配题、个性化推送拓展资源，以扬长补短。

智能化技术融入学习，使得学习方式更加多样。个性化学习、自适应学习、项目式学习的实现，进一步撬动“教师主导”的教学结构向以“学生为中心”的结构转变，促进学生的深度学习，更有利于学生认知能力的发展和创新性思维的培养。同时，智能化技术还能使协同学习更加普遍，除了同伴协同之外，多为人机协同，学生借助智能化技术提供的知识图谱，能将不同领域的知识进行关联，知识获取的全面性和系统性大大提高；智能算法能根据个人偏好为学生推荐合适的资源和学习路径。学生在与智能机器互动中逐步完成知识构建，培养问题解决能力、批判性思维以及创新能力。

3. 赋能评价

2020 年，国务院印发的《深化新时代教育评价改革总体方案》强调，“创新评价工具，利用人工智能、大数据等现代信息技术，探索开展学生各年级学习情况全过程纵向评价、德智体美劳全要素横向评价”。多模态数据的采集使得评价多维度、多角度，更加全面与综合。

注重过程。聚焦教学过程，提供对学生学习过程中的认知、态度、情感、行为等方面的表现，进行数据分析，呈现学习的过程和知识掌握的程度以及问题解决能力的水平。改变了结果性评价只看结果不看过程的弊端。聚焦学生发展的全过程，从成长的视角进行对比与评价。

注重证据。通过数据信息的采集与分析得出的结论不是简单的主观判断，而是基于证据的评价。这种证据是学习过程中的留痕，也是对教学重点与难点的再分析，更是对学生学习状态的分析。

注重全面。智能化技术可以让以前难以观察或者难以量化的素养数据化，在对学生进行全面素养综合评价中，有数据的支撑和量化的指标。智能化技术使得素养发展可视化。

二、怎么评：指向质量的评价体系

“鉴定和评估是公认的‘评价’的两种含义之一……鉴定和评估必须借助它们与**手段与目的**的关系或**手段与结果**的关系相互支撑……鉴定和评估是对事物的适用性和必要性的评价。”① 基于新的课程方案和课程标准的课堂怎么评？多种评价方式怎么落实？如何促进核心素养的落地？

（一）评价主体

评价既是一种价值判断，也是课堂改革的指向标，课堂谁来评意味着教学理念的定位与转换。

1. 教师作为评价主体

这是常用的和传统的评价主体。听评课是常规教研活动，在这样的活动中，一般情况下是教师并排坐在教室的后边或者齐聚录播教室的后边，以围观的姿态看被评价教师上课。然后在说评课环节，以七嘴八舌的状态整体评价教师的教学水平、教学优缺点等。这样的评价多流于形式，因为涉及整体价值判断，难以讲出真实感受、指出真实问题，多为“你好我好大家好”。

教师作为评价主体可以尝试以下几种形式：

一是以课堂观察来进行。通过开发课堂观察量表或者运用智能化的技术，确定系列观察主题，比如学生活动、提问、反馈等，以事实和数据作为评价的依据，聚焦教学中的难点问题，进行教学改进。可以是教师观察，也可以是智能化技术，类似于面部抓拍等的技术分析。因为所有的观察都是基于数据分析，不存在或者减少了主观臆断，使得评价更加具有客观性，也会更好地促进教学改进。

① 杜威．评价理论 [M]. 冯平，余泽娜，主译．上海：上海译文出版社，2007.

二是以异质听评课来进行。所谓异质是指不同学科之间的共同教研，交叉听评课。比如英语听评数学，数学听评语文，语文听评物理等。所谓“同行看门道，外行看热闹”，异质教研最大的益处在于用多学科视角审视一门学科教学。学科思维和学科视角可以为学科教学改进提供新异的建议。一般来说，同学科听评课多关注学科内部，比如教学知识的解读与呈现等。但异质学科由于学科知识界限，难以或者不能对学科知识解读提供建议，只能在教学的过程中跳出知识评价课堂，反而能给出建设性意见，看到了同学科教师忽视的地方。

2. 学生作为评价主体

学生作为评价主体进行教学评价在常态教学中比较少见。其原因不外乎感觉学生说不清楚或者怕学生说了不该说的话等。学生是课堂的主人和学习的主体，教学如何，课堂是不是他们愿意驻足的地方，学习效果和效率如何，他们应该最有发言权。如果学生是评价的主体，他们评什么？

评感受。一堂课好不好，学生感受很重要。有的课精神愉悦，欲罢不能，学生的兴趣高涨，课后仍然投身于问题的讨论中和研究中，这样的课就是好课。如果学生昏昏欲睡，没有兴趣，总是想逃离课堂，即使热闹非凡，也未必是好课。感受是直观的，是总体的。

评获得。即学习之后获得了什么。有很多时候，学生的获得感是不强的，要么说学会了一道题、一首诗等，要么茫然不知。学生的获得感来源于学习的投入程度和对活动的参与程度等。如果一节课都是教师在讲授引导，学生置身学习之外，获得感一定不强。反之，如果学习是学生自己设定的，亲身体验、实践操作，感受肯定异常显著，也反映了课堂的样态。

评疑惑。即学生在学习之后是否有问题或疑问。学习是递进的，一个问题解决往往会带来另外的新问题的产生。如果一堂课之后，学生没有疑问，那么或者启发不够，或者参与不足，或者思考不深，或者没有真正学会。疑惑就是收获，就是正在学习的表现，也是一堂好课的价值所在。

评期望。学生的期望就是教师努力的方向。有很多时候，学生不知道要什么样的课堂，但他们希望教师可以这样上课：比如教师要微笑，教师多指导，多让学生自己体悟，少布置作业，多活动等。学生的愿望是朴素的，新的课程方案提出的课堂教学改革建议仍然是对叶澜教授一堂好课的标准“四个实”（扎实、充实、平实、真实）的践行。

3. 课外人作为评价主体

课外人是课堂之外的人，包括：学校管理者、家长、专家、行政管理部门等。不同主体的评价取向不同，可能比较单一，但对于教学改进仍有积极意义。

一是监督取向。新的课程标准是否落地？是不是还有“新瓶装旧酒”？作为教学监督主管部门可能会从这样的主题出发对教学质量进行督导评估。他们通过听评课和访谈等评价课堂教学，验收教学质量。每次主题不同，比如“‘七认真’检查”“教学质量检测”“推进课程标准落地大调研”等。

二是协同取向。校家社一体化进程中，如何激发家长参与孩子学习的积极性，加强教师与家长的沟通与合作成为重点内容之一。其中，课堂开放日就是让家长充分了解教学、了解孩子学习情况的途径之一。由于家长的知识水平差异和行业差异，他们对课堂的评价可能会有所偏差，但这不影响他们直观的感受。退一万步讲，如果是家长都喜欢并能够听懂学会的课堂，就不是差的课堂。

三是指导取向。各类专家进课堂，其目的就是让教学更加符合新课程标准的要求。比如对课标中的新理念：学科实践、教学评一致性、大概念、结构化、真实情境、学科核心素养等，如何在教学中落实，许多教师不清楚，这就需要专家的指导。这种指导不带有判断性，更多是提升，但不排除有个别外行专家“指手画脚”。

（二）评价方式

评价方式有很多，比如：横向评价与纵向评价、定性评价和定量评价、形成性评价与终结性评价、绝对评价与相对评价、差异评价等。在新课程标准中提出了几种新的评价方式，如基于证据的评价、表现性评价、协商评价和增值评价。

1. 表现性评价

韦伯（E. Weber）认为，表现性评价是指在真实的生活环境中评价学生的表现，是学习过程中有意义、有价值的重要经历，评价是学习的一部分，是不断发展变化的，成功或失败只能用学生在新的环境中应用知识和技能的具体事实说明。[①] 周文叶教授认为，表现性评价是“在尽量合乎真实的情境中，运用评分规则对学生完成复杂任务的过程表现或结果做出判断”。[②]

我国《普通高中地理课程标准（2017 年版）》将表现性评价界定为：对学生在真实情境中完成某项任务或任务群时所表现出的语言、文字、创造和实践能力的评定，也指对学生在具体的学习过程中，所表现出的学习态度、努力程度以及问题解决能力等的评定。表现性评价包括：开放式问题的笔试评价，对成果的实际操作过程及展示的评价，对日常谈话和观察开展的评价，对高层次学力状况的评价，对日常环境中的不同习惯的表现评价。[③] 无论什么样的定义，我们**发现表现性评价的关键要素是：情境、任务、表现**。这种评价不是结果性的，而是过程性的。

2. 协商评价

由于各评价者具有不同的价值观、不同的利益观点、不同的信息结构等，对于某个（或若干个或全部）指标的权重带有不同程度的意见冲突，它不以分数和等级对评价内容作量化考评，而是通过协商以求形成对评价内容的共同认识。

关注个体。个体是能动性的个体，通过能动性的创造活动来认识和改造世界。参与评价活动的任何主体的意见在协商评价中都有权利得到解释和讨论。协商在于寻求这些不同意见之间的共同认识，而不是用标准化的答案来排除相左的意见。协商评价提出对个体的关注，认为在评价活动中能实现主体性、能动性的提升，克服传统评价对人的忽视，更把个体差异性发展和整体共同进步相结合。主体间就评价内容进行认识、交流、讨论的过程是协商评价的核心内容。

---

① 韦伯．有效的学生评价 [M]. 国家基础教育课程改革“促进教师发展与学生成长的评价研究”项目组，译．北京：中国轻工业出版社，2003.

② 周文叶．学生表现性评价研究 [D]. 上海：华东师范大学，2009.

③ 中华人民共和国教育部．普通高中地理课程标准 [S]. 北京：人民教育出版社，2017.

强调多元。一是评价主体的多元，不同社会角色的个体参与评价，各主体都具有平等的地位与权利，参与讨论与决策；二是内容多元，不仅是对学生学习表现的评价，还包括对认知特点、心理状态、行为表现、意志品质等进行评价；三是评价标准多元，对不同的评价内容采用不同的标准，不存在唯一和绝对的评价标准。

丰富认知。协商以主体间的对话展开，是主体就评价对象的各个方面与其他主体交流、讨论、辩论、共识、决策的过程。在对话中，主体彼此交流意见，提供论证，相互讨论以求丰富认识，做出公正判断。同时，主体多元带来了认识的多样化，虽然难以摆脱主体主观价值的影响，但是我们仍然能够从主观认识中发现客观规律，从而对评价内容的认识更加丰富。

促进发展。甄别和选拔不是协商评价的主要目的，而是以形成的共识与决策对未来的指导为目的。协商评价通过对评价对象的再认识、反思和阶段性诊断指向评价对象未来发展，其决策是开放性的，既是共识也可以被再讨论，以便形成更全面、客观的认识，以顺应变化。

3. 增值评价

增值评价是指通过追踪研究设计，收集学生在一段时间内不同时间点上的标准化测验成绩；基于学生自身测验成绩的纵向比较，并考虑其他不受学校或教师控制的因素对学生成绩的影响（如学生的原有成绩水平、人口学因素、家庭背景信息以及学校周围地区的经济发展水平等）；使用多水平模型对数据进行统计分析，可以将上述因素对学生成绩的影响与学校或教师对学生成绩的效应分离开来，追踪学生在一段时间内学业上的变化，考查学校或教师对学生学业成绩影响的净效应，进而实现对学校或教师效能较为科学、客观的评价。①

这里有两个关键词：**增值与净效应**。增值是对学生进步情况的判断，关注的

① 辛涛，张文静，李雪燕. 增值性评价的回顾与前瞻 [J]. 中国教育学刊，2009(4): 40-43.

是纵向的比较结果；净效应意味着剥离不可控因素的影响，以努力程度作为评判依据。增值评价的意义和价值非常明显：具有强调学生成长、直观呈现教育效能的优势。这在执着于“抢好生源”的教育现实中显得尤为重要，有利于营造良好的教育生态。但其劣势也很明显，高稳定性、高一致性的“净效应”难以实现。这就要求要“打组合拳”，充分利用智能工具建立个体多模态数据库，以量质结合与互证的方式推进德智体美劳的增值评价。

（三）评价路径

2022 年版义务教育课程方案指出：要“强化考试评价与课程标准、教学的一致性，促进‘教—学—评’有机衔接”。[①] **教学评的一致性围绕学科本质问题的解决，将教师的教、学生的学和教学的评前后贯通、协调配合，在教学过程中激发深度学习，在深度探究与实践中提升课堂教学效率，在评价反馈中促进学生发展及教学质量提升。**

在教学评一致性的理念下，需要进行逆向教学设计，而**逆向教学设计最主要的特点是：以终为始，评价先行，评价贯穿始终**。以终为始的结果导向，首先预设并明确学生的学习成果，然后设计并选择评估学习成果是否达到的证据，最后设计教师课堂教学活动和学生学习体验活动。

1. 评价先行

就是评价在教学目标之后，在教学过程实施之前就预设了如何评价目标。准确清晰的教学目标是教学评一致性的核心，怎么教、怎么学和怎么评全部围绕目标进行。如何制定清晰准确的教学目标，前面已经论述，在此不再赘述。但评价在目标之后如何制定？

一是对照教学目标逐一表述评价，即有什么样的目标就要什么样的评价，评价做到清晰可测；二是对照教学目标多样性呈现评价标准，即针对不同目标的特

① 中华人民共和国教育部．义务教育课程方案（2022 年版）[S]．北京：北京师范大学出版社，2022.

质量身订做评价标准，做到不同的内容不同的评价，同样的内容选择性评价；三是进行评价策略的指导，即在表述评价的时候，可以进行评价方法和评价策略的指导，以使评价能够顺利实施。

2. 评价贯穿始终

就是在每一个教学活动后或在实现每一个目标之后进行评价，确定目标的实现程度。这个贯穿始终需要几方面理解：

一是从长度上，评价贯穿教学全过程，包括情境创设、活动设置与实施效果、知识习得情况、作业布置情况、能力与素养生成情况等；二是从宽度上，评价贯穿教学全方位，包括：教学的教如何；学生的学如何；支持性资源如何；教具使用情况如何；师生交流情况如何；等等。三是贯穿始终的评价具有多样性，即针对不同的教学内容及教学的不同方面，适时采用不同的技术手段和评价工具，增强评价的实效性。当然，在教学过程中，评价内容有大有小，针对的范围有大有小，都要“因材施评”。

（四）评价结果：动态全要素的综合性评价

《深化新时代教育评价改革总体方案》明确强调，要“改革学生评价，促进德智体美劳全面发展”“坚决改变用分数给学生贴标签的做法，创新德智体美劳过程性评价办法”[①]，深刻践行“五育融合”育人理念，制定出以德智体美劳为主要内容的评价体系，打造一种全要素、融合性的教学评价生态，而这个生态又是动态的。这种评价采用多维度、多领域、多元化的考核内容和方式评定教育成效，丰富评价的过程与结果。

动态性是指发展性与过程性。在这样的评价中，关注个体的发展过程，淡化对结果的过多关注，适合学生发展的长期性、动态性和持续性的特征。既要重视教学结果，也要强调对学生思维发展和素养形成的影响。

① 人民日报．中共中央国务院印发《深化新时代教育评价改革总体方案》[N]．人民日报，2020-10-14(6).

全要素融合是指德智体美劳的五育融合。关注学生多方面的协同发展和进步，关注打破教育的藩篱实现各类素质的协调与融通，关注学科核心素养与综合能力的培养，关注整体的、综合性的育人效果。

当然，在评价工具方面可以研制各种评价量表和质性的评价标准，建立档案袋评价体系和多模态资源库，推进评价的正确有效的实施。

案 例
译林版教材九年级上册第四单元 Task 教学案例

[语篇分析]

该板块的终端任务是模仿范文创作一篇“对我影响至深的人”的文章。范文以记叙文的形式介绍了对作者成长影响最大的人——父亲。全文共四段，第一段是基本信息，第二、三两段是优秀品质及事例，第四段是作者感想。主要时态为一般过去时、一般现在时和现在完成时。范文运用多样化的语言为主题服务。描述父亲的优秀品质时，作者使用了 unusual, kind, helpful, kinder 等形容词；在讲述父亲优秀事迹时，作者使用了 be ready to help anyone, give it to someone in need, to my surprise, donate ... to ... 等短语；在发表感想部分，使用了 seem to be kinder to ... than to ... 以及 a heart full of love 等佳句。

本课的写作对象是人，整个单元以多个人物为学生提供榜样人物的视角，范文的主人公是父亲，是我们身边一群“平凡而又伟大”之人的缩影，但学生的思路不能因此禁锢为“父亲”，要扩展至写本单元的代表性人物、学生自己的名人偶像、学生熟悉的普通人等。Task 作为本单元的终端板块，要调动学生对本单元“成长”主题的结构化认知，引导学生在综合性的语言输出中，形成个性化的观点表达，领悟成长的深层内涵，引发他们对人生意义的思考，实现精神和人格的成长。

[学生学情分析]

从认知—情感层面看，九年级学生有自己心目中的偶像，为写作提供了素材基础，但学生心智还不成熟，对于真正的“偶像”缺乏理智判断，需进一步引领；从语言技能层面看，学生对于写人的作文容易忽视事例的典型性，个人观点不够鲜明，导致写作内容程式化、思想浅表化，需要教师有效指导；从语言知识层面看，学生在初中阶段已学过多篇人物介绍，而且在九年级第一单元、第三单元，学习了描写人物的方法，建构了对自我的认知，这为本课的写作提供了语言和知识的铺垫。

［教学目标］

通过本课的学习，学生能够：

1. 回顾单元主题内容，激活关于“成长”的已知经验，建构单元语言图式；

2. 分析范文，梳理并归纳文章的内容、结构和语言，形成结构化示意图；

3. 结合自身成长历程，基于个人写作内容框架和写作评价标准完成初稿，多元评价，形成修改稿；

4. 小组讨论，分享个人对成长主题的不同观点，领悟成长内涵。

［教学过程］

Step Ⅰ：对标目标 1，回顾单元主题内容，激活关于“成长”的已知经验，建构单元语言图式。

评价任务 1：就本单元人物的信息从 qualities, examples 和 useful language 三方面进行梳理，形成结构化知识。

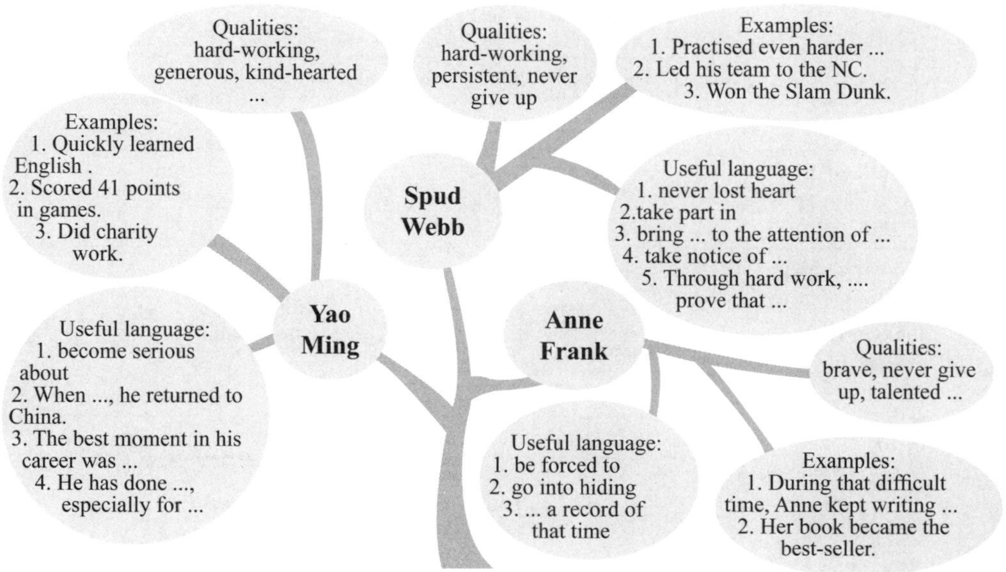

评价任务 2：说出对你影响至深的人及大概理由。

学习活动

1. 学生观看本单元所提及人物的图片，回答问题：How many people are mentioned in this unit? Who has impressed you most? And why?

2. 学生思考问题：Who else has influenced you most during your growing up? 引出本课内容。

设计意图

基于单元所学，形成结构化知识梳理，为后续写作核心任务的展开作铺垫。

Step Ⅱ：对标目标 2，分析范文，梳理并归纳文章的内容、结构和语言，形成结构化示意图。

评价任务 3：形成父亲基本信息表。

My father
Age: in his fifties
Job: worker
Personalities: kind and helpful

评价任务 4：概括并整合范文的内容结构。

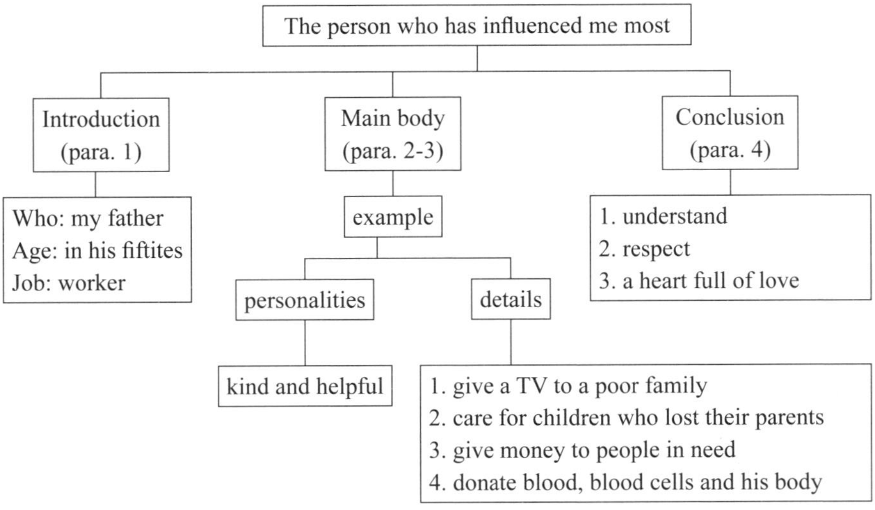

评价任务 5：用自己的语言说出事例的选取、复合句的运用、时态的变化、结尾点题等对表现主题意义的支撑作用。

学习活动

3. 学生浏览全文，获取、梳理父亲的相关重要信息。

4. 学生细读文章，四人小组合作，厘清范文结构框架。

5. 学生小组合作，探讨内容和语言对主题的表现力。

设计意图

梳理文本脉络结构和核心内容，形成可视化思维，为后续的写作提供框架参考；帮助学生归纳写作技巧，形成写作策略。

Step Ⅲ：对标目标 3，结合自身成长历程，基于个人写作内容框架和写作评价标准完成初稿，多元评价，形成修改稿。

评价任务 6：形成写作思维导图。

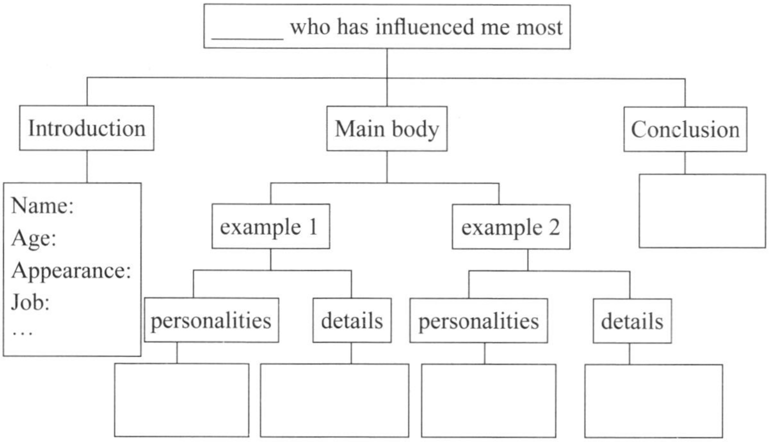

评价任务 7：学校举行“榜样伴我行”主题活动，要求撰写题为“________ who has influenced me most”的作文，字数 100 词左右。优秀文章将在学校公众号上推送。

评价任务 8：根据评价表对初稿进行自评、互评，并修改，形成修改稿。

学习活动

6. 学生两两合作，参照范文内容结构图，自行设计写作提纲框架图，适当增加写作条目，并口头交流写作内容。

7. 学生根据评价表（附后），独立完成写作任务。

8. 学生听取教师对一位中等水平学生的修改稿的示范评价，从教师的点评中，得出具体修改方法。

设计意图

运用语言支架为即将开展的写作任务提供“踏脚点”；评价贯穿于学习过程，让评价标准作为写作策略指引；在多元的评价过程中，帮助学生获得写作策略，提升评价水平。

Step Ⅳ：对标目标4，小组讨论，分享个人对成长主题的不同观点，领悟成长内涵。

评价任务 9：基于单元所学，提炼归纳多元观点。

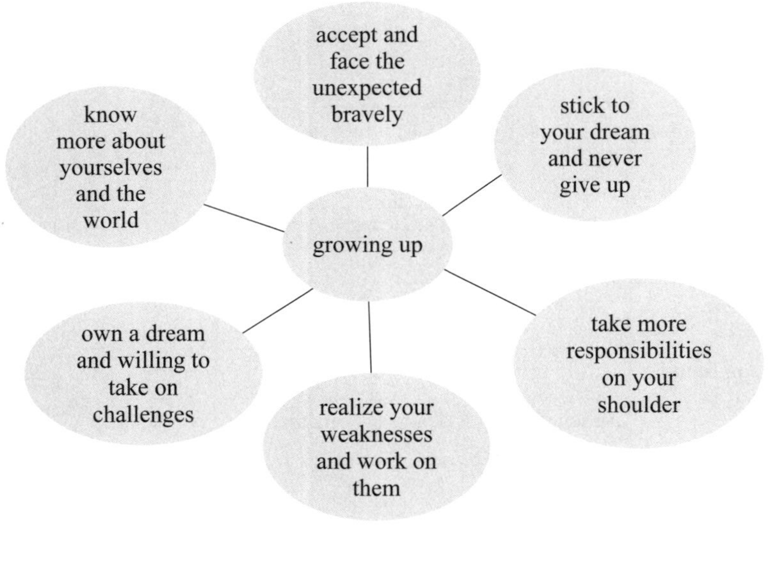

评价任务 10：发表微型主题演讲：Growing up matters a lot.

学习活动

9. 学生思考并讨论：What does growing up mean to you?

10. 学生小组讨论，发表不同见解：在你的成长过程中，对你最有影响的除了某个人之外，还有什么？是如何影响你的？

设计意图

站在单元视角，推动学生对“成长”涵义深刻的理解，展现单元主题的多元性；基于单元主题，提出创新性问题，对导入板块作出回应，体现单元教学的整体性。

附：【写作评价表】

类别	标准	得分
内容（10 分）	中心明确，能紧扣“对成长产生影响”主题表述，且有 2 个或 2 个以上的细节支撑观点，所选取的例子要有典型性和说服力。要阐释对自身哪方面产生了影响。	
结构（10 分）	结构清晰，段落布局合理；能恰当运用过渡句、衔接词等使文章层次分明、逻辑严密。	
语言（10 分）	结合本单元所学知识，恰当运用本单元和范文中所学的词汇、句型和表达方式，如复合句的使用、恰当的修辞等。	
书写（5 分）	书写规范美观，无涂改痕迹。	

板书设计

9A Unit 4 Task　The person who has influenced me most

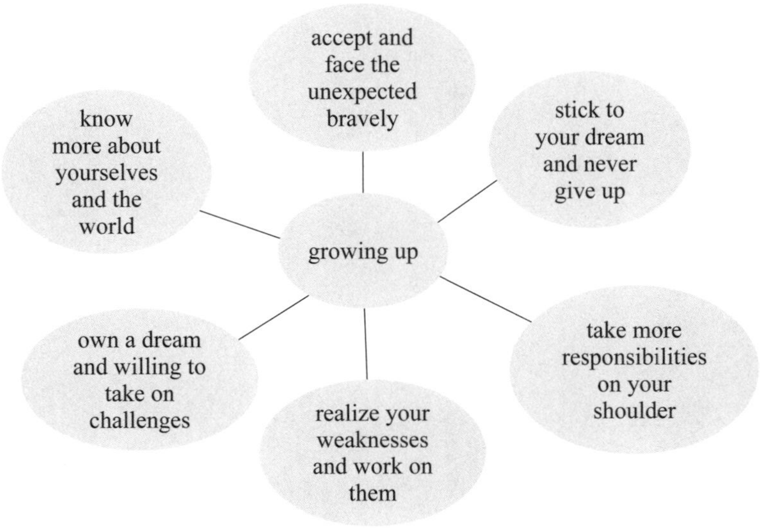

作业设计

【必做】

1. 打磨作文：请根据写作评价表的维度，综合本单元所学，完善二稿，并形成终稿，教师终评。（According to the assessment table, polish your second writing and make it your final one.）

【选做】

2. 拓展写作：课后观看经典电影《奇迹男孩》。在你的成长过程中，对你影响至深的不仅仅是一个人，可能还会是一本书、一部电影、一件物品或一个事件等。请自选角度，以 The ________ that has influenced me the most 为题写一篇文章。字数 100 词左右。

（此案例提供者：周丽萍，宜兴市外国语学校副校长）

17

如何在教学中实施过程性评价?

过程性评价是一种在课程实施过程中对学生学习状况进行评估的方法。它深度融入整个教学过程，体现出一致性、发展性和多样性的特征。实施过程性评价有助于激发学习主体的学习主动性，有助于在主体间交往的教学过程中培育学生的核心素养。实施过程性评价需要明确以素养为导向的学习目标，制定基于目标的评价规则，调动多元评价主体参与，在驱动性任务完成的过程中开展评价。

伴随着教育教学目标从“知识本位”转向“素养本位”，从掌握“惰性知识”转向正在发生情境中的问题解决，教学评价方式也随之从“定性”转向“发展”。我们不仅要关注学生学得好坏，更要关注学生怎样才能学得更好；不但要关注结果，还要关注达成结果的过程、方式和方法，且通过过程更好、更全面地理解结果。由此可见，过程性评价是课堂教学优化的必然路径，也是课程改革深化的应然追求。那什么是过程性评价？为什么需要过程性评价？我们在教学实践中又如何实施过程性评价？围绕这三个问题，本章将依次加以论述。

一、什么是过程性评价

（一）过程性评价的内涵

一般来说，评价的本质在于对事物和过程的价值或量做出判断、决定或计算。《韦氏大词典》这样解释评价：“评价，决定或确定价值或数量。”顾明远主编的《教育大辞典》对评价的解释是：“评价，evaluation，指对事物价值的判断。”随着教育观念的变化，人们对评价的功能及评价本质的理解也在不断加深。

教学作为一种过程性存在，评价伴随着教学发生的全过程。因此，研究评价更应该从过程视角入手。1967 年，美国哈佛大学教授斯克里芬（M. Scriven）首次提出过程性评价这一概念，最初是用于教材改革，后来又运用于对师生教学行为的评价中。20 世纪 80 年代以后，人们进一步认为学习的质量不仅反映在学习的结果上，也反映在学习的过程中，即学习动机、学习策略、学习效果是三位一体的。2020 年《深化新时代教育改革总体评价方案》中明确指出要探索开展学生各年级学习情况全过程纵向评价；《义务教育课程方案（2022 年版）》又强调要实现“教—学—评”一致性，在过程性评价原则中提到：“过程性评价应统筹安排评价内容。

评价内容应立足重点，关注各个学段的水平进阶。评价要真实、完整地记录学生参与实践活动的整体表现。”[①]

由此可见，评价应该嵌入“教”与“学”的全过程之中，评价要与教师的“教”和学生的“学”保持一致，要收集学习过程中的各种信息，为进一步改良“教”和“学”提供依据，促进目标的达成。

可以认为，过程性评价是一种在课程实施的过程中对学生的学习进行评价的方式。其内涵就是，在课程实施过程中目标与过程并重，通过记录、观察，收集学生学习过程中涉及的信息，并给予即时、动态的反馈、解释和调整，引导教师、学生对教学及学习过程的关注，从而实现教学过程价值增值，提高课程实施质量，促进个体发展。

（二）过程性评价的特征

过程性评价是课程实施的重要组成部分，是“嵌入”在整个教学过程中的重要事件。我们应当改变工具化的、结果导向的评价模式，与课程形成互相关联、互相影响、互相整合的“共在关系”。其特征表现如下：

1. 一致性

过程性评价的一致性主要体现在两个方面：其一是评价过程与学习过程的一致性，主要表现为“教—学—评”一体化，它包括“评价即学习”“评价即管理”“评价即教学”。[②]首先，过程性评价目标与教学目标、学习目标相匹配，这让实施课程的整个过程不会偏离核心素养培育的目标和理念。教师在教学前进行评价与教学的整体设计，将学习目标分解为具体的过程性任务，也利于教师深入分析解读课程标准，同时借助评价来检验和修正学习目标，发挥评价的诊断、修正功能，

① 中华人民共和国教育部．义务教育语文课程标准（2022 年版）[S]. 北京：北京师范大学出版社，2022.

② 高凌飚．过程性评价的理念和功能 [J]. 华南师范大学学报（社会科学版），2004(6)：102-106+113-160.

让素养真正可教、可学、可评。其次，过程性评价任务一般贯穿于主题学习中，驱动着教与学的进程。与此同时，任务完成的整个过程也是促成学习目标、评估学习成果、衡量学习效果的过程。学生完成评价任务本身就经历了完整的学习历程，评价让教师在关注学生应学会什么的同时，还关注学生是否达到预期程度，从而根据评价结果不断审视自己的教学，学生也能根据反馈自我监控调整，最终让评价起到促进学习的作用。其二，一致性还指向评价系统内部的一致性，它主要表现为评价任务设计、标准制定、目标设置等具有一致性，它们共同作用，形成一个完整的学习闭环。

2. 发展性

杜威在“教育无目的”的理念中主张教育即生长，教育即生活。他认为，生活、生长和经验的变化是循序渐进的积极的发展过程，教育的目的就存在于这种过程之中，生长的目的是获得更多更好的发展。过程性评价即是一种发展性评价，用发展的眼光来客观评价儿童的发展，并重视评价方式多元化、评价内容多样化、评价过程动态化以及评价主体互动化。评价的发展性强调突出儿童参与评价的主体地位，为儿童构建个性差异获得尊重的评价体系。基于个体差异的过程性任务的设计也具有发展性，它根据不同学生的发展阶段及特点由低层向高层逐步过渡，并设置不同梯度的评价标准，帮助每个学生按自己的成长轨迹发展自身素养。

3. 多样性

首先，在过程性评价方式的设定上要呈现多样性。由于学生的学习态度、程度不尽相同，因此，教师宜通过多种评价方式来增强学生自主学习能力、综合分析能力、思维判断能力。其次，在过程性评价内容的设定上要呈现多样性。在学科育人的理念下，力求多元立体地展示学生的发展，评价的内容是学生的课堂表现、课堂作业、小组合作与交往，各种类型的常规作业、开放性作业、探究性作业，以及形式多样的展示活动。最后，在过程性评价标准的设定上要呈现多样性。新课标倡导学科育人理念，在评价中关注学生核心素养的提升。过程性评价力求重点考察学生在学习过程中表现出来的学习态度、参与程度和核心素养的发展水平。根据各学段的学习内容和学业质量要求，广泛收集课堂关键表现、典型作业和阶段性测试等数据，对学生知识基础、认知过程、思维方式以及态度情感的发展水平进行评价，从而体现多元主体、多种方式的评价特点，通过多维度、多角度的评价，促进学生更全面更立体地成长。[①]

二、为何要实施过程性评价

随着“双减”政策的落地，学生的学业压力有了一定的缓解，但是以考试成绩为取向的结果性评价依然占据着主导地位。若要打破“唯分数、唯升学”的思维惯性，必须深入变革教育评价的方式。过程性评价是立足于学生发展的评价，采用包括质性评价、量化评价等多种评价方式，深入学习的不同方面和不同层次，贯穿于学习的始终，揭示学生学习活动的深层意义，揭示“当下”学习现实与“未来”可能发展的关系。

（一）过程性评价有利于培养学生的核心素养

传统的纸笔测验忽略了素养表现的整体性、实践性和个体性，弱化了评价持续改进学习的发展功能，对评价作为一种本体性学习素养形成以及多元对话协调的民主过程关照不足。与传统教育评价相比，过程性评价更关注学习过程，更关注教学目标的达成，强调学生在评价中的主体地位，重视学生运用知识的能力提升。[②] 过程性评价就是要弥补终结性评价之不足，挣脱纸笔测验的束缚，站在立德树人的高度，对准教育目的、课程方案、课程标准，以评价促进学生主体能动发展。过程性评价符合学科核心素养的发生机制，它嵌入于真实情境中获得证据、分析推论、归纳统整、实践创新、解决问题以及反思改进的全部流程，是一个系统完整的素养生成过程，有利于实现学习持续增值。

---

① 刘笛月．表现性评价的内涵、功能及设计框架 [J]. 教育测量与评价，2016(5)：44-47, 62.

② 魏善春．基于过程哲学的课程建构：理念、价值与实施 [J]. 南京师范大学学报（社会科学版），2016(3)：96-104.

（二）过程性评价有利于激发学生的主体积极性

无论从评价的价值取向，还是从评价的内容方法上看，过程性评价对教育目标和评价本身的理解都更为全面。它不仅重视学习成果，还重视学习过程中隐含的要素，体现过程性与目标性并重的价值取向。它既注意标准又注意过程，不试图用过于刻板的标准来衡量所有的学生，而是通过学生在学习过程中的表现去关注每一学生的学习质量和水平，符合人的多元智能发展的实际需要。学生对自己学习时的每个环节和标准都很明晰，由此在内生性的评价中发现自己的潜能，发展自己的潜能，让每个学生的学习充满愉悦感、获得感。[①] 因为及时而全面地看见学生的成长，过程性评价愈加彰显出学习“加速器”的激励功能。

（三）过程性评价有利于教与学的整体建构

过程性评价不仅要关注学生的学习过程，还需要教师的教授过程。学生的经历、思维方式、学习习惯等方面的不同，会导致在汲取知识的过程中引发不同的反应，这种反应不仅表现为个性智力因素的积极应答，也包含着非智力因素潜在的影响。过程性评价坚持“以评促学”的理念，关注课程实施过程中目标的细化与达成，可以有效地对学生的学习过程进行引导，也能帮助教师对其教学行为进行优化。同时，教学活动实施后的结果也会成为下次活动的新起点，这说明评价在对学习效果进行判断的同时，还会反过来影响学习过程。在这种“生成—发展—回溯”的作用下，教师收集学生纵向动态的学习信息，采用合适的教学策略，不断优化和提升学生的学习过程表现，帮助学生在课程实施过程中实现更好地学习。在过程性评价中，教与学是密不可分的。教学相长所表达的也许正是其整体性的意蕴与内涵。

---

① 魏善春，李如密. 从“实体思维”到“事件思维”：过程哲学视域中的教学生活图景 [J]. 教育研究，2017，38(6)：115-124.

三、如何实施过程性评价

要使过程性评价对学生的学习产生积极的作用，需要良好的设计与实施。学生学习的过程评价该如何设计？怎样实施才能产生积极的评价效果呢？

（一）确定素养导向的学习目标

明确的素养目标可以引导过程性评价的整个过程紧扣焦点，从零散走向整体、从无序走向有序。过程评价的目标应从对浅层学习方式的关注转向对深度学习方式的关注，从对简单的知识记忆的考查转向对学生关键能力的关注。在《追求理解的教学设计》一书中，威金斯提出了“逆向设计”的思路，即第一步确定教学目标，第二步确定合适的评估证据，第三步设计学习体验活动，通过将评价设计前置的方法，帮助教师实现“教—学—评”一体化。面对抽象复杂的核心素养，教师需要根据新课标、结合学段教学要求、依据主题内容及学情对其进行具体化，设计主题学习目标，并逐步在教学中进行落实。在目标确定好以后，要进一步根据目标维度细化生成过程性评价标准，即学生应该达到的规范要求和参考基准，它是衡量学生过程性学习的尺度。

以统编教科书六年级上册第四单元为例进行说明。该单元是一个体裁颇为特殊的单元——小说。单元导语是“小说大多是虚构的，却又有生活的影子”，揭示了小说既来源于生活又高于生活的特点。本单元的语用目标是“读小说，关注情节、环境，感受人物形象”，人文主题是“发挥想象，创编生活故事”，由两篇精读课文《桥》《穷人》、一篇略读课文《金色的鱼钩》构成。习作主题是“笔尖流出的故事”，鼓励学生读一读作家笔下的成长的故事，在此基础上创编故事。

此单元属于“文学阅读与创意表达”学习任务群，该学习任务群属于发展型任务群，指向“感受文学语言和形象的魅力”“了解文学作品的基本特点”“尝试创作文学作品”，从语言、形象到作品特点以及表达创作，契合文学作品的接受过程。在“文学阅读与创意表达”学习任务群视域下，我们从单元统整的角度学习这些小说，学生能够丰富自己的阅读经验，拓宽自己的阅读视野，将文学作品的思想内涵由童真的歌颂扩展到对社会和人性的思考。将这些素养目标细化后，提炼了单元任务群的主题“讲述平凡人的平凡故事”，并确定了本单元学习目标

如下:

1. 通过“寻找小说里的秘密”的活动，把握小说主要情节，并紧扣小说中人物的语言、动作、心理描写，留意环境描写，感受人物形象。

2. 依托具体的任务情境，通过“感受小说里的笑与泪”的活动，产生阅读《童年》《小英雄雨来》《爱的教育》的兴趣，自主规划、阅读三本小说，了解小说内容，体会阅读小说的乐趣。

3. 通过“班级非凡故事会”的活动，展开想象，根据提供的环境和人物创编生活故事，并能与同学交流小说阅读心得，体会成长的快乐。

在制订单元学习目标时，教师应改变以往以单篇课文教学目标主导的碎片化教学设计，从单元整体入手，围绕识字与写字、阅读与鉴赏、表达与交流、梳理与探究四个语文实践活动进行单元学习目标整体设计，从而统领单元学习。

（二）依据学习目标设计过程性评价任务

学习目标的实现需要把学习目标分解并转化为系列的评价任务，学生在完成系列的评价任务中逐步达成既定目标。评价任务是以学习任务的形式，把知识、技能获取过程中涉及的知识应用、思维方法、策略运用、情感态度等元素融合于具体学习情境之中，通过任务的实施与表现来检测学习目标的达成度。过程性评价任务的完成即是在一定真实情境下由主题或者驱动性问题牵引，学生理解所学概念，重新组织建构，迁移应用，探究创新等的过程。我们仍以上例的学习目标维度为例加以说明。①

结合“文学阅读与创意表达”学习任务群第三学段的学习内容，我们提炼了单元任务群主题“讲述平凡人的平凡故事”，设计了三个任务，将指向的目标细化到具体的评价任务之中。任务一“寻找小说里的秘密”，旨在单元统整学习中，从小说三要素——人物、情节、环境入手，让学生感受小说的魅力，形成完整的小说认知体系，分析情节结构，品味语言特色，使学生在进行想象类写作时有章可循，

① 张曙光.过程性评价的哲学诠释[J].齐鲁学刊，2012(4)：69-73.

有法可依。任务二“感受小说里的笑与泪”，拓展阅读《童年》、《小英雄雨来》和《爱的教育》这三本成长小说，旨在培养学生迁移运用课内阅读学到的方法。通过阅读学习写作，教给学生塑造人物的方法，在这一过程中，学生锻炼自己提取信息、整合信息的能力，提高自身对文字的敏感性。任务三“班级非凡故事会”，旨在读故事、讲故事、演故事，以多种方式创意表达来歌颂普通人在面临困境的时候所做出的一些选择或者表达自己的独特感受，形成具有个性化的表达。

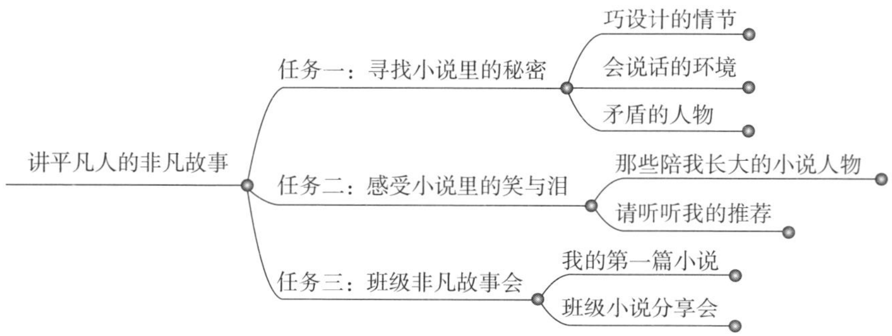

在一节课、一个单元或一个阶段结束后进行的评价活动，往往不能及时地对学生的学业质量水平做出评判。而过程性评价嵌于教与学之中，主渠道是课堂教学。在课堂教学中，一方面，教师可以通过评价了解学生的学习情况；另一方面，学生能从教师和同伴那里获取反馈信息。在这个过程中，评价与课堂观察相结合，教师收集学生在学习过程中的各种信息，关注学生思维生长与发展的整体情况，教师可以根据信息实时调整教学策略。

（三）多元主体参与制订过程性评价规则

过程性评价应发挥多元评价主体的积极作用，其中的主体，包括教师、学生、学校管理人员、家长等，不同角色的评价观点不同，关注点也不同。其中，学生作为评价的主体之一，其地位要被确认。学生可自主选择方式，运用工具，互相合作、鼓励，在评价中“发掘自身潜能，学会自我反思和自我管理”。

如在统编教材六年级上册“民俗万花筒”主题学习之前，教师根据单元学习目标要求设计预习单，引导学生参与评价。

活动1——自主评价：聊一聊家乡的年俗。结合预习单中的学习活动一，借助图文、影视资料，向组内同学介绍一个印象深刻的年俗。

评价标准：

评价标准	达成度（1 星 ~ 5 星）	自评
能准确说出年俗名称		
能清楚说出年俗的来历、特点及美好寓意		
能流利说出自己参与年俗的过程及特别感受		

活动 2——伙伴评价：评选民俗宣传小达人。各小组推荐一名代表，进行民俗宣讲，可以配上图片和视频。

评价标准	1 星	2 星	3 星	4 星	5 星
介绍风俗的来历清楚					
介绍风俗的美好寓意完整					
具体介绍了风俗的特别之处					
恰当使用多媒体					

此环节是小组打分，根据获得星的数量推选本次活动的民俗宣传小达人、乡民俗文化宣讲员。

过程性评价指标设置的关键是教师对于学科核心素养的专业理解。参照新课程标准的学业质量标准，将素养分解为外显的具体表现，指标不能太多，要抓住素养核心，聚焦核心目标。过程性评价的起点和归宿要指向学生学习的改善，在评价完成后，给予学生一定的时间梳理评价结果是非常重要的。因为它能使学习主体在反思中做出积极的规划和调整，进而以现实和平衡的方式进行自我学习完善。

（四）及时反馈优化过程性评价实施进程

在过程性评价实施过程中，教师借助评价指标，通过对学生讲述前、讲述中、讲述后的观测，既能够借此评价学生对预期目标的达成情况，及时调整学习活动，也可以为学生今后的学习建立学情档案，做好个性化的指导，促成每一位学生在薄弱环节的提升。其中，反馈环节至关重要，它可以帮助学生认识自己的学习成果和不足之处，并激发他们学习的动力和自我改进意愿。在给予反馈时，教师应突出重点，具体明确，既要强调学生的优点和进步，也要指出需要改进的地方，并提供具体建议和指导意见。需要注意的是，反馈要注重积极性，鼓励学生继续努力，也要坦诚和真实，帮助学生看清自己的不足，引导他们思考如何改进和提升。教师还可以与学生进行一对一或小组讨论，进一步深入了解学生学习情况，解答他们疑惑和困惑，促进他们思考和交流，帮助他们更好地理解反馈信息，进一步明确改进方向，并提供更深入的指导。通过与学生互动，教师可以了解学生学习的需求和兴趣，提供个性化支持和指导，激发他们的学习动力和思考能力，从而实现面向全体、全面发展的育人目标。

18

怎样落实教—学—评一致性？

所谓一致性是指“两个或多个系统元素之间的相似或匹配程度”，教—学—评一致性则是指在目标统领下达成学—教一致性、教—评一致性、学—评一致性，从而形成一个各要素相互呼应与匹配的整体。

教—学—评一致性是课程教学的内在诉求，为达成教—学—评一致性，需要考虑五个方面的关键议题：指向什么类型的教学方案、教学目标是否清晰、基于目标怎么设计学习活动、基于目标怎么设计评价任务、学习活动与评价任务有何关系。

“今天你备课有教—学—评一致性了吗？”“教—学—评一致性是不是不要目标了？”“听评课怎么没从教—学—评一致性入手呢？”……最近经常听到中小学教师谈论这类话题，教—学—评一致性则是这类话题的关键词。面对教—学—评一致性受到如此关注的现象，我们不禁会问：什么是教—学—评一致性？教—学—评一致性到底有什么价值？我们在课堂上又如何实现教—学—评一致性？围绕这三个问题，本章将依次加以论述。

一、教—学—评一致性的内涵与价值

（一）基本内涵

在了解教—学—评一致性之前，我们不妨先了解一下何谓一致性。**所谓一致性是指“两个或多个系统元素之间的相似或匹配程度”**[①]。这里的一致性表明，在系统中各元素之间相互呼应、相互匹配、相互支持。然而需要指出的是，每个系统都有隐藏的前提。例如在本章中，**教—学—评一致性就是针对预设的教学 / 学习目标来谈的，而不涉及那些生成的教学目标**。

回到教育领域，**在宏观课程层面，一致性意味着教育系统中各要素之间的匹配程度；在微观教学层面，一致性意味着课程各要素之间的匹配程度**，其中在目标（教学 / 教学目标）引领下，教学、学习、评价的一致性乃课程一致性理论的集中体现。这两个层面的一致性并不分离，相反的是，它们相互依赖相互支持。总

① WEBB N L. Alignment of science and mathematics standards and assessments in four states[M]. Washington D. C.: National Institute for Science Education Publications, 1999.

体上，**课程层面的一致性为课堂层面的一致性提供大方向与大目标，课堂层面的一致性为落实课程层面的一致性提供实践行动**。如果在课程层面把重心集中于国家课程标准引领下，关注于教材、教学、考试与评估这三个极为关键的要素上，那么这两个层面构成如图 18.1 所示的关系[①]：

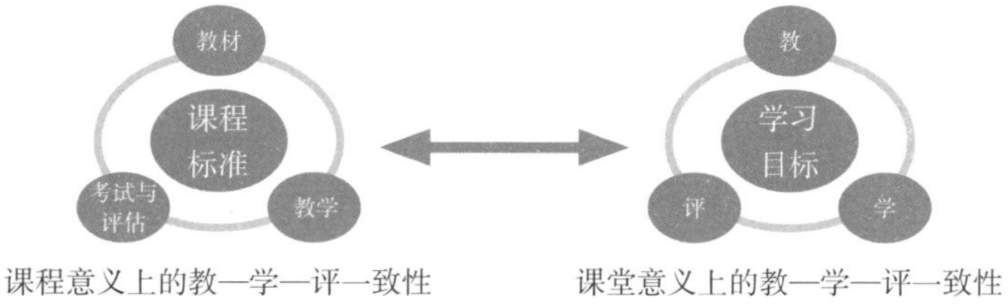

图 18.1　教—学—评一致性的双重意蕴

鉴于篇幅，本章主要聚焦于学科课堂层面的一致性。图 18.1 右边显示，教—学—评一致性需要来自课程标准的学习目标的统领。细而究之，这种一致性包含了三方面含义：（1）**学—教一致性**，即学生所学内容与教师所教内容一致，学生的学习策略与教师的指导策略一致，学生对学习内容的理解、应用与教师预设的目标一致。（2）**教—评一致性**，即教师在讲解教学目标时要展示评价的要求，教师在设计教学内容时要注意把评价内容考虑进去，教师在教学过程中要持续获取关于目标达成的信息而做出自己的教学决策。（3）**评—学一致性**，即所有形成性评价和终结性测验与学生所学的内容都是一致的，所获得的学情都应参照预设目标进行分析、做出判断、形成反馈，以促进学生更好地开展后续学习。[②] 从这三个方面的一致性可以看出，教学、学习、评价是三位一体的关系，在目标的统领下，评价与教学、学习紧密地交织在一起，形成相互制约、相互影响的整体。

---

① 崔允漷. 教—学—评一致性：深化课程教学改革之关键 [J]. 中国基础教育，2024(1)：18-22.

② 崔允漷，雷浩. 教—学—评一致性三因素理论模型的建构 [J]. 华东师范大学学报（教育科学版），2015，33(4)：15-22.

这种教—学—评一致性的思想并非近年发展而来，它较早可追溯至泰勒（R. W. Tyler）在《课程与教学的基本原理》中提及的四个基本问题：（1）学校试图达到什么教育目标？（2）提供什么教育经验最有可能达到这些目标？（3）怎样有效组织这些教育经验？（4）如何确定这些目标正在得以实现？[①] 泰勒认为，课程开发要围绕目标来选择教学材料、组织学习活动、设计评价任务，它们形成相互依附的关系，这是一致性最基本的思维形态。如果把第二、三个问题加以合并，它们主要表现为教学（也在很大程度上反映了学习），那么这四个问题就简约为目标、教学（学习）、评价一致性的意识与诉求。

20 世纪 80 年代之后，随着形成性评价的发展，教—学—评一致性理论也得到发展，尤其在 1998 年之后，美国成立的课程与评价一致性分析协会特别强调“要把教学、评价与标准的一致作为州、学校是否有效落实课程标准的一项关键性指标”[②]，明确指出学校要基于课程标准，通过教学和评价持续提供关于学生学习进程中的信息来修正课程。换言之，教学与评价的设计要围绕目标（来自课程标准），教学与评价的开展反作用于目标，评价与教学之间相互配合相互作用。之后，波特（A. C. Poter）和史密森（J. L. Smithson）开发出一致性分析调查框架，全面深入地分析了目标、教学、评价之间的关系，阐述相关因素对它们的影响。[③] 截至今日，教—学—评一致性已成为广泛共识，被视为指导课程与教学的重要原则。

（二）重要价值

教—学—评一致性无论对于学生、教师还是课程都有着重要的意义，为教育育人的功能提供了实务支持。这至少包括：

---

① 拉尔夫·泰勒 . 课程与教学的基本原理 [M]. 施良方，译 . 北京：人民教育出版社，1994.

② 刘学智 . 论评价与课程标准一致性的建构：美国的经验 [J]. 全球教育展望，2006, 35(9)：35-39.

③ POTER A C, SMITHSON J L. Defining, developing, and using curriculum indicators[M]. Philadelphia: Consortium for Policy Research in Education, University of Pennsylvania, 2001.

一是有利于促进教学目标的落实，提升学生学业成绩。教—学—评一致性是在目标的统领下，内在地含有依据与落实目标之意。因此从这层意义上讲，教—学—评一致性有利于学生更好地达成各类目标。而各类目标源自国家或学校的诉求，是对学生能力素养的规定，它们的落实自然提升了学生的学业成绩。这恰恰是学校教育的出发点。

二是有利于促进教学反思，提供教师专业发展的有效路径。教学反思是一种重要的教师专业活动，但要反思什么呢？尽管这涉及诸多方面，但关于目标与教学、目标与评价、教学与评价之间的关系，即教—学—评一致性乃重中之重。从实际操作看，借助教—学—评一致性可简捷地开展教学反思。例如，假设某节课含有两大环节，那么可以观察每个环节的目标是否有相应的教学和评价，以及目标与教学、评价之间的匹配。如果它们之间没有匹配，就需要审视整个教学设计，找出问题所在。

三是有利于促进课程诉求的实现，提高学校教学的整体质量。教—学—评一致性是课程的关键特征或“性格”，对于一门课程，它的实现在很大程度上也就意味着实现了该课程的内在诉求。如果学校所有课程都能按此来设计与开展教学，那么整个学校的课程将更容易得以落实自身课程目标。换言之，在教—学—评一致性指导下，学校教学的整体质量将得以提升。

二、实现教—学—评一致性的关键议题

从国家课程标准到课堂层面的教学设计与实践，实质就是国家课程的校本化过程。课堂层面落实教—学—评一致性，实质就是结合本校本班实际落实国家课程标准的过程。这需要满足多方要求，下文将从教学设计的角度探讨五个方面的议题，它们之间相互关联，构成一个相对完整的整体。

（一）指向什么类型的教学方案

教学设计指向不同范围的目标，包括学期教学目标、单元教学目标、课时教学目标。对应目标的文本则主要体现为三类，分别是**学期课程纲要**、**单元教学方案**、**课时教案**。无论哪类文本，它们都至少要回答要到哪里去（目标）、怎么到那个

地方（教学，实质也意味着怎么学习）、怎么知道已经到了那个地方（评价）。

从构成关系看，制定好学期课程纲要，需要撰写相应的单元教学方案，明晰各个单元方案之间的关系，需要考虑各单元目标之间的关系。而制定好单元教学方案，需要撰写相应的课时教案，明晰各个教案之间的关系，需要明晰各个课时目标之间的关系。**从根本上说，各类方案之间的关系体现为不同层级的目标关系、同一层级的目标关系**。

（二）教学目标是否清晰

清晰的教学目标是教学成功的基础，作为教师，其基本职责就是让学生达成教学目标。如果教师本人并没有清晰、合理的教学目标，就无法明确课堂教学、评价的指向。这就意味着教师将缺乏判断学生学习问题的依据，也意味着学生将冒着极大的失败风险。

在学科核心素养的统领下，教师需要明晰不同层级的目标。这至少**要确定目标的类型、目标制定的依据、目标的要求，以及目标是否提前告诉学生**。以课时目标为例，教师需要通过解读课程标准、分析学生学习情况与教材呈现的内容，来明晰每节课的课时目标。确定课时目标一般需要明晰三个问题：即指向什么概念或内容、指向什么认知水平、需要什么样的教学 / 学习方式。接着，教师需要明确是否把课时目标提前告诉学生。这是因为学生也是评价的一员。如果教师能够帮助学生理解教学目标，学生才有可能进行自评与互评。一旦学生知道了教学目标，他们也就明白了学习的努力方向，才有可能看到自己的进步，进而激发出学习动机。值得一提的是，并非所有课时目标都要提前告知学生，这要视具体情况而定。这是因为提前告知目标会降低学生探究的难度，而如果探究过程与难度恰恰是本节课所需要的，那么就不能提前告知课时目标。

（三）基于目标怎么设计学习活动

清晰了教学目标，就可以据此来设计学习活动 / 任务了。原则上，设计学习活动需要考虑如下要点：

一是明晰学习活动的要素。一般来说，一项独立的学习活动，如项目学习或考察活动，需要考虑的因素很多：（1）确定活动主题。活动主题是活动任务的关键，贯穿于学习活动全过程。在具体要求上，它应体现以下特征：符合学生的兴趣；体现学科内容；具有开放性；必要时，还能体现学科内部与学科之间的整合性。（2）创设活动情境。为引导学生进入活动场景，需要对情境任务进行描述，它能够使得学习任务与学生经验产生有意义的关联，促进知识、技能和经验之间的联结。在操作上，创设活动情境需要情境与活动主题一致；情境应最大限度地反映知识、技能在实际中应用的方式；情境应反映学生解决问题所需要的认知策略；情境应尽量来自学生生活的丰富环境。（3）提出活动要求。具体活动要求包括学习活动过程和学习活动结果的要求。其中，活动过程的要求是指学生活动过程中必须要做的具体任务或要求；活动结果的要求是指学生活动结束后要展示的具体学习成果。提出这些活动要求时，陈述的内容要清晰、明确，学生阅读后能清楚地知道活动过程中需要做什么，活动任务结束后需要完成什么。如果条件允许，应尽可能把完成这些活动要求的表现作为评价依据，从而实现评价活动与学习活动的一体化。

二是评价学习活动与教学目标是否一致。按照学习活动的基本要素，完成学习活动研制后，需要对照目标来评估学习活动的质量。这大致可从目标的指向内容、认知要求、情境来判断学习活动是否与其一致。还有一种更为简洁的办法，就是用目标与活动之间的语词来判断。在下述案例中，教学目标的构成有三项，其对应的关键词和学习活动的关键词被用来判断目标与活动之间是否匹配，而作为活动情境，某校吴老师事迹的视频则是体现教学目标的一个特例，黑色箭头表示目标构成与任务构成之间的匹配。这种方法实质上也是从内容与认知要求来实现的，但语词之间对应得非常明显，判断起来比较方便。

教学目标：感受生命的可贵

【教学目标的构成】（1）认识生命的独特性；（2）珍爱生命，感受生命的可贵与美好；（3）从小事做起，实现生命的价值。

【学习活动】观看本校吴××老师事迹的视频后，小组合作讨论：（1）看完视频后你有哪些感悟？（2）你打算在日常生活中如何珍爱生命，实现生命的价值？

三是组织学习活动。设计学习活动后，自然需要考虑学习活动的组织。原则上，学习活动的组织需要考虑：（1）考虑适合不同目标的学习活动方式。常见的学习活动方式有全班活动、分组活动和个别活动，学习目标的类型是选择活动方式的重要参考。例如，对于事实层次目标的学习，全班活动方式比较合适；对于社会性态度与合作技能的学习，分组活动方式比较合适。（2）考虑对应不同学习活动方式的座位安排。不同的学习活动方式影响了学生活动空间的安排，其中教室座位安排是教师经常要考虑的事情。例如，对于全班集中听讲活动，秧田型座位安排比较合适；对于小组活动，模块型座位安排是较好的选择。（3）考虑学习活动的先后次序安排。一节课往往有多个活动，教师需要进行统筹安排，使得活动之间具有一定的条理。这种条理化程序实质上要求教师明晰学习目标之间的关系。（4）考虑如何在学生学习活动出现困难时进行指导。教师最好事先能预料到学生学习活动中可能遇到的困难，并作好相关的准备。除此之外，现场及时指导也是很重要的。例如，对于低年段学生，有时教师可能要直接指导学生的任务分工。

（四）基于目标怎么设计评价任务

为了了解与改进学生学习，教师需要收集学生的学习信息，即开展促进学生学习的课堂评价。课堂评价可分为正式与非正式评价。前者如围绕一个事先设计好的任务展开评价，后者如随时提醒或一个赞赏眼神。本章主要关注正式评价。

相比学习活动的设计，评价任务更需要直接与教学目标保持一致。**这种一致至少体现在评价任务涉及的内容指向教学目标涉及的内容，评价任务涉及的目标指向教学目标，评价任务涉及的情境指向教学目标所需情境。**评价任务有着不同类型，它们有着各自适用的评价目标。对于选择题与是非判断题，它们相对更适合简单的知识点，而对于操作性教学目标，则需要一些实验题型与表演题型。同样，交流式评价则更适合用来考查学生的情感与体悟。此处，不同题型有着各自优点与不足，没有绝对的好与坏，只有相对合适与不合适。

完成评价任务设计后，还需要对它进行审核。在下述案例[①]中，从评价内容、评价目标认知要求、评价情境来考察：

教学目标：（1）感知圆的周长与直径关系的规律；（2）解释圆的周长与直径大小的定量关系；（3）辨别圆、正方形、长方形的周长公式；（4）计算圆的周长或直径的大小；（5）解决与圆的周长公式有关的简单问题。

评价任务：观察下图，两只蚂蚁分别沿着正方形与圆形走一圈，谁走的路程远？为什么？

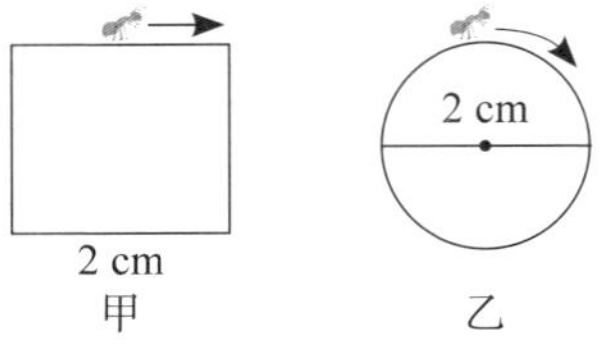

任务审核：任务与第（3）（4）条目标匹配，与第（5）条目标部分匹配；任务情境与目标（3）（4）吻合，但情境真实性有待完善，毕竟少见这么有“雅兴”玩正方形与圆形的蚂蚁。因此，需要增加任务数量，改进任务情境。

（五）学习活动与评价任务有何关系

在教—学—评一致性中，在同一个目标统领下还需要考虑教学（学习）与评价的关系。从实际情况来看，这种关系比较复杂，存在三种比较典型的关系。**一是分离关系**，例如一节课中对于某个目标先实施了相应学习或教学，然后再对该

① 邵朝友．指向核心素养的逆向课程设计 [M]. 上海：华东师范大学出版社，2019.

目标进行评价。**二是部分重叠关系**，例如一节课中对于某个目标实施了相应学习，然后要求在活动过程或结束部分穿插学生自评或互评。**三是重叠关系**，在这种情况下学习与评价基本重叠。例如，课堂提问的基本过程是发问、叫答、候答、理答，从教学角度看，是教学事件，从评价角度看，它无非是在口头上发生的评价事件。换言之，课堂提问既是教学又是评价，二者是重合的。除了课堂提问，在一些课堂上如果把学习活动加以评价化，即把学习互动转化为评价任务，那么此时教学与评价也基本合二为一了。例如，表 18.1 同意圈①是一种形式性评价课堂技术，其活动既是一个教学活动，同时教师通过学生站位的情况马上可以判断学生的学习情况，即也是评价活动。

表 18.1　同意圈活动

什么是同意圈? 　　同意圈提供了一种动态方式来激发学生的思维并使得他们参与学习。当教师报读一个观点时学生们站成一圈。同意这个陈述的学生走到圈内。按照同意和不同意，他们与圈上同学进行匹配分组。小组进行讨论以捍卫他们自己的想法。讨论之后，学生有机会重新选位置，持同意观点的人站在圈内，持不同意观点的人站在圈上。该活动的意图在于，让每个人要么站在圈内要么站在圈上。数轮重复与同一主题相关的声明，每次活动中学生开始都会沿圈站着。 **同意圈活动是如何促进学生学习的?** 　　同意圈能激发学生思考与他们研究主题相关的观点。在发言中，他们提取使用现有知识。他们在听取了同伴同意或不同意的观点后，必须为自己的想法进行辩护。如果在科学争论后他们的“对手”仍站在原位，学生可能把他们的想法调整为新的信息，信服地让“对手”认识到其原始观点可能需要修正，要不走进圈内要不站在圈上。 **同意圈是如何指导教学的?** 　　这一策略可以用于学生习得概念阶段（此时为促进学生掌握概念，被介绍的概念需要加以强化）。根据学生所在圆圈的位置，教师可以直观快速地获知学生的学习情况。当教师巡视和倾听学生讨论后，将获得有关学生的想法，这些信息可用来设计后续学习经验或者用来回顾与目标概念相关的已有经验。在讨论后给学生机会去改变他们所站的位置，在某种程度上表明，小组讨论可能改变一些学生原有的想法。

① KEELEY P. Science formative assessment –75 practical strategies for linking assessment，instruction and learning[M]. Thousand Oaks，CA:Corwin Press，2008.

上述无论哪种关系，教学（学习）与评价的关系都服务于让学生学会，怎么知道学生学会了，又如何发现、反馈与改进学生未学会的。需要注意的是，这种在目标统领下的教—学—评一致性，从数量上来说，理论上需要一个目标对应一个教学或学习活动、一个评价活动。但从实际情况看，并非一定存在这种数量上的一一对应关系，有时可能出于实际需要，一个目标只有一个教学或学习活动，可能在教室现场并没有得以评价，而是放在课后作业评价。又或者有时候，在两个学习活动实施后，用一个评价任务去评价它们对应的一个目标。

案 例
以《机械摆钟》课时教案为例

为便于读者更好地理解教—学—评一致性，下面列举课时教案《机械摆钟》① 做一说明。尽管该案例还存在不少问题，但总体上反映了教—学—评一致性的思想。

（一）目标怎么来的

在整个单元教学背景的关照下，至少需要对课标、教材与学情进行分析：

1. 课程标准要求与分析：结合具体情境，认识技术的核心是发明，是人类对自然的利用和改造。知道一些著名工程师、发明家的研究事迹，了解他们的设计和发明过程。使用和制作简易的古代测量仪器模型，知道使用工具可以更加精确、便利和快捷。

2. 教材与学情分析：随着社会的发展，人类对时间精确度的要求也提高了。学生探究过的日晷、水钟、沙漏等一些简易的计时工具，已不适应社会发展的需要。摆钟的发明大大地提高了时钟的精确度。在本课的学习中，学生将观察摆钟的摆，发现摆钟的摆每分钟摆动的次数是相同的。

本节课所研究的摆是“单摆”。所谓单摆是指在细线的下面拴一个小球重物，且细线的质量与小球相比可以忽略，球的直径与线长相比也可以忽略的摆。单摆的摆动具有等时性，即在摆长一定、摆角较小的情况下，摆来回摆动一次所需要的时间总是一样的。学生对摆的等时性的研究会非常感兴趣，在本课的学习与研究中，教师要着重解决学生操作方面的一些问题，让学生的测量尽量精确一些。这将有利于他们更加深入地开展研究。

① 邵朝友，张斌. 基于课程标准的教学方案设计[M]. 北京：清华大学出版社，2021.（引用时有修改）

（二）得到怎样的目标

目标 1：了解同一个单摆每摆动一次所需的时间是相同的，进而认识到单摆的等时性是人们制成摆钟的依据，使时间的计量误差更小。

目标 2：能动手制作一个单摆，重复观察和测量摆钟每分钟的摆动次数，观察和测量在相同时间内单摆摆动的次数。

目标 3：理解重复实验的意义，初步形成对计时工具研究的兴趣。

（本节课的重点是通过实验验证单摆的等时性，难点是观察和测量相同时间内单摆摆动的次数。上课前需要准备好铁架台、摆绳、摆锤、秒表、相关课件等。）

（三）如何知道目标实现了

为了了解教学目标落实情况（主要针对目标 2、3），并及时让学生看到自己的学习情况，本课时开发了表 18.2 所示的核心评价任务，实际上它也是本节课的核心学习活动。在实施过程中，它贯穿教学环节三与四，相关评价措施采取了教师评价、学生自评与互评。

表 18.2 《机械摆钟》教案中的评价设计

<table>
<tr><td>等级
任务</td><td colspan="3">1—2 分</td><td colspan="2">3—4 分</td><td colspan="2">5 分</td></tr>
<tr><td>请小组合作组装一个单摆，观察测量摆动次数。通过实验验证摆的等时性，并交流实验过程及发现。</td><td colspan="3">能正确地组装使用单摆，观察测量摆动次数；但不能积极参与实验，验证摆的等时性，也不能正确流利地描述实验过程及发现。</td><td colspan="2">能正确地组装使用单摆，观察测量摆动次数；积极参与实验，验证摆的等时性，但不能正确流利地描述实验过程及发现。</td><td colspan="2">能正确地组装使用单摆，观察测量摆动次数；积极参与实验，验证摆的等时性，并正确流利地描述实验过程及发现。</td></tr>
<tr><td>自评</td><td colspan="5"></td><td rowspan="3">总分</td><td></td></tr>
<tr><td>互评</td><td></td><td></td><td></td><td>平均分</td><td></td><td></td></tr>
<tr><td>师评</td><td colspan="5"></td><td></td></tr>
<tr><td colspan="8">备注：自评、互评、师评共计 12—15 分为 A，9—11 分为 B，6—8 分为 C，6 分以下为 D</td></tr>
</table>

（四）怎么落实目标

根据上述探讨，本课时采取了如下四个环节的教学活动。核心学习活动是表 18.3 中环节二的“1. 提问（下画线显示）”，它实质是围绕上述表 18.2 所示的核心评价任务展开的。该学习活动既是一个教学活动，也是一个评价活动，直接对应于教学目标 2 与 3。

表 18.3 《机械摆钟》教案中的教学过程设计

教学环节	教师活动	学生学习与评价活动
环节一：聚焦问题，发现摆的等时性	1. 导入：之前我们已经学过了日晷、水钟、沙漏等计时工具……今天老师给你们带来一个精确的计时工具。 2. 出示摆钟视频，明确钟摆来回摆动算 1 次。组织学生观察钟摆 1 分钟的摆动次数。反复观察 2 次，讲解重复测量的重要性。 3. 组织学生观察交流：钟摆每分钟的摆动次数一样吗？ 4. 科学史介绍，介绍伽利略的故事，组织学生阅读交流，引出摆的等时性。	1. 观察摆钟的钟摆 1 分钟内的摆动次数。多次观察，知道多次测量的重要性。 2. 通过观察发现钟摆每分钟都是摆 60 次，交流摆在相同时间摆动的次数是一样的。 3. 阅读交流伽利略发现摆的等时性的故事。（伽利略发现吊灯很平稳、有规律地摆动，他用脉搏测量吊灯的摆动时间，后来又用绳子、石头来做成摆研究，最终发现只要摆绳的长度一定，摆动一次的时间就一定）
环节二：实验探索：验证摆的等时性	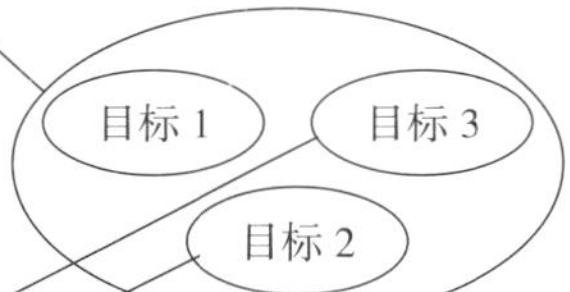 1. 提问：请小组合作组装一个单摆，观察测量摆动次数。通过实验验证摆的等时性，并交流实验过程及发现。 2. 出示材料，提示怎样测量摆一次的时间？ 3. 组织学生讨论交流测量摆的注意事项。 4. 其他（略）。	1. 依据教师的指示组装摆。 2. 交流讨论摆的注意事项： 摆的角度、计时方法、如何固定？如何放摆绳？摆锤角度？ 3. 学生相互补充。 4. 小组讨论测量 1 次摆的时间，交流问题发现。（摆一次时间太短，不好计时、不准确） 5. 商讨改进方法：测量 1 分钟摆的次数是否相等。 6. 小组实验探究，交流。（发现同一个摆在一分钟内摆动次数是一样的） 7. 实验探究、交流：测量每隔十秒时间摆的次数。（验证摆的等时性）
环节三：研讨评价	请你们回顾整个过程，描述一下验证摆的等时性的过程及发现，参照评价单相互评价各自的表现……	学生组内交流实验过程，完成评价。
环节四：拓展练习	略	略

本节课共有 3 个目标，其教—学—评一致性情况可用各种图标或箭头来表示。在表 18.3 中，含 4 个教学环节、1 个评价任务（波浪线显示，它也是学习 / 教学活动），其中实箭头表示目标与教学环节的强匹配，虚箭头表示总目标与环节三、四的弱匹配，水平双箭头表示教师的教与学生的学之间的互动关系，竖直双箭头表示教学环节之间的总体递进关系，曲线箭头表示学习活动与评价任务的匹配。上述这些关系总体呈现了教—学—评一致性。

（此案例提供者：陈少峰，温州市墨池小学教师）

19

项目化学习如何实施?

项目化学习是学生以核心知识为载体，对学科内、学科间或跨学科的真实、挑战性的驱动性问题进行持续探究，综合运用多种问题解决策略，深刻理解知识，创造性解决问题，发展核心素养的一种综合化深度学习模式。项目化学习一般分为活动项目化学习、学科项目化学习和跨学科项目化学习。基于驱动性任务单设计项目；基于创造性问题解决分解项目；基于素养型评价反馈项目；基于反思性经验完善总结项目是实施项目化学习的有效路径。

新世纪初，第八次课程改革启动。“STEM”“PBL”“贾斯珀课程”等一些西方教育改革的经验渐渐传入我国中小学校，并逐渐成为少数学校教学改革与实验的探索性行动。随着《义务教育课程方案（2022 年版）》的颁布，加强课程内容与学生经验、社会生活的联系，强化学科内知识整合，统筹设计综合课程和跨学科主题学习又被进一步明确为落实培养目标的基本原则，“项目化学习”再一次成为课程改革的热词。但在广大中小学一线教师心中，项目化学习依然披着一层神秘的面纱，一如蒙娜丽莎的微笑。项目化学习究竟是一种什么样的学习？我们为什么要开展项目化学习？我们如何实施项目化学习？本章就围绕这几个问题展开论述。

一、何谓项目化学习

（一）莫衷一是的项目化学习

项目化学习，英文名称为“Project Based Learning”，简称“PBL”。国外关于项目化学习的研究由来已久。20 世纪初期，杜威提出“做中学”教育思想，强调“在课堂中，要为儿童准备具有充分活动的地方，准备有适合儿童活动所需要的各种材料和工具，要在学校里设实验室、工厂、园地等，让儿童在制作的活动项目中学习，而不是静坐在有秩序的桌椅上听教师系统传授间接经验”。可以说，这是项目化学习的雏形。1918 年杜威的学生威廉·克伯屈发表题为《项目（设计）教学法：在教育过程中有目的活动的应用》的论文，文中首次明确提出“设计教学法”，即“项目化学习”的概念，在美国基础教育界引起巨大反响。他将完成一个项目“设计”划分为四个环节：确定目的、制订计划、执行计划、评价结果。[①] 可以说，现代的项目化学习是由“设计教学法”演变而来，并在一定程度上继承了设计教学法的合理元素。但是，关于项目化学习的定义一直未有统一的说法。美国巴克教育研究所把以课程标准为核心的“项目学习”看作是一套系统的教学方法，是对复杂、真实问题的探究过程，也是精心设计项目作品、规划和实施项目任务的过程，在这个过程中，学生能够掌握所需的知识和技能。美国乔治·卢卡斯（G. Lucas）教育基金会则将项目化学习定义为一种学生通过探索现实问题获取深层知识的动态教学法。

项目化学习是个舶来品。我国一百多年前就已引入，并开展过大规模的实验。国内最早启动项目化教学实践的时间可追溯到 1919 年秋，南京高等师范学校附属小学在俞子夷的主持下，开始研究和试行设计教学法（项目化学习）。1920 年秋，江苏省立第一师范附属小学也在一年级进行试验。1928 年，威廉·克伯屈来华，将设计教学法推向了一个新的热潮。设计教学法主张学生在自己设计的单元活动中获得有关知识并形成解决问题的能力，而教师的任务就是指导和帮助学生进行有目的的学习。设计教学法以其鲜明的儿童中心、统整教材及联系生活的价值取向，成为当时我国中小学校教育教学变革的一面旗帜。但是，耐人寻味且值得深思的是，曾自诩为“设计迷”的俞子夷在离开南高师附小后对设计教学法逐渐淡化，不再热衷，晚年的时候甚至怀疑设计教学法的效用。

21 世纪初，我国第八次课程改革引进并借鉴了杜威“做中学”的教育思想，项目化学习重新获得发展的生机，我国一些城市中小学渐趋引入进入试点探索，一些大学的学者也加入了研究行列，对于项目化学习的意蕴理解也逐渐清晰起来。北京师范大学郭华教授指出，项目化学习是在系统学科知识学习的基础上，学生

---

① KILPATRICK W H. Foundations of method:informal talks on teaching[M]. New York: Macmillan Kilpateick, 1925.

综合运用多学科知识进行自主学习的一种综合性、活动性的教育实践形态。[①] 华东师范大学崔允漷教授认为项目化学习是一种关注真实情境，贯穿复杂问题，超越学科本位，学生合作完成，体现成果导向及评价跟进的融合式学习方式。上海市教育科学研究院研究员夏雪梅则把项目化学习定义为为了促进素养目标而围绕一个真实问题进行深入持续的探索，形成项目成果的一种学习样态。她认为高质量的项目化学习有四个要素，即素养目标、驱动性问题、持续探究和全程评估。[②]

（二）项目化学习内涵的澄清

2019 年 6 月，国务院颁布《关于深化教育教学改革全面提高义务教育质量的意见》的文件，其中指出，“探索基于学科的课程综合化教学，开展研究型、项目化、合作式学习”。2022 年 4 月，《义务教育课程方案（2022 年版）》正式出台，又明确要求：“探索大单元教学，积极开展主题化、项目式学习等综合性教学活动，促进学生举一反三、融会贯通，加强知识间的内在关联，促进知识结构化。”由此可见，项目化学习已经成为新时代中小学优化学习方式、推进课程改革的重要抓手，我们亟需对项目化学习作进一步的厘清。

从威廉·克伯屈的“设计教学法”到我国近年来各地所进行的项目化学习本土实践，我们不难发现，项目化学习首先是一种新的动态式的学习方式。强调学生在学习过程中发现问题并转化为具体的学习项目，通过建立项目小组，主动分析问题、制订解决问题的计划并付诸实践，项目完成后评估问题解决的成效。这种学习方式关注在学习过程中培养学生的创新思维、问题解决能力和团队协作能力。其次，项目化学习还是一种新的课程组织方式。它是一种学科内多种知识融合或多学科课程内容整合的活动课程。项目式学习既以学科为基，又超越学科课程，它重视发掘不同学科的独有价值及不同学科间的联系，引导学习者关注一些与社

① 郭华 . 项目学习的教育学意义 [J]. 教育科学研究，2018(1)：25-31.

② 夏雪梅 . 项目化学习设计：学习素养视角下的国际与本土实践 [M]. 2 版 . 北京：教育科学出版社，2021.

会热点相关的、融入现实生活的情境类任务或项目。它指向的是师生共同参与课程的建构，特别是核心知识的新建构，催生着学习主体跨情境的知识迁移。它重视驱动性任务或成果的构思、设计，最大限度地激发学习者自主探究、协同合作的兴趣和热情。它强调以高阶思维带动低阶学习，促进学习者思维能力不断提高，从根本上实现将学习者的素养转化为持续性的学习力。

综上所述，我们认为：项目化学习是学生以核心知识为载体，对学科内、学科间或跨学科的真实、挑战性的驱动性问题进行持续探究，综合运用多种问题解决策略，深刻理解知识，创造性解决问题，发展核心素养的一种综合化深度学习模式。根据知识融合的来源和素养目标的指向，项目化学习一般分为活动项目化学习、学科项目化学习和跨学科项目化学习。

（三）项目化学习的特征解析

1. 情境的真实性

项目化学习强调对真实问题的解决，追求知识与能力的迁移运用，而要实现这一目的就需要依托真实情境的创设。一般而言，项目化学习的情境创设具有以下功能：（1）联结真实世界，使学习更具现实意义；（2）复杂的情境有利于知识建构，促进综合能力发展；（3）凸显学生的主体地位，发展学生学习能力。而合理情境的创设是落实项目学习理念的关键，离开真实的情境，探究、互动、迁移和反思都失去了行动的土壤。这里所指的注重真实情境的创设，既包括真实的生活现实情境，也包括汲取真实情境要素、能赋予学生真实身份角色并履行角色任务的虚拟情境。

2. 任务的挑战性

维果斯基（L. Vygotsky）认为，教学应着眼于学生的最近发展区，为学生提供具有一定挑战性的内容，从而调动学生学习的积极性和主动性。基于维果斯基提出的“最近发展区”理论，项目化学习的驱动性问题及学习任务也需要具有一定的挑战性。教师在设计驱动性问题前，可以运用“KWH 表”，从“我已经知道了什么？（Know）”“我还想知道什么？（What）”“我想运用这些知识解决怎样的问题？（How）”三方面明确学生的学情，从中选取高于学生现有水平且有价值的问题，并整合解决问题所需的知识与技能，于真实情境中提出驱动性任务。

3. 过程的完整性

项目化学习作为培养学生核心素养的重要载体和路径，强调学生学习过程的完整性，即学生要做一件有始有终、完整的事，能进行完整、有意义、一个完整经验的学习。核心素养有着整体性和具体化的特点，其形成依赖于学习过程的整体性。在项目化学习中，教师应组织引导学生在真实的问题情境中，完整地经历“问题分析—信息处理—问题解决—成果展示”这一非线性的探究过程，在与真实情境的持续交互中建构知识、能力和价值观，获得真实的学习体验，产生创造性的成果。

4. 成果的创造性

项目化学习的成果不仅包含制作或表现出来的产品（作品），还包括用来说明这个产品（作品）内在设计理念与过程的文本、PPT或口头报告。学生在探索开放性、挑战性的驱动性问题的过程中，对真实复杂情境中的背景知识等进行综合分析、推理，逐渐产生与众不同、富有创造性的想法，最终设计并形成富有独创性的项目成果，体现自身对核心知识的深度理解。[①] 不同学生在经历该项目时，所习得的知识、技能等并非相同，对核心知识的理解程度也是不同的，最后形成的问题解决的作品或方案是学生富有创造性的理解成果。

二、为何要开展项目化学习

项目化学习是一种教育教学的方法，它强调学生通过参与真实世界中的项目活动来获取知识、发展能力，形成核心素养。其体现着教学目标从知识本位到素养本位的跃迁，也表征着教学过程从简单线性的知识“授受”到复杂情境问题解

① 夏雪梅. 项目化学习：连接儿童学习的当下与未来[J]. 人民教育，2017(23)：58-61.

决的转型。

（一）项目化学习有助于形成完整意义的个体知识系统

传统的教学常侧重于客观知识的阐述与传授，却忽视学生对作为知识的教学内容进行反思批判式建构。实践、批判与反思是知识形成的核心要素，对学生成长而言，知识应当是可批判、可剖析、可实践的素材。根据现代知识论的观点，知识具备符号、逻辑与意义的三重结构与特性。因此，学习知识不应仅限于理解和记忆其符号内容，更应深入挖掘并领悟其内在的意义和价值。[①] 项目化学习强调事实性知识与概念性知识的有机结合，以促进学生全面而深入地掌握知识。它从知识点、教材、学生出发，自下而上地寻找核心概念，聚焦概念性知识。在这一过程中，学生提炼意义，建构观念，将零散的知识进行梳理整合，实现课程标准关于知识掌握的学习目标，同时引领学生通过具身感性体验内化知识，使学生成为一个真正的“知识的生产者和建构者”。其次，项目化学习注重客观知识和主观知识的统一。项目化学习注重把握知识的文化价值，不是将知识看作是可直接传递和接受的事实或物品，而是强调从学生已有经验出发，引领学生在知识情境中深入观察、思考分析、解决现实问题，并通过一系列具体活动建构新知识。萨其曼认为“一切知识都是在尝试中得到的”，作为静态存在的相互割裂的客观知识很难解决综合化的问题。在项目化学习的视界中，知识是动态的主体建构过程，是在真实的情境中凭借特定任务或项目驱动，解决问题的过程中生成并获得的。项目是项目化学习的载体，学习者正是通过项目化学习中的任务驱动和问题解决实现了概念知识和事实知识的统一、主体知识与客观知识的统一，并由此形成完整意义的个人知识系统，发展整体把握事物本质的能力和素养。[②]

---

① 罗祖兵，郭超华．知识学习的体验属性及其教学意蕴 [J]. 教育研究，2019，40(11)：81-90．

② 余文森．优质教学的教学论解读 [J]．教育研究，2007(4)：66-71．

（二）项目化学习有助于形成动态开放的学科实践范式

义务教育课程方案和课程标准均强调，课程教学要落实立德树人根本任务，强化学科实践，注重“做中学”“用中学”“创中学”，引导学生参与学科探究活动，体会学科思想方法，探索与素养目标和课程内容结构化相匹配的学科典型学习方式，推进以学科实践为标志的育人方式的转型。以问题解决为导向的项目化学习即是一种开放而富有探索意味的教学模式，其教学过程富有弹性和张力。在此模式下，学生通过体验、操作、探究、实践等过程，即“做事”的过程，将静态知识转化为动态、实用、能解决问题的知识，并在过程中逐步塑造正确的价值观、思维方式和学科素养。[①] 实践是人类存在的根本方式，人类通过实践来理解世界、关联世界和改造世界。项目化学习强调实践即真知，实践即素养。在实施过程中，学习者厘定核心问题，在主体的认知水平和实践水平基础上进行身体运作，在亲身实践中建构知识体系，完成技能练习，形成学习体验。项目化学习是基于学科的，项目化学习又是通过实践来完成的。学科是义务教育阶段学校课程的主要组织形态，其知识体系是由学科基本要素在一定的时空背景下，根据其内部规则耦合作用形成的有机体。项目化学习就是要去发掘一门或多门学科中知识结构蕴含着学科知识的价值、逻辑、规律和方法，在综合运用中解决真实情境中的问题，从而帮助学生建构学科知识体系，建构对客观世界的认识。可以说，项目化学习这一学科实践范式，使学生体验问题解决的复合思考方式和多元视角，掌握学科及学科间的知识联系，形成丰富的学科体验、学科道德和学科审美成为一种新的教学可能。

（三）项目化学习有助于培育学习主体的创新合作能力

教育的核心在于唤醒潜在的教育力量。传统的“知识传授”与“能力训练”教学模式存在单向线性的显著缺陷，即未能充分发掘和实现课程与教学的全面育

---

① 胡红杏．项目式学习：培养学生核心素养的课堂教学活动 [J]. 兰州大学学报（社会科学版），2017，45(6)：165-172．

人价值。项目化学习其最为显著的特征是综合性、主动性和创新性，它以具体情境中的核心问题为导向，以应用、评价、分析和创造等高阶认知目标为核心任务，全面激活学生的积极思维，唤醒并催生学生的主体创造意识。在项目化学习过程中，学生将经历类似专家解决问题的探索过程，成为积极的学习者和探索者，从而弥补了传统教学脱离真实生活的不足。这种体验不仅强调在真实情境中的实践探索，也注重朝向问题解决的方案思考与方法假设，探索多样化的任务完成路径。此中，既有方法与路径多元的发散式思维创造，也有最佳路线与方案优选的集中式思维创造。其项目成果一方面表现出方式的多元化、路径的多向度和成果的多样性，一方面又表现出方法的独特性、思路的新颖性及成果的创造性。同时，项目化学习倡导运用跨学科融合的知识去解决复杂场景中的问题，基于项目任务完成的团队分工与团队合作就显得尤为重要。可以说，项目化学习开辟了一条引领学生走向真实社会的道路。① 正是在项目化学习的过程中，学生拥有了小组或团队成员相互合作、共同完成任务的机会。正是因为这样一个共同探索的经历，学习者于复杂情境中有了互相学习、质疑、讨论与发现的体验，有了见贤思齐、相互借鉴和取长补短的意识，进而形成积极参与集体事务、团结协作、求同存异，以及在困难中敢于责任担当等优良品质。

（四）项目化学习有助于形成素养导向的课程评价体系

《义务教育课程方案（2022 年版）》指出，教育要聚集核心素养，要面向未来；要加强课程综合，加强课程内容与学生经验、社会生活的联系，强化学科内知识整合，统筹设计综合课程和跨学科主题学习；要突出学科思想方法和探究方式学习，加强知行合一、学思结合。这些宏大的素养导向的要求如何才能落实到具体的教学实践之中？项目化学习是一种可操作的、指向核心素养的教育实践范式，对项目化学习的评价，需要我们去审视教学过程中学习主体的能力发展与素

① 丁凯丽，李茂森 . 项目化学习的教学论意义 [J]. 湖州师范学院学报，2023，45(7): 36-41.

养培育。从教与学的方式来看，项目化学习是一种促进学生综合运用多学科知识，通过解决真实情境中的问题进而培育核心素养的教学样态，是促进义务教育课程教学方式变革的一项新的探索。项目化学习本身不是简单的活动，而是关注学生素养培育科学的学习路径设计。[①] 它以驱动性任务激发学生的学习欲望，以大问题和核心概念引领学生探索实践，促进知识的领会、应用和迁移，以有意义的综合学习代替简单的“授受”学习，以此实现项目逻辑和知识逻辑的融合。而项目化学习的评价必须指向核心素养，以此优化项目化学习的方案设计，提高实施的质量，全面真实地评估学生的学业水平和素养能力。项目化学习的评价还需要将核心素养细化为项目化学习的评价目标，形成如何构建指向核心素养的项目化学习评价任务、评价量表。正是因为项目化评价需要可信的证据来描摹学生在项目化学习中的成长，促进学生反思与深化学习，优化师生教与学的载体，所以指向素养的项目化评价与学生朝向深度学习的实践探索形成了一致性的契合。

三、如何寻找与实施项目化学习

项目化学习是以适切的方式，建立学生自己的知识体系和学习方法系统，在真实的生活世界中，创新性地解决多种问题的有意义的学习。那么，如何把学生身边的真实问题转化为驱动性的项目化学习主题？如何实现项目化学习的结构化设计和实施？如何以项目化学习深度改造学科教学？这些都是中小学实施并不断优化项目化学习过程中需要思考的关键问题。我们聚焦学生发展核心素养，探索基于项目化学习的教学统整，让学生在综合统整的学习中运用各种方法、结合不同领域，获得对知识的全面理解，形成长效的学习成果。

（一）基于创造性问题的解决，设计项目

在今天这样一个变动不居的人工智能时代，创造性问题解决的重要性尤为凸

① 杨明全 . 核心素养时代的项目式学习：内涵重塑与价值重建 [J]. 课程 · 教材 · 教法，2021，41(2)：57-63.

显。创造性问题的解决依赖于对知识和信息的深度把握与结构化重组。当面对错综复杂或不确定性较高的任务挑战时，个体必须调动创新思维，通过重组和关联已有知识，形成新的思维方式和解决方案，在不断尝试中，探索出更多元、更精准的新构思、新想法、新方案。项目化学习作为一种教学方式，将创新性问题解决方法融入其中，为学生的学注入了新的活力与因子。学生在项目化学习中通过创造性问题的解决，原有的知识、经验和技能得以重组、深化与再构，从而产生新的知识和能力。项目化学习的设计以培养学生核心素养为宗旨，朝向创造性问题解决，于此提升学生信息收集、团队协作、沟通交流、判断决策等关键能力。

这种基于创造性问题的解决而设计的项目化学习，可以是围绕单学科而进行的设计，在一门学科的框架下实现对课程内容的有机整合。例如，二年级的学生在认识了整数之后，会发现生活中一直会遇到带“.”的数，他们对这些数字及其“.”的含义充满了好奇。对于怎样在教学中促进学生对带“.”数的理解以及生活中的应用，我们可以设计“小数点历险记”的项目化学习活动，让学生探究因小数点的变化而发生的有趣的事情，从而在真实而有意义的情境中掌握带“.”数的相关知识。项目化学习也可以是基于多学科的设计，围绕一个共同的主题，将多个相关学科整合在一起，从而生成一个项目式的新单元或新课程。例如，苏州一小学为了解决学生对家乡文化理解不够深入的问题，就以“苏州美食”为主题，集结语文、科学、美术、英语等学科，创造性地设计《姑苏美食记》的项目，通过寻“味”课程，设计“苏州美食”百科、“苏州美食”地图等子项目；通过品“味”课程，设计“食”主题摄影展、“食”主题美术展等子项目；通过赞“味”课程，设计美食诗歌会、美食大剧场等子项目，促进学生在核心问题的引领下开展深度学习。

（二）基于驱动性任务单的设计，分解项目

项目化学习作为一项系统性的学习，是让学生在核心素养的导向下，掌握最深层、最本质、最可迁移的大概念，而驱动性任务则是以进阶任务的方式将这些大概念具体地落实，其实质是对项目的目标进行科学有序地分解，有机地寓于“教—学—评”一体化的过程中。驱动性任务的设计必须遵循学科以人为本的逻辑起点，促进学科知识向学科素养的转化。教师若想顺利落实之前所设计的驱动性任务，就需要聚焦任务，将它们细化、明确成一个个在学生最近发展区内的目标。通过提供驱动性任务单的方式，帮助学生在已有的经验基础上，知晓自己每个阶段所要达到的要求及其最终需要呈现的项目成果。以“树文化”主题的项目化学习为例，教师可设计如下任务单：

“树文化”项目化学习驱动性任务单				
板块	子任务	链接学科	要求	成果
人文品树	诵“树”	语文	搜索与树相关的诗歌与散文，并进行朗诵	拍成 20 秒左右小视频
	创“树”	语文	创编与树有关的童谣或小诗	将童谣或小诗认真地书写在田格本上
	知“树”	语文 道德与法治	收集与树有关的故事与文化	手抄报
艺术赏树	唱“树”	英语 音乐	找到与树有关的英语歌曲，了解大意，学唱	拍成 20 秒左右小视频
	拼“树”	美术 劳动	收集不同种类的树叶，自然风干，运用胶水等粘贴工具制作创意贴画	手工作品
	绘“树”	美术	绘制以树为主题的画	绘画作品
生活观树	计“树”	数学	家长带领孩子对小区的树进行观察，了解树的名称，并对每种树的数量进行统计	自制统计表
	量“树”	数学	家长带领学生借助测量工具，测量一棵树的树干一周的长度	拍成照片，标注长度
	探“树”	科学	对树的形态、生长、习性、结构、作用等，选择一个或多个方面进行探究	制作思维导图

项目化学习驱动性任务单的设计，实际上给予了学生任务向导的作用，让学生在项目化学习的过程中能明确自己需要做什么、怎么做、结果如何，引导他们一步步完成项目化学习中的探究活动，通过学习任务中的创造性问题的解决提升学科核心素养，达成深度学习。

（三）基于素养型评价的实施，反馈项目

素养型评价的本质在于，它是一种对学生学习状态及学习方法的新型评估方式。学习并非是被动、机械地积累现有知识和技能，或在孤立状态下提升各种认知能力，而是在特定情境中获取具有生长性的经验，并将之创新性地应用于现实问题解决的过程。[①] 之于素养型评价的实施，教师既可以及时了解学生在项目化学习过程中的研究进程、研究中所出现的问题、成果呈现的质量，也可以根据学生的反馈对预设的项目计划进行调整，因此素养型评价反馈是项目化学习实施过程中不可或缺的一环。素养型评价反馈紧扣学科核心素养，纵向构建的是学生基于自身成长的发展性评价，横向构建的是基于学科素养的终结性评价。过程性评价主要是针对学生在课堂参与中的通用学习素养进行评价；终结性评价则更侧重评价学生对学科知识与能力目标的达成度。当然，评价的标准也并不是一成不变的，教师也可以在过程中进行动态的调整。

不论是过程性评价还是终结性评价，项目化学习的素养型评价需要回答三个问题，即评什么、如何评、谁来评。

维度	一级指标	二级指标
评什么	素养目标	1. 反映学生所必须具备的实际技能和能力 2. 评价的目标指向长期可持续性和广泛适用性的能力 3. 多维评价目标之间具有统整性
	目标可测	1. 目标具有明确性和可把握性 2. 目标可用真实性任务来检验测量
如何评	统整地评	1. 根据素养目标设计多种类型任务评价 2. 根据关键概念或能力设计促进迁移性的评价
	真实地评	1. 设计现实生活所需能力的评价 2. 公正、全面、客观地评价，让学生感觉到真实
	全过程地评	1. 评价融入学习的过程中，而不是最后去评价 2. 评价能在过程指引项目化学习的实施，同时促进学生反思
	有效地评	1. 评价量规的产生和使用基于并促进学生表现 2. 评价量规能有效指向并提升概念或能力水平

① 夏雪梅.指向核心素养的项目化学习评价[J].中国教育学刊，2022(9)：50-57.

（续表）

维度	一级指标	二级指标
谁来评	学生主动	1. 学生能积极加入评价标准的商讨与制定过程中去 2. 学生能客观、公平、主动地对标评价标准，做出自评和互评反馈
	教师主持	1. 与学生分享评价目标和数据 2. 对学习问题进行准确而及时的反馈 3. 引导学生围绕评价量规进行相互评价和交流

此外，项目化学习的评价并不是教师一家之言，而是由教师评价、学生自评、小组互评、家长或社区评价等多方组成评价主体。多主体评价给了项目化学习最客观的反馈，同时也促使学生能反思自我，对自己的学习负责。素养型评价反馈关注教学过程的优化，并以持续提升学生认知能力和思维发展水平为导向，从而激发学生内心渴望向上生长的动力，促进学生走向全面而有个性的发展。

（四）基于反思性经验的完善，总结项目

反思性经验的完善是指通过深入思考和自我评估，对已经获得的经验进行审视、分析和总结，以发现存在的问题和不足，并寻求改进和提升学习质量的方法。这个过程涉及对经验的深入挖掘，对自我行为的审视，以及对未来行动的规划。①

教师可凭借反思性经验对项目化学习进行总结，汲取成功经验，发现问题并加以改进，从而不断提升项目化学习质量，促进学生更好地发展学科核心素养。基于教学策略反思，审视其是否满足学生实际需求，是否能有效培育学生的主体性、合作精神和创新能力。基于学生参与度反思，审视其学习过程中的状态，以便在设计下一个项目时更好地满足学生学习需求，从而提升学生学习主体意识。基于课程资源反思，教师在项目化学习过程中应关注课程资源运用情况，思考如何充分挖掘现有资源，为学生提供更多实践、探究和创作机会。基于教学评价反思，教师应对项目化学习中的过程评价和终结评价进行反思，分析评价指标、评价方

① 桑国元，蔡添．项目式学习中的学生评价 [J]. 教学与管理，2021(31)：1-4.

法和评价主体以及评价结果运用等方面的不足，并在下一个项目中进行改进。同时，教师应关注学生对于项目化学习评价的反馈，引导学生学会自我反思，培养元认知能力，提升学习效果。

20

怎样体现信息技术与教学规律的契合?

教学规律是教学过程中存在的、本质的必然的联系和关系。认识和遵循教学规律，是做好教学工作的首要条件和基本要求。信息技术的发展是时代的必然，人们无法摆脱时代的洪流独自存在。

技术可以改变教学，但教学不能成为技术机器，学生不能成为技术依赖。摆脱技术主义的束缚，未来教学实践和教学规律发展的前景，必然是技术人性化，绝非人的技术化。信息技术与教学规律的完美契合点就是：走向育人。

规律是事物发展过程中的本质联系和必然趋势，具有普遍性和重复性等特点。它是客观的，是事物本身所固有的，人们不能创造、改变或消灭规律，但能认识它，利用它来改造自然界，改造人类社会。**教学规律，是指教学过程中内在的、不断重复出现并能够影响其发展方向的本质联系**。教学规律也是人们在教学过程中必须遵守和践行的，不能违背。信息技术的飞速发展是现代社会的标志和趋势，人工智能技术的运用使得生活中处处充满了技术味道。信息技术与教学规律，一个是时代的脉搏，一个是必须遵守的本真，二者如何完美结合，既是对教育教学的挑战，更是新时代必须回答的命题。

一、是什么：理解规律与技术

赫拉利（Y. N. Harari）在《未来简史》中说，“一切都只是技术问题”[①]，指出了目前社会发展的现状。算力、人工智能的迅猛发展，改变了人们对知识的认知，也改变了人们的生活方式。在教学过程中，如何基于教学规律契合信息技术，是一个新的命题与挑战。

（一）如何理解教学规律

教学有没有规律？这既与人们的哲学立场有关，也与人们对规律含义的理解有关。教学规律是教学过程中存在的、本质的、必然的联系和关系。认识和遵循教学规律，是做好教学工作的首要条件和基本要求。关于教学规律的研究有很多，比较早的是李秉德主编的《教学论》、南京师范大学主编的《教育学》等，

① 赫拉利．未来简史：从智人到神人 [M]. 林俊宏，译．北京：中信出版社，2017.

还有很多相关的研究文章，也有很多相关的观点。经过对教学过程中存在的多种因素及其相互关系进行系统分析后，我们一般认为大致包括但不限于以下几条教学规律：

1. 直接经验与间接经验相统一

直接经验是学生们直接参与实践，亲身体验并从中获取的知识。这种方法强调实践中的操作，让学生们在“做中学”，通过实际经历和体验来理解和掌握知识。例如，在科学实验中，学生可以通过亲自操作来观察和解释实验结果，这样他们对知识的理解和记忆都会更深刻。直接经验注重学生的主动参与，激发他们的积极性和创造力，使学习变得更加生动和有趣。但直接经验的积累需要比较长的时间，而且经验的获得还和个体素质有关，会出现直观体验后经验获得比较少甚至没有获得经验的现象。

间接经验是通过他人传授或书本学习获取的知识。这包括听教师讲、听其他讲座，阅读各种书籍，观看各种视频等，是一种符号学习的过程。我们目前在课堂中进行的教学，多为间接经验的学习。间接经验学习可以使得学生在短时间内获得大量的信息，缩短知识学习的时间。但由于符号的枯燥性，学习变得无趣，比较容易使学生产生疲劳与厌学情绪。

虽然直接经验和间接经验都有优缺点，但在教育过程中，直接经验和间接经验都是必不可少的。直接经验可以让学生有真实的体验，可以在实际操作中发展和应用技能，解决“纸上得来终觉浅”的问题；间接经验可以提供广泛而深入的知识基础，同时使这样的学习具有系统化和体系化，使学习高效。这两种经验的结合可以使学生更好地理解和掌握知识，发展技能，提高他们的综合素质。从关系来说，二者相互促进相互补充，直接经验虽然好，但学习过程变长；间接经验虽然系统，但缺少了直观体验，感受性差。二者的结合才是最好的学习方式。

2. 掌握知识与发展能力相统一

教学的目的就是进行文化的传递和经验的传授，加快学习者社会化的进程，推动社会的进步与发展，当然，教学最主要的目的是为了人的发展。但从人的发展过程来看，知识的掌握是发展的基础。学习知识与掌握知识是两个概念。学习知识是一种形式或者过程，是学生为了习得知识而采取的活动；掌握知识是结果，是学生达到学习的结果，表明了学习过程的终结。掌握知识有很多表现：比如考试成绩比较好或者表达能力比较强，再或者解决问题能力比较强等。

从心理学来说，能力是指能够顺利完成某些活动所必须具备的个性心理特征，有很多表现，如创造能力、阅读能力、思维能力、交际能力、运动能力等等。按照中国学生发展核心素养的表达，认为学生应该具备一些关键能力，包括：认知能力、合作能力、创造能力、职业能力。真正能力有很多表现，比如：有明确的目标、坚持不懈、内心强大、创新思维、自信独立等。所以这些能力在一个人身上外化出来就是综合素养。

从二者的关系来说，**掌握知识是基础，知识的丰富带来观念的改变和内涵的充盈；发展能力是目标，只有把知识内化为一个人的能力，才能真正做到“知识就是力量”**。但在实践中，对于知识的重视程度空前，而对于能力的培养相对淡化，造成了“高分低能”的现象，许多大学生毕业就失业或者就业后辞职，因为其难以适应社会的快节奏，这都是“重知轻能”的后果。知识的重要性毋庸置疑，但从个体的发展来看，成为“未来生活者”必须具有解决实践问题和不断创新的能力。

3. 教师主导与学生主体相统一

教学活动中以谁为主？这曾经是长期争论的话题。长期以来有“教师主体说”“学生主体说”“双主体说”等不同的观点，这些观点根植于不同的理论，曾经在某一个时期居主导地位。比如“教师主体说”就是以赫尔巴特的“教师为中心”理论为基础的，特别是在强调“师道尊严”的土壤下更加彰显。在这种理论之下，过于强调教师的主体地位，淡化了对教学对象的关注；“学生主体说”的理论基础是杜威的“儿童中心论”，强调所有的教学行为围绕着学生，忽视教师的主导作用。而“双主体说”则中和了前面两种观念的不足，充分重视教学主体的作用，避免偏移。

教师主导是必要的。有一种教育现象即**“教育的钟摆”，即对于教育的理解总是在非此即彼中摇摆**。当强调以学生为中心的时候，就把教师的主导作用一概否定。从教育的起源来看，所谓教育就是长者教后辈的过程，《说文解字》中说“教者，上所施，下所效也”，也就是手把手指导与教授。正是在这样的过程中，优秀文化得以传承与创新，因此，充分发挥教师的主动作用，对于深化知识理解，加快学习进程意义重大。但是教师主导不等于教师“包办”，“主导什么”“主导多长时间”“什么时候主导”等问题均需要根据不同的学科知识和学生的特征进行适度的调整与选择。

学生的主体地位必须彰显。为什么“让儿童站在课堂/学校的中央”成为很多人不断强调的理念？为什么很多专家讲座必言“儿童”？这是因为课堂学习中缺少了学生的主体地位，便成了目中无人的教学。学生是教学的对象和学习的主人，就像我们不能代替孩子吃饭一样，我们也无法代替学生学习。学生喜欢什么，什么样的动机、兴趣、需求，学习风格如何等，都需要他们自己判断。“你喜欢的，只能是你喜欢的”，教师的包办代替只能是一厢情愿。

任何只是强调教师主导作用和学生主体地位的观点都是片面的，从教学本质来说，需要双方的协同与合作。但在实际教学中，二者的地位会不断发生变化，这种变化与教学的动态生成性有关，也是必然的。所以需要以发展的眼光看待教学及其主体的地位。

4. 传授知识与思想教育相统一

正如杜威所言：“如果没有关于实际条件和因果关系的知识，任何‘应如何去做’的建议和准则都是愚蠢的冒险；同时，任何确立为目的和价值的东西都是空洞的理想。”[①] 杜威强调了知识的重要性。确实，知识在推动人类文明和社会进步方面具有重要的作用，它可以丰富思想和拓展视野，提升人们的能力和技能，加强沟通与交流合作，通过知识积累提升解决问题的能力。当然，知识是创新动力，也是提升竞争力的源泉。总之，在教学中，知识传授是重点，学生的学习是红线，都不能无视与超越。

但在对学生进行知识传授的同时，也应该关注思想教育。知识本无善恶，关键看掌握在谁的手中。核裂变可以用于霸权也可以用于发电；短视频传播可以宣

① 杜威.人的问题[M].傅统先，译.上海：上海人民出版社，1964.

传正能量也可以成为某些人敛财的工具。知识就是力量这句话在这个信息时代尤其明显。因此，如果一个人知识水平高，但价值观扭曲，人生观和世界观错位，就可能成为“害群之马”，这样的例子不胜枚举。重视思想教育就是“正三观”“树方向”，使受教育者成为对社会有益的人、对家庭有用的人、对自己负责的人，同时，身心健康、态度积极。

（二）信息技术与教学规律的契合

信息技术与教学规律的契合主要表现在：在教学活动中，信息技术的运用要符合教学规律；同时，教学规律的发展要以信息技术为支撑；还意味着，教学活动要与时俱进，不断创新。

1. 信息技术的运用要符合教学规律

当今社会，知识呈几何级数式增长，直观、形象、生动、有趣、个性化等信息技术的特性，不仅直接**型塑**了个体的思维方式，还衍生了大批信息技术信仰者，在各级各类教学场域迅速普及，信息技术已经成为现代教学无法剥离的要素。

信息技术支持教学。早期的信息技术支持的教学是多媒体教学，多以计算机运用、多媒体课件等形式辅助教学，促进教学结构的改变，为教学活动服务，丰富教学手段，既丰富了教学的趣味性，也间接地增进了教学方式与方法的灵活性。进入 21 世纪以来，教学改革突出“以学生为中心”的理念，为更好地满足学习者的需求，让教学主体的丰富性得到展现，数字化成为教学的标配，各种数字化教学资源和平台得到广泛应用，改变了传统的知识传递方式，客观上促进了传统教学向混合式教学的转变。而新时代，在人工智能、大数据、云计算以及物联网等新兴技术的支持下，教学技术从数字化向智能化升级，构建智慧课堂、智慧校园成为教育实现均衡、优质、个性发展的必然要求。

信息技术的运用需要遵循几个原则。**一是教育性**，即无论运用什么技术，都应该体现出教育的意义和价值或者支持教育活动的深入开展，不能以技术代替教学，以技术异化成长；**二是辅助性**，即要以师生的教学活动为主，信息技术只是辅助工具，不能越俎代庖。但现实在于，随着越来越多的教学环节交由技术处理，教师的专业自主性越来越低，沦为技术的操作员，普遍存在信息化教学创新乏力的现象。**三是充分性**，即要充分发挥技术的功能，不能简单沦为某种强化工具。如交互式电子白板在应用中被简化为电视屏幕，强化了拍照、投屏等功能，其交互和共享等功能则较少被适切应用，使得交互式电子白板不仅没有促进教学方式的变革，甚至还强化了知识灌输的旧习。

2. 教学规律的发展要以信息技术为支撑

不可否认，我们已经进入了一个崭新的时代。以教育部 2018 年颁布的《教育信息化 2.0 行动计划》为引领，我国教育信息化进入了融合创新、智能引领的新时期。因此，我们不能也无法脱离技术谈发展，在教育教学活动中，技术的优势非常明显。

从教学活动本身来看，**信息技术在建构教学情境、提供认知资源、动员多元主体、同伴沟通交流、查询与探究、程序性教学等方面，优势明显**。如果说传统教学中，多用语言描绘、教师引导，那么在新技术支撑下，各种增强虚拟现实的逼真体验，使得教学情境与真实生活联系，让学习更加真实有效。由于信息技术具备即时交互和高度友好等优势，也更体现出“以人为本”的理念。

从个体发展来看，新异的画面、震撼的音乐、斑斓的色彩、精美的外观、虚拟现实式的呈现，给个体带来强烈的冲击。“数字原住民”成为他们的标签，数字化生存成为生活方式，影响个体生活环境营造、个体学习习惯建构、个体学习策略选择等。泛在性、混合式成为学习的新特征，个体的创意能力、设计能力、操作能力被看重，个体间的发展禀赋差异通过浸入信息技术的教学设计、课件制作和个性化交互获得了更大程度的承认，因材施教成为可能。同时，基于各种技术和平台的教学新样态被催生出来：翻转课堂、MOOC、SPOC、AI 赋能等，打破了教学的时空界限，真正做到了让学习无时不在。

此外，各种媒体终端的运用使得教育资源能够共享，数字媒介带来的视觉、声音、形象等往往更引人入胜，传播成本也更低，在增强教学艺术表现力的同时，也使得教学公平更加彰显，教育的发展更加均衡。

3. 教学规律发展与信息技术完美契合

海德格尔曾发问：“在技术化的千篇一律的世界文明的时代中，是否和如何还能有家园？”[①] 技术可以改变教学，**但教学不能成为技术机器，学生不能成为技术依赖**。摆脱技术主义的束缚，未来教学实践和教学规律发展的前景，必然是技术人性化，绝非人的技术化。

在人工智能时代，生活技术化和技术生活化是必然趋势，技术的发展与运用改变教学样态，并呈现出新的教学规律，如：变化，知识的日新月异带来教学方式的不断更新，教学每天都在变化中；泛在，学习时空界限的打破使得学习可以随时随地发生。但有一点是不变的，也是教学规律与信息技术完美的契合点：育人。以人为本，从如何培养人和怎么培养人的视角来看，均为教学规律和信息技术的追求与旨归。凡是目中无人的教学都是不符合教学规律的；凡是目中无人的技术都是冰冷的。

二、为什么：契合的必要性与重要性

“在 21 世纪里，你知道什么，相比于你能利用你知道的做什么，已经变得越来越不重要。创造新知识或解决新问题的兴趣与能力，才是当今所有学生需要掌握的唯一一项重要技能。”[②] 而兴趣的激发和能力的培养都需要借助信息技术的支撑。从不同层面来看，这已经成为教育发展的必然趋势。

（一）时代呼唤：技术进步提出新的挑战

信息时代已经来临。技术进步改变了人们的生活方式，比如微信支付、刷脸门禁、网络购物、自动驾驶、自动技术、元宇宙、KIMI、文心一言等均使得以前繁琐的事务简洁化、自动化、智能化、个性化等。教学，作为文化传承和培养时代新人的活动，如何适应技术的飞跃，是个无法回避的问题。

---

① 海德格尔 . 思的经验 (1910—1976)[M]. 陈春文，译 . 北京：人民出版社，2008.

② 富兰 . 极度空间：整合空间、教育学和变革知识 [M]. 于佳琪，黄雪峰，译 . 重庆：西南师范大学出版社，2016.

1. 枯燥的知识与鲜活的技术

如果说以前的教学，停留在枯燥的知识教学中是一种无奈：除了一张嘴、一本书、一块黑板、一群人之外，没有任何的支撑，所谓的技术多为电灯、投影等。现在不同了：**智能技术打造出多元空间，沉浸式、体验式、真实性的场景使得知识变得鲜活**。以前的一眼望千年是想象中的虚假，现在的是视觉上的真实。丰富的技术使得知识变得生动与真实，这种生动与真实表现在对知识的呈现、解读、应用中，也表现在知识融入学生的知识系统的过程中。

但残酷的现实是：知识仍然枯燥而技术越来越丰富。技术的越来越丰富是因为技术的发展与进步，从录播系统到面部抓拍技术的运用，使得课堂观察更加细致；从 ChatGPT 到现在风靡的 KIMI 或文心一言等大型人工智能模型，使得人机互动越来越真实。而知识的枯燥是因为现实教学和信息技术的发展好像两个星球的事情，教学还是沿用以前的教学方法，通过教师的讲授和学生的记忆理解进行知识的习得。特别是为了追求成绩而采取的“题海战术”让知识的枯燥性越发严重。

2. 海量的信息与有限的时空

知识爆炸的时代，海量级的信息扑面而来，无数的信息知识看似有用但看完后貌似也没有留下什么。特别是碎片化的知识不成系统，难以进入个体的知识体系，形成新的知识结构。海量信息的涌现是信息时代的特征之一，每天我们都面临这样的信息筛选与吸收，如何选择有价值的信息充实自己的知识体系是个值得认真思考的问题。尼尔·波斯曼（N. Postman）的《技术垄断》中指出，在技术垄断文化阶段，技术使信息泛滥成灾，使传统世界观消失得无影无踪。从人类文明进步和社会发展来说，技术理性的泛滥使得人文消逝，文化沦为技术的工具。因此，如何从海量信息中进行学习，践行教学规律就成为现实问题。

同时，学生的学习时空又是有限的，规定的 40 或 45 分钟，规定的学校，难以适应飞速发展、不断更迭的知识技术。时空的有限性是相对的，这种相对是对谁而言，对学习什么而言的。对学生来说，他或她需要学的东西太多了，课堂学习只是众多学习中的一部分，对学生来说，时空有限；对教师而言，教学就是职业生活的全部，可能大部分时间都在准备有限时空中的一节课，对教师来说，时空无限；同时，枯燥无味的学习内容希望时空有限，有趣味的学习内容希望时空无限。

3. 飞速迭代与一成不变

飞速迭代的是技术与知识。随着信息技术的飞速发展，教学平台和学习工具对学习的支撑性越来越强，各种媒体终端利用各种手段可以让抽象的文字鲜活起来，可以穿越时空，不仅一眼望千年，而且可以做到真实的情境再现，让学生真实体验生活中无法呈现的事物。可以说，现代技术的发展不仅让知识学习不再枯燥困难，而且让学习每时每刻发生，让个性化自主学习成为可能。

但同时，在学校教学中，仍然有一成不变的现象。比如：教师的讲授没变，教师总会在课堂上“不自觉地讲起来”；教师对学生学习的关注没变，总是“不放心”，所以还是大量布置作业；有些教师的知识更新速度比较慢，总是用以前的视角看现在，教学方式陈旧，知识落后，难以适应快节奏的新时代。

（二）教育变革：构建高质量教育体系的要求

教育是社会进步的基石，随着时代的发展和社会的变迁，传统的教育模式已经无法满足信息化社会的要求，未来教育应该注重创新实践、个性化、跨学科和终身学习能力的培养，以适应时代发展和人才需求，使他们更好地适应未来社会的变化。

1. 变革是永恒的话题

管理学大师杰克·韦尔奇（J. Welch）说过一句话：“在当今时代里，我们每一天每一分钟都必须讨论变革。”变革是当今社会的主旋律。在瞬息万变的社会中，挑战、危机、机遇并存，教育一直在寻求变革，探索教育的本质与规律，探索信息技术与教育的融合等，其目的就是让教育变得更好、更满意。

自从 2001 年基础教育课程改革以来，基础教育的生态发生了很大的变化。很多教师的观念也发生很大的变化：生本、建构、生成、情境、真实、结构化、大概念等理念深入人心，表现在教学中，就是通过改变教学设计和教学方式改变学习，通过以学习为中心来推进教学规律的践行，通过与时代同频共振的信息技术的应用，提高教学质量和学习效率等。

“穷则变，变则通，通则久”，《易传·系辞下》里的这句话强调了变革的重要性。信息时代，日新月异的技术革新必将给教育带来深刻的影响，在实现教育高质量发展的路上，变，是永恒的话题。

2. 高质量是永远的追求

办人民满意的教育就需要追求教育的高质量发展。在教育质量评价方面，虽然评价改革倡导评价主体的多元、评价标准的差异、评价方式的多样，但质量是无法逾越的红线。

何为质量？可能不同的人有不同的理解：很多人认为成绩高就是高质量。诚然，成绩是教育质量的外在表现之一，但和育人相比，成绩远远不能说明育人的质量。**质量有几种理解：一是知识学习的质量**，就是指知识掌握的程度，可以用分数作为衡量标准之一，但更多的应该是运用知识的能力；**二是能力水平**，即表现在个体身上解决某种问题需要的个性特征，其标准就是解决真实问题的能力；**三是素养表现**，即学生所养成的人文底蕴、科学精神、学会学习、健康生活、责任担当、实践创新等六个方面的素质。当然，也可以有其他的标准，但仅仅以成绩作为质量标准肯定是片面的。

为什么追求质量？人类文明的传承与迭代，追求更高的文明程度，远离疾病和灾难都需要每一代人的努力，掌握知识就是掌握了人类文明的密码。质量意味着对知识的掌握程度，意味着个体素养程度和参与社会实践创造性解决问题的能力水平。因此，追求质量是社会发展的必然，我们应该思考的是用什么样的方式追求以人为本的质量。

3. 技术催生教学变革

从孔子的杏坛讲学到班级授课制，再到现在的小班化教学甚至是网络社区学习、网络公开课、个性化辅导学习以及各种学习 APP 等，技术使得教学组织形式和教学方式方法都发生了改变，随之而来的是学生的学习也发生深刻的变化：翻转课堂、翻转学习、混合学习等。特别是网络时代，信息的飞速传播，使得网络成为学习的载体和平台。“理性的教育模式必须将社交网络作为一个重要的手段用于加强学生在课堂中的兴趣与参与……秘诀就是利用他们对社交网络的钟爱来创造他们身边的教育工具。”[①]

各种语言大模型、AI 人机交互系统使得教师变得虚幻，聊天机器人、学习机器人的产生都在改变着我们的认知。在这样的环境中，教学必须变革，必须让这些智能设备进入课堂中，必须让学习泛在，必须让学习变得生动有趣。学习不再是负担而成为游戏。

三、怎么办：面向未来的教育追问

信息时代教学何为？如何进行符合教学规律的教学？这可能是每一个教师都要思考的问题。《学记》里说“君子既知教之所由兴，又知教之所由废，然后可以为师”。[②] 在这个时代，人工智能技术已经覆盖全领域，在培养时代新人的道路上，教学怎么办？

一是要变革教学理念，聚焦未来生活者的培养。教育是面向未来的，是为了未来做准备的，斯宾塞（H. Spencer）说“为我们的完满生活作准备是教育应尽的职责”。[③] 因此，要用未来的视角看待教学，以多维的空间看待生活，以信息技术提升质量。**二是变革教学设计，聚焦信息技术应用**。在教学设计中要打破传统，充分理解并运用信息技术，让信息技术助力知识呈现和理解。**三是变革学习方式，打破学习时空界限**。要学会运用各种学习支架，特别是媒体终端技术，让学习延伸和延长，以主题项目化学习推进，以真实问题解决为目的，实现学习方式转型。

下面以初中数学为例，简要介绍契合之路。

（一）信息技术助力学习活动可视化，让我们的教学更加生动直观

学习活动可视化主要是应用丰富多样的视觉表征手段，如图形、图像、动画、

---

① 富兰. 极度空间：整合空间、教育学和变革知识 [M]. 于佳琪，黄雪峰，译. 重庆：西南师范大学出版社，2016.

② 陈桂生.《学记》纲要 [J]. 华东师范大学学报（教育科学版），2004(3)：68-74.

③ 斯宾塞. 斯宾塞教育论著选 [M]. 胡毅，王承绪，译. 北京：人民教育出版社，2005.

视频等，通过多资源交互，将学生的学习结果和学习行为以形象直观的方式近距离展现在全体学生面前，打破时空界限，帮助学生更好地发现数学，建构数学，理解数学，以互动交流加深探究，以可视化路径激活思维，让我们的教学更加生动直观。

教学中通过实时投屏等方式，还可以将学生的动态演示过程直接呈现在全班学生面前，暴露学生的思维过程，降低思考的难度，从而让思考过程和学习行为可视化。这种可视化路径有别于直接将多种解法等学习结果进行静态展示，它是动态过程的展示。

案例一

折纸的现场展示

如在教学《最短路径》这一节课时，设置问题作为本节的核心问题，探求最短路径。

问题：如图 20.1，已知河岸 a，b 互相平行，村庄 A，B 在河的两侧。要建造一座与河岸垂直的桥 PQ，在哪里建造才能使村庄 A 经过桥 PQ 到村庄 B 的路线最短？画出此时桥 PQ 的位置。

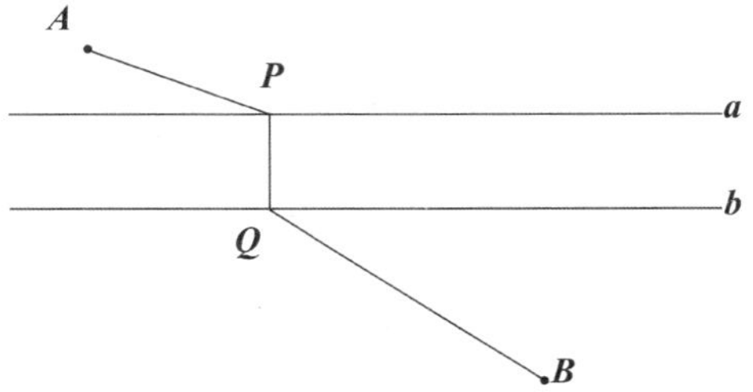

图 20.1

其中，一名学生利用折纸来确定桥 PQ 的位置，具体过程如下：如图 20.2，折叠纸片将直线 a，b 重合，连接 AB 交直线 a（直线 b）于点 P（点 Q），再展开折纸，连接 AP，PQ，QB，则桥 PQ 的位置如图 20.3 所示。

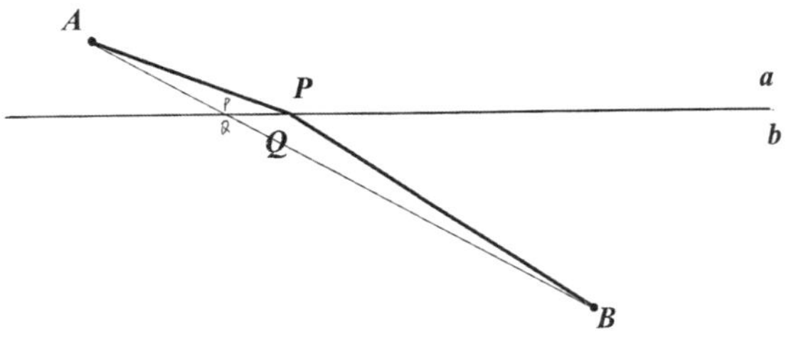

图 20.2

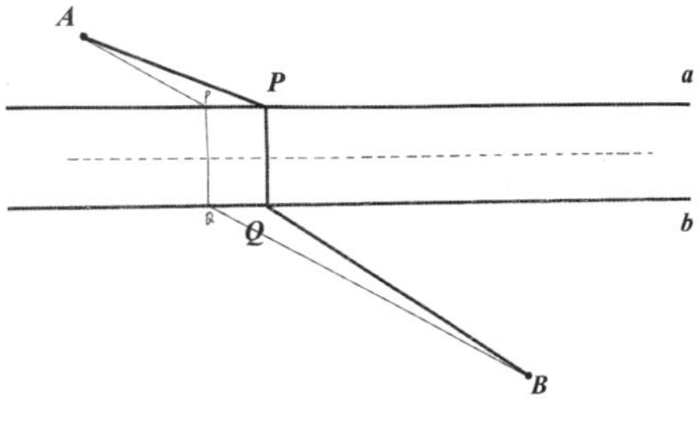

图 20.3

可视过程：教师利用 iPad 和“希沃白板 5”，把学生折纸的动态通过“直播”展现在全体学生面前，将“抽象”的数学直观、形象、丰满地以“可见的形式”立体展现，充分暴露学生的思维过程，让学生感受到折纸带来的思路创新。

融合启示：试想，如果这一过程是由教师或学生口述来完成，其他学生的理解可能就会模糊，不能透彻理解其中的操作本质。信息技术支撑下的“三维立体课堂”，引发了学生思考，激发了学生求知欲望，从而营造出一种强烈的课堂求知氛围。

（二）信息技术助力评价分析数据化，让我们的教学更加精细准确

让教师“教”的行为和学生“学”的行为变得可分析、可探讨、可评价，离不开量化数据的收集。基于教学行为和教学结果的数据分析，能够更加精准地帮助教师找准学生的最近发展区，让数据为教学服务，同时，评价分析数据化有利于改善教师的教学行为和学生的学习行为，让我们的教学更加精细准确。

课堂观察要求我们直接或间接从课堂情境中收集资料，并依据资料作出相应判断，这种方法能极大改善学生的课堂学习效果和促进教师专业发展，它在教学实践和教学理论之间架起一座桥梁。依靠人工收集数据，涉及人员多，工作量大，不可持续，因此借助信息技术可以帮助减轻观察的负担，并能收集大量数据。借助于“智能课堂助手”对教师和学生进行课堂观察，结合课堂观察维度表，将教师的教学行为数据化，从课堂教学活动及转换、学生学习活动、小组合作学习、学生学习状态、课堂提问等多维度对教师的教学行为和学生的学习行为进行课堂观察，可以形成一系列的数据，对之进行分析，可以进一步优化课堂教学策略。

课堂观察维度表

观察角度	主要观察维度	
教学活动及转换	· 教师讲解与演示 · 师生交流 · 学生独立思考	· 学生练习巩固 · 学生合作学习 · 其他
学生学习活动	· 学习兴趣 · 学习情绪 · 大胆质疑	· 独创思维 · 解决新问题 · ……
小组合作学习	· 组内合作：参与情况、倾听情况、合作的有效性、完成情况 · 组间合作：组间关系、资料共享情况、讨论价值结果	
学生学习状态	· 独立思考：观察学生学习状态，结合练习本、思考后回答问题等方式体现 · 合作学习：观察被测学生参与讨论状态，以及发言准确性和组织能力	

（续表）

观察角度	主要观察维度
课堂提问	· 完整结果 · 问题类型：记忆类、理解类、推理类、综合应用类、拓展延伸类、创新类 · 回答方式：个别举手、个别点名、集体齐答、小组代表、规定抢答、自由回答

（此案例提供者：叶旭山，南京市建邺区教师发展中心校长）

案例二
《平行四边形的性质》的课堂观察分析

课题组在开展“平行四边形的性质”的教学研讨时，借助“智能课堂助手”APP，从学生表现、教师的教学行为、课堂问题的设置等多维度进行课堂观察，得到如图 20.4 所示的一系列数据，发现在探究活动“平行四边形有什么性质？”时学生专注度较高；整节课的课堂用时分配合理，学生思考练习时间占整节课的 64%，学生讨论 / 合作占 27%，体现学生是学习的主体；在提问次数上，总提问共 72 次，其中过渡性提问 60 次，记忆型提问 1 次，理解型提问 12 次，均在正常范围内，符合常态课堂的要求。

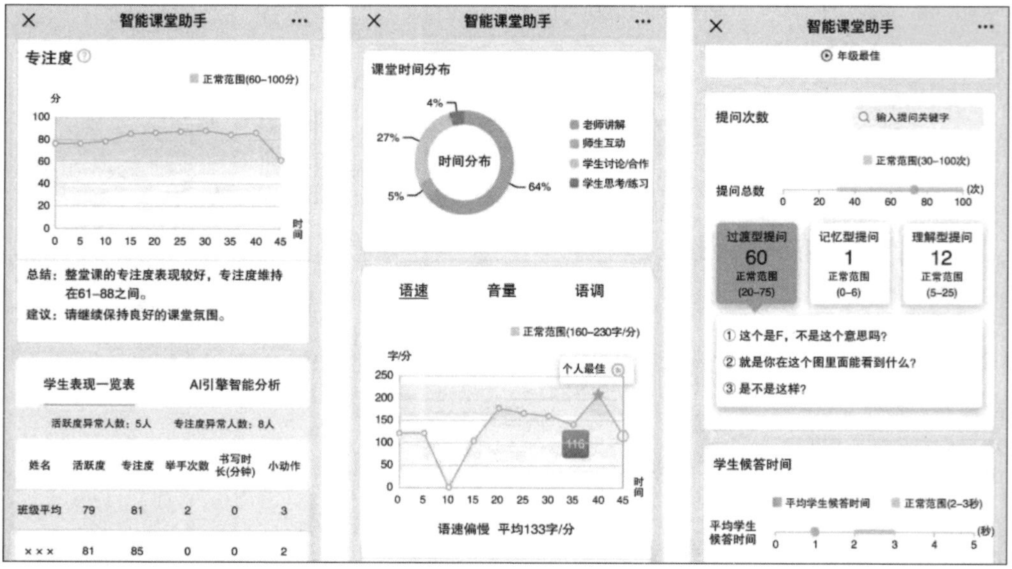

图 20.4

信息技术支撑下的课堂观察能够对教与学的行为进行数据化分析，信息技术助力我们将教师的教学行为和学生的学习行为数据化地呈现出来，更好地服务于学生的学习，促进教师和学生基于数据进行反观、反思，进而改善教学策略和学习策略。

（三）信息技术助力内容理解深度化，让我们的教学更加深刻透彻

数学作为一门高度抽象的学科，使得教师教数学和学生学数学遇到了一定的困难，学生难以想象数学现象发生和发展的过程。借助于信息技术将数学中的抽象问题、动态问题等数学教学难点呈现给学生，利用信息技术手段理解数学现象发生和发展的过程，降低了数学问题的难度，促进学生对数学内容的深度理解，让我们的教学更加深刻透彻。

（此案例提供者：叶旭山，南京市建邺区教师发展中心校长）

案例三
《二次函数的图象与性质》

课题组在对“二次函数的图象与性质”的研讨分析中发现：教材直接从二次函数 $y = x^2$ 的图象与性质研究起，而为什么从 $y = x^2$ 研究起，教材没有给出解释，学生也不清楚为什么要按照这样的方式展开研究。为了进一步明确参数 a，m，n 对 $y = a(x + m)^2 + n$ 类型的二次函数的图象的影响，增加了如下的探究环节：

问题　对于如 $y = a(x + m)^2 + n$ 类型的二次函数，你如何一步步研究呢？

师生活动　师生在共同讨论之后，逐渐形成以下三条主要路径：

（1）$y = x^2 \to y = (x + m)^2 \to y = (x + m)^2 + n \to y = a(x + m)^2 + n$.

（2）$y = x^2 \to y = x^2 + n \to y = (x + m)^2 + n \to y = a(x + m)^2 + n$.

（3）$y = x^2 \to y = ax^2 \to y = ax^2 + n \to y = a(x + m)^2 + n$.

学生通过 GeoGebra 软件（或 Demos 软件）画图探索（如图 20.5），更改参数的数值，感受参数 a，m，n 对二次函数 $y = a(x + m)^2 + n$ 的影响，化抽象为直观，化无形为有形，教师指导操作，并进行总结。

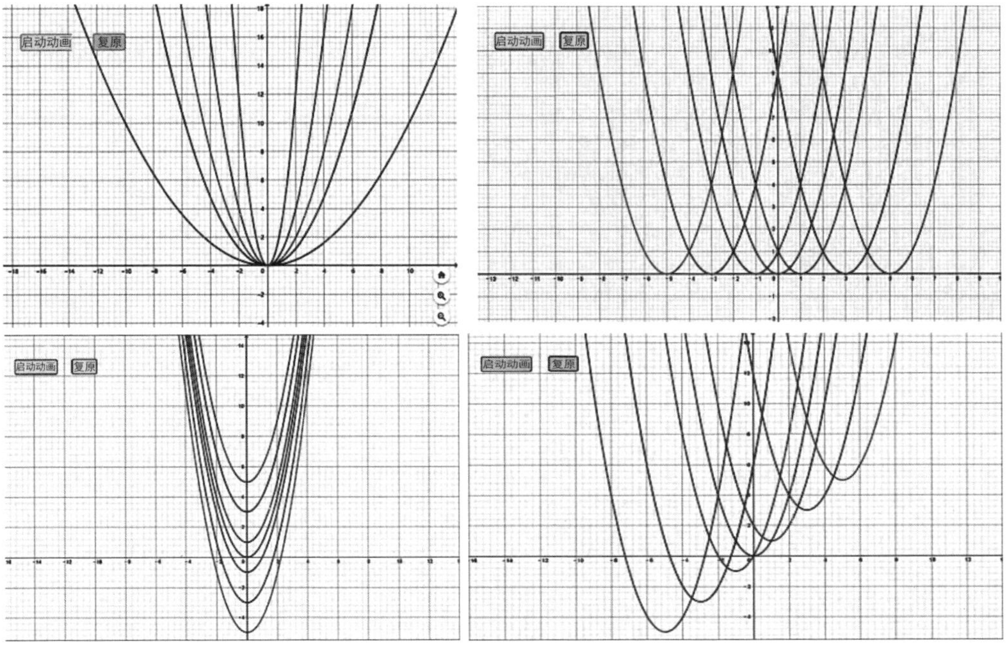

图 20.5

融合启示：通过信息化手段，可以有效地将抽象的思维过程清晰、具体、直观地展示在学生面前，降低知识转化的难度。借助技术功能优势，让学生直观地理解抽象的、逻辑思维强的数学概念，从知识的积累和数学能力的培养转向深度学习。利用 GeoGebra 软件（或 Demos 软件）绘制函数图象，大大增强了二次函数的直观效果，利用变换功能实现不同函数图象间的联系，展示二次函数图象簇群的魅力。信息技术支撑下的“三维立体课堂”不但给我们“插上想象的翅膀”，让学生在接受新知识时，在行动中体验，在图象中观察，在语言中描述，加深了对概念的内化，还关注了数学发生、发展的完整过程，真正洞悉内容本质，促进学生的内容理解和认知形成。

（此案例提供者：叶旭山，南京市建邺区教师发展中心校长）

后 记

从2017年高中各学科新课标颁布，到2022年义务教育各门课程新标准颁布，国家完成新一轮基础教育改革的布局。深化课程改革，重点在课堂，难点也在课堂。本书编写组广泛征求中小学老师的意见，提炼出20条课堂面临的“怎么办”，从“是何”“为何”“如何”等方面试图给老师们说清楚新课堂的系列问题，引导老师们知其所以然，从而成为自觉的、明白的实践者，真正打通“最后一公里”，切实提高课堂教学质量，让核心素养落地生根，推进课程改革美好的愿景成为灿烂的现实。

全书由江苏省教育学会名誉会长、特级教师杨九俊设计并确定了整体框架与核心选题，并统筹撰写与出版相关事宜。江苏省教育科学研究院的王彦明、苏州市吴门教育集团的刘玮、华东师范大学课程与教学研究所的杨澄宇、温州大学教育学院的邵朝友四位博士共同参与。具体分工为：杨九俊撰写第二章“学科德育怎样落地？”、第八章“怎样实施大单元教学？”、第十章“怎样理解、落实跨学科主题学习？”、第十三章“深度学习怎样实现？”；王彦明撰写第四章“怎样像学科专家一样思考？”、第六章“集体教学中怎样关注到‘每一个’？”、第十二章“怎样才是‘可见的学习’？”、第十六章“新课堂怎么评价？”、第二十章“怎样体现信息技术与教学规律的契合？”；刘玮撰写第三章“情境任务如何设计？”、第十一章“如何确立大作业观？”、第十四章“如何创造‘一个经验’的学习？”、第十七章“如何在教学中实施过程性评价？”、第十九章“项目化学习如何实施？”；杨澄宇撰写第一章“核心素养怎样落地？”、第五章“‘教学对话’怎样展开？”、第九章“‘学科实践’如何落地？”、第十五章“怎样让教学具有美的意味？”，研究生李梦欣、宋梦、游柔和陈颖涵参与了部分工作；

邵朝友撰写第七章“怎样寻找大概念？”、第十八章“怎样落实教—学—评一致性？”。

本书在写作过程中引用了不少专家、老师的观点和案例（均已注明），且邀约有关老师专门撰写了部分案例。在此一并表示感谢！

本书一定存在许多不足，恳请老师们提出批评。让我们共同努力，给“怎么办”找出最佳的答案。